W0035083

Trevor Ravenscroft

# Der Kelch des Schicksals

### Die Suche nach dem Gral

WILHELM HEYNE VERLAG
MÜNCHEN

H                                   örden
Nr. 08/3012

Aus dem Englischen von Clivia Taschner-Refer

*Umwelthinweis:*
Dieses Buch wurde auf
chlor- und säurefreiem Papier gedruckt.

Copyright © 1981 by Trevor Ravenscroft
Die Originalausgabe erschien unter dem Titel
THE CUP OF DESTINY
Die deutschsprachige Ausgabe erschien zuerst 1982 im Sphinx Verlag Basel
Copyright © der deutschsprachigen Ausgabe 1995
by Heinrich Hugendubel Verlag, München
Alle Rechte vorbehalten
Genehmigte Taschenbuchlizenzausgabe 1997 im
Wilhelm Heyne Verlag GmbH & Co. KG, München
Printed in Germany 1997
Umschlaggestaltung: Atelier Adolf Bachmann, Reischach
Umschlagabbildung: Enrique Nieto/Walter Holl, Aachen
Satz: Pinkuin Satz- und Datentechnik, Berlin
Druck und Bindung: Elsnerdruck, Berlin

ISBN 3-453-12596-7

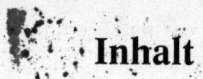 **Inhalt**

# Einleitung

Die beiden großen Dichtungen des Mittelalters von Wolfram von Eschenbach und Chrétien de Troyes verbergen zwischen ihren Zeilen einen vorgegebenen Weg der Selbsterkenntnis für die westliche Welt – die Suche nach dem Gral. Es ist in der Tat tragisch, daß die wahre Botschaft dieser unübertrefflichen Werke verlorengegangen ist. Während der trockene Intellektualismus moderner Gelehrsamkeit den literarischen Wert dieser Werke anerkennt, betrachtet er beide Grals-Sagas nur mehr als bezaubernde, vor dem farbenprächtigen Hintergrund mittelalterlicher Fürstenhöfe sich abspielende Erzählungen der Abenteuer von Rittern und deren Damen.

Unter der jüngeren Generation erhebt sich zunehmend das Gefühl, daß diese Sagas hinter ihrer Dramatik und ihrem Symbolgehalt einen einzigartigen Initiationsweg in die tiefsten Mysterien des Christentums verbergen. Für diesen Leserkreis ist *Der Kelch des Schicksals* geschrieben worden. Ziel dieses Buches ist es, nach und nach den Weg aufzudecken, wie die menschliche Seele zu einer Brücke zwischen den beiden Welten werden kann – zwischen der Welt der Sinne und der Welt des Geistes.

Das Buch versucht auch auf die Briefe von Hunderten von Lesern des *Speers des Schicksals* zu antworten, welche von allen Teilen der Welt und in den verschiedensten Sprachen eingetroffen sind. In den meisten dieser Briefe wurde ich gebeten, die von Dr. Walter Johannes Stein übermittelten Lehren vom Gral auszubauen und zu erläutern. Bei Dr. Stein hatte ich annähernd sieben Jahre studiert, seine Vorlesungen besucht und direkten individuellen Anschauungsunterricht in den Meditationsdisziplinen, in der Entwicklung geistiger Fähigkeiten und in der Erlangung höherer Bewußtseinsstufen erhalten. Eine Schulung, die er ›das Lernen des Abc des Grals ohne die Kunst der schwarzen Magie‹ zu nennen pflegte.

Es ist keine leichte Aufgabe, gleichzeitig zwei verschiedene Leserkreise anzusprechen, aber ich hoffe, daß es mir einigermaßen gelungen ist, den neu Dazugekommenen mit einer stichhaltigen Einleitung und den alten Freunden mit neuem Material aufzuwarten.

# 1
# Patelamunt
# Ein Organ des Schicksals

*Wenn das menschliche Herz von* Stumpfheit *zum* Zweifel *erwacht, so zieht sich die Seele in ihrem Inneren zusammen. Die mutige und unverzagte Seele empfindet gleichzeitig Schmach und Gnade, wie jener bezaubernde Vogel, die Elster, die halb Taube, halb Rabe zu sein scheint: Doch wer auf solche Weise verzaubert ist, mag immer noch darauf hoffen, Zuversicht der Seele oder einmal mehr Glückseligkeit zu erlangen, wenn bloß in seinem Herzen die Finsternis der Hölle und ebenso das Licht des Himmels ihren Platz haben.*

In den Werken von Chrétien de Troyes und Wolfram von Eschenbach bestehen, was den Kernpunkt des Grals selbst anbelangt, zwei sichtlich gegensätzliche Auffassungen. Laut Chrétien erscheint der Gral als goldenes, mit kostbaren Steinen verziertes Gefäß, das eine Hostie enthält. Nach Wolfram wird der Gral durch den ›Stein des Lichts‹ versinnbildlicht, von Engelscharen vom Himmel heruntergebracht, dessen wundertätige Kraft jeden Karfreitag erneuert wird, wenn ein Engel eine Hostie auf den Stein legt.

Chrétien de Troyes, der seine *Grals-Erzählung* um das Jahr 1180 schrieb, berichtet uns, daß seine Materialquelle ein lateinisches Buch sei, das er von Philipp dem Elsässer, Graf von Flandern, erhalten hatte. Er widmete das Werk diesem seinem Schutzherrn. Diese Quelle ist nie angezweifelt worden, da es sich bei Philipp um eine bekannte geschichtliche Persönlichkeit handelt. Dieser schloß sich 1188 den Kreuzfahrern an, erreichte 1190 das Heilige Land und verstarb in demselben Jahr. Chrétien hat jedoch sein Werk nie beendigt. Darüber, wie Parzival Gralskönig wurde, sowie vom Ursprung des Grals selbst erzählt er uns nichts. Chrétien starb, bevor er sein Werk vollenden konnte.

Wolfram von Eschenbach hingegen hat seinen *Parzival* vollendet. Sein Werk, eines der umfangreichsten der mittelalterlichen Literatur, erschien etwa zwanzig Jahre später als jenes von Chrétien. Es besteht fraglos eine Ähnlichkeit in Handlungsablauf und Figuren mit Chrétiens Dichtung *Li Contes del Graal*, aber Wolfram bestritt, dieselbe als Quelle benutzt zu haben. In der Tat behauptete er, daß er weder schreiben noch lesen könne, und daß er nicht einmal einen einzigen Buchstaben des Alphabets kenne:

*Wenn ich nun mit der Erzählung der Geschichte fortfahre und mancherlei überraschende Dinge berichte, so mögen die Frauen dies nicht als Schmeichelei auffassen. Wer aber will, daß ich weitererzähle, darf diese Geschichte keineswegs als gelehrtes Buch betrachten. Ich selbst kann nämlich weder lesen noch schreiben. Es gibt ihrer freilich viele, die Dichtung auf Bildung und Gelehrsamkeit gründen. Diese meine Geschichte fügt sich nicht den Grundsätzen gelehrter Schulweisheit. Ehe man sie für ein Buch solcher Art nähme, wollte ich lieber nackt und ohne Badetuch im Bad sitzen, wenn ich nur wenigstens das Feigenblatt\* zur Hand hätte.*

Dieser kurze Abschnitt, der sich am Ende von Buch II findet, wird als das größte Rätsel in der mittelalterlichen Literatur betrachtet. Die Antwort auf dieses Geheimnis, welche für das wahre Verständnis des ganzen Werkes entscheidend ist, hat sich den Gelehrten über die Jahrhunderte hinweg entzogen und bleibt bis heute unausgesprochen.

---

\* Von Wolfram von Eschenbach in *Parzival 1*, 2 als ›Badewedel‹ bezeichnet.

Die Gelehrten fragen sich: Wie konnte ein Dichter, dessen Werk mindestens so inhaltsschwer wie die *Göttliche Komödie* ist und der vermutlich über einen breiteren und reichhaltigeren Hintergrund menschlicher Erfahrung verfügte als Dante, von sich behaupten, ungebildet zu sein? Wie hätte einer der allerersten Dichter der europäischen Literaturgeschichte des Lesens und Schreibens unkundig sein können; er, der eine zusammenhängende Erzählung vorlegte, in welcher die stufenweise innere Entwicklung seines Helden veranschaulicht wird? Wie konnte der größte aller Minnesänger, der gewissermaßen seine eigene mittelalterliche Tradition zu übertreffen wußte, indem er eine geradezu moderne Darstellung von Kindheit, Jugendzeit, Liebe und Heirat zu schildern verstand, von sich behaupten, Analphabet zu sein?

Eine befriedigende Lösung des Rätsels wird noch kritischer, wenn man den Aufbau der Dichtung selbst in Betracht zieht. Ohne Zweifel handelt es sich dabei um ein äußerst präzise aufgebautes Werk, das in seiner künstlerischen Gestaltung und in seiner zahlenmäßigen Genauigkeit alle Dichtungen seiner Zeit überragt.

Das Epos ist in sechzehn Bücher eingeteilt. Jedes Buch, eine Einheit in sich selbst, ist in Teilabschnitte von je dreißig Zeilen unterteilt. Die Gachmuret-Einleitung, welche uns die Geschichte der Abenteuer von Parzivals Vater erzählt, ist in hundertacht Teile aufgeteilt. Dreihundertvierundzwanzig Teile (dreimal hundertacht Teile) berichten über das Schicksal Parzivals vor seinem Besuch in der Einsiedelei des greisen Trevrizent in Buch IX, gefolgt von weiteren dreihundertvierundzwanzig Teilen, in welchen Parzival seine Irrtümer sühnt und schlußendlich die Königswürde des Grals verdient. Buch IX, das den Angelpunkt der ganzen Geschichte darstellt, folgt zahlenmäßig einem gänzlich andersartigen Muster und weist genau siebzig Teile auf. Unnötig zu erwähnen, daß das dieser Grals-Dichtung innewohnende Geheimnis numerischer Gesetzmäßigkeit bis zum heutigen Tag un-

11

gelöst geblieben ist. Möglicherweise deshalb, weil die zeitgenössische Schulweisheit nur die quantitative und nicht die qualitative Bedeutung der Zahlen versteht. Später wollen wir in diesem Buch veranschaulichen, wie dem numerischen Aufbau dieser Dichtung ein makrokosmischer Sinn innewohnt, der in astrologischen und alchimistischen Begriffen die mit der Gralssuche verbundene Anordnung von Planeten und Sternbildern widerspiegelt.

Der Schlüssel zu der vermeintlichen Ungebildetheit Wolfram von Eschenbachs ist in seinem schalkhaften Sinn für Humor zu suchen, wie er sich im letzten Satz der folgenden rätselhaften Stelle findet: ›Ehe man sie für ein Buch solcher Art nähme, wollte ich lieber nackt und ohne Badetuch im Bad sitzen, wenn ich nur wenigstens das Feigenblatt zur Hand hätte!‹

Das Feigenblatt war immer ein geheimes Symbol des okkulten Eingeweihten gewesen, der übersinnliche Fähigkeiten entwickelt und höhere Bewußtseinsstufen erreicht hatte. Diese mit dem Feigenblatt verbundene Symbolik kann auch in den Evangelien nachgelesen werden*. Wolfram von Eschenbach macht auf seine Art und Weise klar, daß er sein Material weder von seinen Zeitgenossen noch von traditioneller Folklore oder bestehenden Chroniken übernommen hat. Aus diesem Grunde bestand er darauf, keinen einzigen Buchstaben des Alphabets zu kennen; er will damit aufzei-

---

* Jesus sah den Nathanael zu sich kommen und sagte von ihm: Siehe, in Wahrheit ein Israelit, in dem kein Trug ist. Nathanael sagt zu ihm: Woher kennst du mich? Jesus antwortete und sprach zu ihm: Ehe dich Philippus rief, sah ich dich, wie du unter dem Feigenbaum warst. Nathanael erwiderte ihm: Rabbi, du bist der Sohn Gottes, du bist der König Israels. Jesus antwortete und sprach zu ihm: Weil ich dir sagte: Ich sah dich unter dem Feigenbaum, glaubst du? Größeres als dies wirst du sehen. Und er sagt zu ihm: Wahrlich, wahrlich ich sage euch: Ihr werdet den Himmel offen und die ›Engel Gottes auf- und niedersteigen‹ sehen auf den Sohn des Menschen. Joh. 1, 47–51

gen, daß seine sogenannte Grals-Romanze kein gewöhnliches Buch, sondern ein inspiriertes Einweihungsdokument höchster Ordnung darstellt.

Es besteht ein streng geheimes Gesetz, wonach der Name eines okkulten Meisters nie preisgegeben werden darf, und daher bezieht sich Wolfram auf den unbekannten Mann, der ihn unter dem Pseudonym ›Kyot aus der Provence‹ eingeweiht hatte. Am Schluß seiner Dichtung verkündet Wolfram, daß Chrétien de Troyes ›der ursprünglichen Fassung Gewalt angetan habe‹, und daß Kyots Klage, welcher im Besitze der richtigen Version war, gerechtfertigt sei.

Die Gelehrten haben vergeblich nach einer lebenden Person namens Kyot der Provenzale gesucht. Der Versuch, ihn zu finden, schlug fehl, weil sie das Pseudonym von Wolframs geheimem Lehrer mißverstanden haben. Sie begingen zudem drastische Irrtümer bei der Annahme, daß Wolfram keine weiteren Quellen zur Verfügung gestanden hätten und seine Version offensichtlich bloß eine Erzählung, die nichtssagende Prahlerei eines wandernden Spielmanns sei!

Die Hinweise auf Kyot, die Wolfram im Verlauf seiner Dichtung macht, mögen für jene Personen, denen gewisse grundlegende Ansätze okkulten Wissens fehlen, verwirrend erscheinen. Wenn Wolfram Kyot zum Beispiel einen *Laschantiure* nennt, wird dies üblicherweise mit ›Sänger‹ übersetzt. Die alternative und richtige Deutung lautet hingegen ›Magier‹, was für Nicht-Eingeweihte völlig unannehmbar ist.

Seine längsten und aufschlußreichsten Hinweise in bezug auf Kyot gibt Wolfram in Buch IX, wo er auf Kyots eigene Quellen für seine Geschichte hinweist:

*Wer mich vorher danach fragte und mich schalt, weil ich es ihm nicht sagte, hat sich selbst in eine peinliche Lage gebracht. Kyot bat mich, Stillschweigen zu bewahren, denn die Aventüre (Einweihung) gebot ihm, nichts darüber verlauten zu lassen, bis der Gang der Erzählung näheren Aufschluß erforderlich macht.*

*Kyot, der berühmte Meister der Dichtkunst, fand in To-*
*ledo in einer unbeachteten arabischen Handschrift die*
*Erstfassung dieser Erzählung. Zuvor mußte er das ABC*
*erlernen, allerdings ohne die Kunst der schwarzen Magie.*

Wolfram bezeichnet sogar den Ursprung des arabischen
Schriftstückes, das er in Toledo gefunden hatte. Es ist Kyot
von einem Heiden namens Flegetanis übergeben worden. Es
ist jedoch ebenso sinnlos, nach einem Mann namens Flegetanis zu suchen, wie nach einem sogenannten Kyot.

Flegetanis ist ein Wort, das ursprünglich aus dem alten
Persien stammt. Es bedeutet die ›Sternenschrift‹; vorerst
mußte Kyot deren Abc, ohne die Kunst der schwarzen Magie, erlernen, weil es seine Aufgabe war, in der Schrift der
wandernden Planeten und der Fixsterne die Geschichte der
Suche nach dem Gral zu lesen. Und um zu bestätigen, daß
diese Suche ein himmlisches Mysterium sei, erzählt uns
Wolfram, wie Kyot die Chroniken Europas durchforscht
habe, ›um herauszufinden, wo es jemals ein Volk gegeben
hat, das sich der Reinheit widmete und würdig war, den Gral
in Obhut zu nehmen. Er las die Chroniken der Länder in
England und andernorts, in Frankreich und Irland, und in
*Anschau* fand er die Geschichte.‹ Wir werden später in diesem Buch ausführlich beschreiben, daß Anschau, das oft irrtümlicherweise für Anjou gehalten wird, nicht ein geografi-
scher Ort, sondern ein transzendentaler Bewußtseinszustand ist. Kyot mußte die erforderlichen Fähigkeiten entwikkeln, um jenen Zustand des höheren Bewußtseins zu erlangen, in dem sich die Mysterien des Grals offenbaren.

Die geheime Natur der Quelle, von der die Dichtung her-
rührt, wird auch in den Versen beschrieben, die das Gralsschwert betreffen:

daz swert gestêt ganz einen slac,
am andern ez zevellet gar:
wilt du ez dan wider bringen dar,

ez wirt ganz von des wazzers trân.
du muost des urspringes hân,
underm velse, ê in beschine der tac.*

Das Epos selbst wird durch das zersplitterte und wieder zusammengefügte Schwert versinnbildlicht. Das zerbrochene Schwert stellt nur die Bruchstücke dar – die einzelnen Episoden. Es muß auf eine besondere Art wieder zusammengefügt werden, so daß die Gralssuche als Ganzes verstanden werden kann. In diesem besonderen Fall ist das Ganze größer als die Summe der einzelnen Teile. Das heißt, daß die wahre Bedeutung der Dichtung nur mit echter Inspiration und nie mit bloßer intellektueller Summierung des Inhalts erfaßt werden kann.

Wenn wir den vom Dichter gemachten klaren Unterschied zwischen den Rittern Artus' und den Gralsrittern untersuchen, wird uns klar, daß das Epos selbst das Schwert versinnbildlicht. Die kriegerischen Ritter der Tafelrunde sind Ritter des Schwertes, die Gralsritter jedoch Ritter des *Wortes*.

In diesem Sinne ist das Wort ebenfalls ein Schwert, jedoch eines, das aus dem Munde des Menschen hervorgeht. In gleicher Weise symbolisiert das zweischneidige Schwert in der Apokalypse das Wort Gottes. Das Wort-Schwert des Menschen jedoch zerbricht im Laufe der Zeit. Wenn nur noch Bruchstücke verfügbar geblieben sind, muß es an seiner Quelle – dem Ursprung geistiger Inspiration – erneuert werden.

Warum wurde dieses Gedicht in einer Art *Code* geschrieben, der auf zwei getrennten und sehr gegensätzlichen Stu-

---

\* Beim ersten entscheidenden Schlag bleibt das Schwert unversehrt, doch beim zweiten zerspringt es. Bringst du es dann zu diesem Brunnen, so fügt es sein Wasserstrahl wieder zusammen. Du mußt aber noch vor Tagesanbruch zum Quell Lac gehen, wo er aus der Felswand springt.

fen gelesen und verstanden werden kann? *Parzival* kann in seiner äußeren Form als eine mittelalterliche romantische Erzählung von Rittern und ihren Damen genossen werden, die sich vor einem Hintergrund feudalen höfischen Lebens abspielt; während die Geschichte in ihrem Innern einen vorgegebenen Weg verhüllt, der zur Entwicklung spiritueller Fähigkeiten, zur Erlangung höherer Bewußtseinsstufen und weiterer Zeitdimensionen sowie zu einer unmittelbaren und persönlichen Erfahrung der tiefsten Mysterien des Christentums führt.

Aus zwei Gründen war Wolfram von Eschenbach gezwungen, den Pfad zur Erkenntnis spiritueller Wirklichkeiten mit einer Art Handlungs-Code zu tarnen. Erstens wurde der Einweihungsweg in allen früheren Zivilisationen der Geschichte vor den Massen stets geheimgehalten, während die Lehren und Rituale der äußeren Religionen selbst von den verborgenen Mysterienkulten abstammen. Genau dieselbe Situation bestand zu Wolframs Lebenszeit; auch damals gab es zwei unterschiedliche Stufen des Christentums: die esoterische und die exoterische, die übersinnliche und die rituelle, die nicht geschichtliche und die sichtbar historische. Und Wolfram sah sich mit dem zusätzlichen Problem konfrontiert, daß der Weg christlicher Einweihung von der Römischen Kirche als ketzerisch angesehen und abgestempelt wurde, wo immer sie in Erscheinung trat. Zweitens verknüpfte Wolfram – wie wir noch ausführlich berichten werden – den inneren Weg absichtlich mit der äußeren Symbolik auf eine solche Art und Weise, daß die tiefere Bedeutung unterbewußt, äußerlich ergötzend wirkt, während zur gleichen Zeit jedoch eine versteckte seelische Entfaltung zum Keimen gebracht wird, von der seine eifrigen Zuhörer nichts ahnten. Tatsächlich übt es auch heute noch auf den Leser diese Wirkung aus, sogar auf jene Gelehrten, die behaupten, daß es sich bloß um eine ergötzliche Dichtung handle!

Auf irgendeine Weise müssen wir den Schlüssel finden, um diesen mittelalterlichen Code zu brechen und hinter die äußere Symbolik zu kommen, um das wesentliche geheime Motiv dieser Grals-Dichtung zu entdecken. Was dieser Dichter-Eingeweihte uns in erster Linie vor das geistige Auge zu stellen wünscht, ist der Pfad zum Gral selbst und die Fähigkeiten, mit denen der Gral offenbar wird. Dieser Weg ist scheinbar vollendet worden, Grad um Grad* von Stumpfheit über Zweifel zur Glückseligkeit (Saelde). Der Dichter erzählt uns von den drei Stufen innerhalb einer fundamentalen Bewußtseinsentwicklung, durch welche die Menschheit auf der Suche nach dem Gral hindurchgehen muß. In der Tat können wir Parzival, den Helden dieser Erzählung, beobachten, wie er durch eine persönliche Entwicklung von naiver Dumpfheit über die Qualen des Zweifels schlußendlich die Glückseligkeit erlangt.

Wo finden wir gleich am Anfang dieses Epos in der kunstvollen Symbolik gewisse versteckte Hinweise auf eine Bewußtseinsentwicklung dieser Art, die von einem dumpfen, nahezu traumartigen Zustand über eine Periode tiefsten intellektuellen Zweifels zur völligen Glückseligkeit führt? Wenn wir ein solches Motiv innerhalb der dramatischen Symbolik nachweisen können und damit aufdecken, was sich dahinter wirklich verbirgt, so werden wir nicht nur den Schlüssel zur inneren Struktur des Werkes gefunden haben, sondern auch die Ursache für den harmonischen Aufbau dieser peinlichst genauen äußeren Struktur.

Es ist bemerkenswert, daß die den Schlüssel enthaltende Stelle in der Gachmuret-Einleitung vorkommt, von der führende Gelehrte behaupten, daß sie von geringer Bedeutung sei – bloß ein nachträglicher Gedanke, der erst nach Vollendung des gesamten Werkes beigefügt worden ist.

Die bedeutsamen Verse beschreiben eine Stadt namens Patelamunt in einem nicht genauer bezeichneten Gebiet des Mittleren Ostens. Die Stadt Patelamunt steht unter Belage-

---

\* Das Wort ›Gral‹ wurde von ›*gradarius*‹ abgeleitet, das ›gradweise‹, ›stufenweise‹ bedeutet.

rung, und an jedem ihrer sechzehn Tore findet eine Schlacht statt. Und diese Stadt Patelamunt mit ihren *sechzehn* Toren bedeutet nicht weniger, als die *sechzehn* Bücher in Wolframs Dichtung als ein Ganzes gesehen. Und damit finden wir auch den ersten Fingerzeig auf den numerischen Aufbau des Werkes.

> si vuorten in alumbe
> vür sehzehen porten,
> und beschieden im mit worten,
> man beslôz ir keine sît. *

Rund um diese Stadt ist ein heftiger Streit entbrannt, um den Tod von Isenhart, dem Besitzer von magischen Waffen, zu rächen; er wurde im Kampf, den er im Namen Belakanes führte, getötet. Belakane wird später die Gemahlin Gachmurets. Die Schlacht an den sechzehn Toren wird von zwei verschiedenen Heeren geführt; ein schwarzes und ein weißes Heer belagern je acht Tore der Stadt:

> uns gît vor ähte porten strît
> des getriuwen Isenhartes man:
> die hânt uns schaden vil getân. **

Das Heer Isenharts besteht aus Mohren-Rittern, die alle dunkelhäutig sind:

> liute vinster sô diu naht
> wârn alle die von Zazamanc ...***

---

\* Sie führten ihn ringsum zu den insgesamt sechzehn Toren und berichteten, keines davon würde geschlossen.

\** Vor acht Toren treten uns die Streiter des treuen Isenhart zum Kampf entgegen und haben uns schon arge Verluste zugefügt.

\*** Dunkel wie die Nacht waren die Bewohner von Zazamanc.

Das andere Heer setzt sich ausschließlich aus weißen Rittern zusammen:

> vür die andern ähte uns suochet noch
> des stolzen Vridebrandes her,
> die getouften von über mer.
> ieslîcher porte ein vürste pfliget,
> der sich strîtes ûz bewiget
> mit sîner baniere.*

Was anderes beschreibt hier der Dichter als die Belagerung einer Stadt im Mittelalter in der Mitte zwischen Ost und West? Was will er uns mit der äußeren Symbolik sagen? Zahlreiche Hinweise helfen uns, die innere Wirklichkeit hinter der äußeren Beschreibung zu entdecken. Er sagt, daß genau sechzehn Tore vorhanden sind, nicht mehr und nicht weniger. Die Stadt hat die Form eines Kreises, und zwei ganz verschiedene Arten von Heeren belagern je eine Gruppe von acht Toren. Es wird uns über die Dunkelheit des einen Heeres und die Helligkeit des andern berichtet und daß an jedem einzelnen Tor ein Fürst den Oberbefehl innehat und dabei seine eigenen Banner entrollt.

Für die moderne Denkweise der westlichen Welt ist die Lösung erstaunlich – insbesondere für Mitglieder jedwelcher christlichen Konfession. Es handelt sich um etwas, das wir in einem mittelalterlichen Epos, das sich mit der Suche nach dem Gral befaßt, am wenigsten erwarten. Tatsächlich war es jenen, welche die Grals-Saga studierten, all die Jahrhunderte hindurch nicht möglich, dieses Geheimnis zu enträtseln.

Wolfram von Eschenbach beschreibt ein empfindsames, zartes Wahrnehmungsorgan. Das heißt, ein geistiges Sinnes-

---

* Vor den anderen acht Toren aber bedrängt uns das Heer des stolzen Friedebrant, eine christliche Streitschar von jenseits des Meeres. Jedes Tor wird von einem Fürsten geschützt, der unter seinem Banner Ausfälle unternimmt und sich zum Kampfe stellt.

organ. Adepten östlicher Systeme, insbesondere jene, die mit Buddhismus und Yoga verbunden sind, werden sofort verstehen, was mit solch einem hellseherischen Organ gemeint ist. Im Osten werden Organe dieser Art als *Chakras*, ›Räder‹ oder ›Lotosblumen‹ bezeichnet.

Mit der sinnbildlichen Darstellung der Stadt Patelamunt, die Wolfram von Eschenbach beschreibt, ist die sechzehnblättrige Lotosblume gemeint. Und es ist genau dieses Organ, das einen Einblick in die Tätigkeit der Gesetze des Schicksals (Karma) gewährt. Dieses besondere Organ, welches die geheimen Regeln des Schicksals offenbart, wird von sechzehn einzelnen, verschiedenartigen seelischen Aktivitäten gebildet. Acht dieser Aktivitäten gehören einer sehr alten Periode der Entwicklung des menschlichen Bewußtseins an, einer Zeit, in welcher der Mensch diese seelischen Aktivitäten triebmäßig in einem dumpfen und dunklen Bewußtseinszustand anwandte; indessen ist es heute möglich, die Entwicklung der anderen acht Eigenschaften in einem wachsamen Bewußtseinszustand, der hell und klar ist, zur Vollendung zu bringen. In der Tat, Buddha selbst beschreibt dieselben in seinem ›edlen achtfachen Pfad‹. Und falls diese Eigenschaften zur Anwendung gelangen, werden jene acht Aktivitäten, die früher entwickelt worden sind und später verkümmerten, erneut Früchte tragen. Bei Friedebrant und seinem Heer beschreibt der Dichter die Kräfte des achtfachen Pfades; mit Isenhart die früheren Eigenschaften, die ursprünglich Gestalt gewannen, als die Beschaffenheit des menschlichen Bewußtseins noch dumpf und traumartig war. Isenhart ist tot, aber dank seiner magischen Waffenausrüstung unvergessen. Und um seine Sache wieder aufleben zu lassen, nehmen die schwarzen Ritter an der Belagerung teil.

Der einmalige Aspekt des westlichen Weges, der Suche nach dem Gral, besteht in der Umkehrung der gesamten Tradition des östlichen Weges zu höherem Bewußtsein. Alle östlichen Kulte beharren z. B. auf der Entfaltung der *Cha-*

*kras* von unten nach oben. Das heißt, der gesamte Entwick-
lungsprozeß dieser auf den endokrinen Drüsen beruhenden
Organe beginnt mit der Öffnung der vierblättrigen, mit den
Geschlechtsdrüsen verbundenen Lotosblume. Aus diesem
Grund verlangt der östliche Weg ein völliges Sichzurückzie-
hen vom Leben in ein Ashram oder an einen ähnlichen Ort,
wo ein Novize vor allen weltlichen Versuchungen, insbesondere jener sexuellen Begehrens, beschützt werden kann.

Der Gralsweg Parzivals ergreift die Schlange am Kopf, indem diese Zentren abschnittweise von der Gehirnhemisphäre aus abwärts entwickelt werden. Eine solche Technik erlaubt, in der Welt zu leben, jedoch in genauer Übereinstimmung mit den christlichen Idealen und Verpflichtungen.

Aus diesem Grund ist keine Spur von Asketentum in
Wolframs Grals-Geschichte zu finden, obgleich sie im Mittelalter geschrieben wurde, zu einer Zeit, in der andererseits
ein unvereinbarer Dualismus zwischen dem geistlichen Leben in den Klöstern und dem weltlichen Leben der Könige,
Fürsten, Lehnsherren und ihrer Höfe bestand. Der Grals-
Zyklus ist vom großen Weltgeschehen nicht abgetrennt,
wenngleich auch in einigen seiner Verse Geheimnisse verborgen sind. Der Gralskönig soll heiraten und Kinder haben.
Parzival selbst ist vom weisen Eremiten angewiesen worden,
während der Suche nach dem Gral mit den zeitgenössischen
Gepflogenheiten des Rittertums fortzufahren. Kurz gesagt,
Wolfram versucht uns zu erklären, daß weltliches Leben bedeutungsvoll sei und nicht in Widerstreit stehe mit der Suche
nach geistigen Wirklichkeiten.

So beginnen wir zu erkennen, daß diese bezaubernde
›Romanze des Mittelalters‹ nicht lediglich eine fantasievolle
Erzählung ist. Es handelt sich um ein inspiriertes Werk, das
dazu bestimmt ist, ein Organ des Wissens hervorzubringen,
dessen reine Gesetzmäßigkeit durch die numerische Exakt-
heit seines äußeren Aufbaus angedeutet wird. Die numerischen Muster dieser Struktur spiegeln verborgene Motive
wider.

Die Ereignisse in und um Patelamunt sind eine versteckte Zusammenfassung der in der Dichtung selbst enthaltenen sechzehn Abenteuer. Indem man Wolframs *Parzival* einfach liest und die gesamte Abfolge der malerisch dargestellten Abenteuer betrachtet, ist der Same auch schon gesät, der eines Tages in einem völlig neuen Verständnis des menschlichen Schicksals Früchte tragen wird. Kurz gesagt, die Grals-Schilderung kann ein Organ des Wissens um das Schicksal hervorbringen. Wie es außerdem noch andere im Menschen schlummernde Kräfte hervorruft, wird im weiteren Verlauf sichtbar werden.

# 2
# Die zwei Gesichter des Schicksals

Das Grals-Epos stellt vor allen Dingen eine glänzende Abhandlung in bezug auf die Bedeutung des individuellen Schicksals dar. Drei unterschiedliche Faktoren sind in den äußeren Ereignissen und in der inneren Entwicklung im Leben Parzivals wirksam: Schicksal (oder Vorbestimmung), Friede und Gnade. Ehe wir jedoch schildern können, wie sich diese Umstände im offenbarenden Schicksal unseres Helden auswirken, müssen wir zuerst kurz unsere Aufmerksamkeit dem Ursprung des Begriffs Schicksal oder Karma zuwenden sowie den Gesetzen, die dabei bestimmend wirken.

Der im Mittelalter lebende Wolfram von Eschenbach stellte sich vor, daß der Ursprung des Schicksals in den symbolischen Bildern der Genesis zu finden sei, welche die Austreibung von Adam und Eva aus dem Paradies schildert. Diese Verstoßung hatte drei große unumgängliche Folgen: *Schmerz, Mühsal* und *Tod*. Schmerz bei jeder Geburt, Mühsal, um angesichts der Feindseligkeit der Natur überleben zu können, den Tod für alle Lebewesen. Diese Auffassung bleibt nicht nur auf das Alte Testament beschränkt, sie bildet die Grundlage weit älterer Religionssysteme, in welchen sie das ›Ur-Karma‹ genannt wird. Und es ist dieses Ur-Karma oder dieser Ursprung des Schicksals, welcher der Bedeutung des individuellen Geschicks – das unvermeidlich daraus hervorgeht – zugrunde liegt.

Nur zwei grundsätzliche Haltungen sind gegenüber dem Wirken dieses Ur-Karmas möglich. Es kann als Fluch betrachtet werden, der um jeden Preis gemieden werden muß. Oder es läßt sich als Gnade aus Gottes Hand auffassen.

Die alten Inder versuchten, die rauhe Wirklichkeit des Schicksals zu mildern, indem sie allen spirituellen Dingen den Vorzug gaben und das weltliche Sein verächtlich als wertlose Illusion betrachteten. Kurz gesagt, sie begehrten eine geistige Befreiung von Mühsal, Schmerz und Tod, indem sie für immer vom Lebensrad fortzukommen suchten.

Die alten Perser hingegen betrachteten das Ur-Karma als einen Ausdruck der irdischen Treue des Sonnengottes Zarathustra (Zoroaster); ihr großer geistiger Führer erachtete Mühsal, Schmerz und Tod als Hilfsmittel, durch welche die Menschheit von den Abgründen des Bösen gerettet worden war – eine Art dreifaches Bollwerk, das den Menschen vor dem Übel schützt.

Wenn wir diesen beiden geistigen Strömungen kurz folgen, welche die Entwicklung des menschlichen Bewußtseins durchfließen, werden wir die wahre Quelle der Einweihungskulte entdecken, die einen wesentlichen Teil von Wolframs Weg zum Gral darstellen. Die Dinge werden vereinfacht, wenn wir diese beiden Strömungen einzeln in Betracht ziehen und mit der indischen Annäherungsmethode beginnen, die das Ur-Karma zu verneinen versucht. Diese Richtung finden wir als Quintessenz im Buddhismus.

Die Lehre Buddhas ist in seiner berühmten Predigt von Benares zusammengefaßt: *Die vier edlen Wahrheiten* und *Der achtfache Pfad.*

Die erste Wahrheit betrifft das Vorhandensein des Leidens in der Welt. ›Geburt ist Leiden. Tod ist Leiden. Von Lieben getrennt sein ist Leiden. Nicht erlangen, was man begehrt, ist Leiden.‹

Die zweite Wahrheit enthält die Ursache des Leidens. Der Grund des Leidens beruht auf der Tatsache, daß ›Durst nach Leben‹ als Folge seiner Taten in früheren Inkarnationen in den Menschen eindringt. Der Mensch ist von Unwissenheit geprägt, von seiner Blindheit dem gegenüber, was er aus vorherigen Erdenleben mitgebracht hat, jenem Element, das jetzt ein wesentlicher Bestandteil seiner selbst geworden ist. Aufgrund seines Mangels an Erkenntnis ist alles, was ihm an bösen Kräften des Universums entgegentritt – und das er andernfalls abwenden würde –, in Durst nach Leben umgewandelt worden. Das menschliche Denken hat sich aus diesem Durst nach Leben entwickelt, und daher sind die Menschen nicht in der Lage, objektiv zu denken.

Buddha machte einen feinen Unterschied zwischen objektivem Denken, das nur den Gegenstand an und für sich im Auge hat, und jener Art des Denkens, die vom persönlichen Wunsch beeinflußt ist. Alles, was lediglich als eine scheinbare Wahrheit erlangt wird – nicht als das Resultat objektiven Denkens, sondern weil alte Neigungen von vergangenen Erdenleben mitgebracht worden sind –, bildet einen verborgenen Träger bestimmter Neigungen. Aufgrund gewisser, in früheren Inkarnationen gemachter Erfahrungen umfaßt dieser Träger die Gesamtsumme der Art und Weise, wie ein Mensch denkt.

Dieser verborgene Träger bestimmter Neigungen wirkt sogar auf die Sinnesorgane ein. Er beeinflußt insbesondere das Auge. Daher verfügt das Auge nicht über ein klares Sehvermögen. Es würde ganz anders in die Außenwelt blicken, wenn es im Innern nicht noch mit den Rückständen des Karmas aus früheren Leben durchdrungen wäre. Das Ergebnis besteht darin, daß sich alle Dinge mit dem Wunsch vermischen, dies oder jenes zu sehen, dies oder jenes zu hören, dies oder jenes zu schmecken oder auf die eine oder andere Weise wahrzunehmen.

Was aus früheren Inkarnationen an Begehren zurückgeblieben ist, fließt in alles ein, was dem Menschen in seinem jetzigen Lebenslauf begegnet. Wenn dieses Element des Begehrens oder der Sehnsucht nicht vorhanden wäre, würde der Mensch der Welt als ein göttliches Wesen begegnen; er würde die Welt überwinden und nicht weiterhin mehr begehren, als ihm gestattet ist, noch wünschen, daß sein Wissen das, was ihm von göttlichen Mächten verliehen worden ist, übertreffen möge – das heißt, er würde keinen Unterschied zwischen sich und der Außenwelt machen, sondern sich als Teil derselben fühlen.

Der Mensch fühlt sich von der übrigen Welt nur deshalb getrennt, weil er sich nach mehr und anderem Genuß sehnt, als die Welt ihm anbietet. Dies führt zu dem Bewußtsein, daß er sich von der Welt unterscheidet. Falls er mit dem, was in der Welt ist, zufrieden wäre, würde er sich von der Welt nicht unterscheiden; er würde zwischen seiner eigenen Existenz und der Außenwelt keine Trennung empfinden. Er würde nie das erfahren, was als ›Kontakt‹ mit der Außenwelt bezeichnet wird, denn wäre er nicht von ihr getrennt, so könnte er nicht mit ihr in Verbindung treten. Kontakt mit der Welt läßt das Fühlen entstehen und den Drang, sich an die Außenwelt zu klammern. Und weil sich der Mensch an die Außenwelt zu klammern sucht, entstehen *Schmerz*, *Mühsal* und *Tod*.

Die dritte edle Wahrheit Buddhas betrifft die Art und Weise, in der die Welt vom Leiden befreit wird: durch Ausschaltung seiner Ursache; durch Tilgung des Durstes nach Leben, der durch Nicht-Wissen entstanden ist.

Die Menschen haben ihr ursprüngliches *dumpfes* Hellsehertum verloren (das Sehen Isenharts, der tot ist und dessen man sich nur dank seiner magischen Waffenausrüstung erinnert – das heißt: für seine unbewußte Einheit mit der Natur, die mit dem Weltenodem nicht in Berührung kam). Als Folge davon wurden die Menschen unwissend, weil der große Makrokosmos geistiger Wesenheiten vor ihnen verborgen geblieben ist. Dieses Nicht-Wissen trägt die Schuld am Durst nach Leben, das seinerseits Schmerz, Mühsal und Tod verursacht hat.

In unserer Darstellung des Kampfes um die Stadt Patelamunt haben wir veranschaulicht, wie Wolfram von Eschenbachs Grals-Epos in sechzehn Abenteuer unterteilt ist, die mit der Entwicklung eines feinen Organs in Beziehung stehen, welches Einblick in die geistigen Wirklichkeiten gewährt. Und wir haben gezeigt, wie das ursprünglich dumpfe Hellsehertum selbst wiederbelebt worden ist, so wie sich der Kelch einer Blume öffnet, um die Blüte zu offenbaren. Es ist die neue ›Achtfachheit‹ dieses das Außersinnliche wahrnehmende Organ, das Buddha im Menschen zu entwickeln sucht, indem er seine Lehre von Liebe und Mitleid auf dem Pfad zu einem erhabenen Bewußtsein lehrt, das die menschliche Seele von den Fesseln des Karmas befreit.

Die acht Eigenschaften, die auf dem achtfachen Pfad entwickelt werden müssen, sind:

### Rechte Anschauung

Der Mensch erreicht wahres Wissen um die Welt, wenn er eine rechte Anschauung der Dinge erlangt, eine Anschauung, die nichts mit Sympathie, Antipathie oder Vorliebe irgendeiner Art zu tun hat. Er muß stets bemüht sein, für jede Sache die richtige Anschauung zu erlangen, die völlig dem entspricht, was sich ihm von außen her darbietet.

### Rechte Gesinnung

Zweitens muß der Mensch von dem unabhängig werden, was von früheren Inkarnationen übriggeblieben ist. Er muß auch bestrebt sein, eine Sache so zu beurteilen, daß sie mit der rechten Anschauung übereinstimmt; er darf sich nicht von anderen Eindrücken beeinflussen lassen.

### Rechtes Reden

Der dritte Grundsatz lautet, daß sich der Mensch um den richtigen Ausdruck dessen bemühen muß, was er der Welt mitteilen will. Dazu muß er zuerst die rechte Anschauung und die rechte Gesinnung erlangt haben; nicht nur seine Worte, sondern jede Äußerung seines Seins muß die eigene rechte Anschauung zum Ausdruck bringen – das und nur das allein.

### Rechtes Handeln

Das vierte Prinzip lehrt uns, daß der Mensch sich bemühen soll, nicht gemäß seinen Sympathien und Antipathien zu handeln, nicht gemäß seinen dunklen Mächten der Begierde *(Samskara)* in ihm, sondern auf solche Art, daß er seine rechte Anschauung, seine rechte Gesinnung und sein rechtes Reden wahr werden läßt. Dadurch entsteht rechtes Handeln.

### Rechtes Leben

Das fünfte Prinzip befähigt einen Menschen, sich selbst von dem, was in ihm ist, zu befreien, auf daß er die rechte Berufung und den richtigen Standort im Leben erlange. Viele Menschen sind mit den Aufgaben, die ihnen das Leben stellt, unzufrieden, stets dem Glauben verhaftet, daß irgendein anderer Zustand vorteilhafter wäre. Aber ein Mensch sollte fähig sein, jener Situation, in welche ihn das Schicksal gestellt hat, das Bestmögliche abzugewinnen, das heißt, die richtige Beschäftigung oder Berufung zu erlangen. Wer in der Lage, in die ihn das Schicksal bringt, keine Befriedigung findet, wird nicht imstande sein, daraus die Kraft zu gewinnen, um rechtes Handeln in der Welt zu entfalten.

### Rechtes Streben

Das sechste Prinzip enthält die Forderung, daß der Mensch zunehmende Anstrengungen unternehmen sollte, um zu gewährleisten, daß das, was er durch rechte Anschauung, rechte Gesinnung, rechtes Reden und rechtes Handeln erlangt, für ihn zur Gewohnheit wird. Er ist mit gewissen Gewohnheiten in die Welt geboren worden, aber sein Bestreben sollte nicht auf das Festhalten an diesen Gewohnheiten gerichtet sein, die vom Durst nach Leben ausgehen, sondern auf das Erlangen jener, die allmählich als Ergebnis rechter Anschauung, rechter Gesinnung, rechter Rede und so weiter zu seinen eigenen werden.

### Rechtes Überdenken

Das siebente Prinzip bedeutet, daß ein Mensch Ordnung in sein Leben bringen soll, indem er sich ständig des Gestern erinnert, wenn er heute handeln muß. Er würde nie etwas zustande bringen, wenn er seine Fertigkeiten jederzeit neu erlernen müßte. Er muß danach streben, Gedächtnis und Achtsamkeit gegenüber allem in seinem Leben zu entwikkeln. Er muß sich das, was er gerade gelernt hat, immer zunutze machen, er muß die Gegenwart mit der Vergangenheit verknüpfen. So muß der Mensch auf dem achtfachen Pfad das rechte Überdenken gemäß der Lehre Buddhas erwerben.

### Rechtes Sichversenken

Die achte Eigenschaft ist erreicht, wenn der Mensch – ohne Vorliebe für die eine oder andere Anschauung, ohne Beeinflussung durch irgendein übriggebliebenes Element aus einer seiner früheren Inkarnationen – sich selbst in reiner Demut den Dingen der Welt hingibt, sich in diese versenkt und sie zu sich sprechen läßt.

Dies ist der achtfache Pfad, der, wenn er genau befolgt wird, Stufe um Stufe zur Tilgung der Lebensbegierde und der damit verbundenen Leiden führt und somit der Seele etwas verleiht, das ihr Befreiung von den unterjochenden Zuständen früherer Erdenleben bringt.

Es wird uns berichtet, daß Buddha seinen Jüngern den Pfad, den seine Seele durchschritten hatte, beschrieb; wie er nur allmählich fähig war, sich seiner Erfahrungen der Vergangenheit als Resultat rechten Sichversenkens zu erinnern.

*Es gab eine Zeit, o Mönche (mag er zu den fünf Asketen gesagt haben, mit denen er nach dem wahren Wesen des Geistes forschte), wo mir das alldurchdringende Licht der geistigen Welt erschien, doch konnte ich in ihm nichts unterscheiden – weder Formen noch Bilder; meine Erleuchtung war nicht rein genug.*

*Danach begann ich nicht nur Licht wahrzunehmen,
sondern innerhalb des Lichtes einzelne Bilder, einzelne
Formen; aber ich konnte nicht erkennen, was diese Formen und Bilder bedeuteten: meine Erleuchtung war nicht
rein genug.*

*Dann begann ich mir zu vergegenwärtigen, daß sich in
diesen Formen und Bildern geistige Wesen selbst offenbaren; doch konnte ich nicht erkennen, welchem Königreich
der geistigen Welt diese Wesen angehören: meine Erleuchtung war nicht rein genug.*

*Dann erfuhr ich, zu welchen der zahlreichen Königrei-
che der geistigen Welt diese verschiedenen Wesensgruppen
gehörten, aber ich konnte noch nicht erkennen, durch welche Taten sie ihren Platz in den geistigen Reichen erlangt
hatten, noch wußte ich um ihre Beschaffenheit der Seele,
denn meine Erleuchtung war nicht rein genug.*

*Dann kam die Zeit, wo ich wahrnehmen konnte, durch
welche Tat diese geistigen Wesen ihren Platz in den geistigen Reichen erlangt hatten und von welcher Beschaffenheit ihre Seele war; aber ich konnte nicht unterscheiden,
mit welchen einzelnen Geistwesen ich selbst in früheren
Zeiten gelebt und in welcher Beziehung ich zu ihnen gestanden hatte, denn meine Erleuchtung war nicht rein genug.*

*Dann war die Zeit erreicht, wo ich erkennen konnte,
daß ich mit gewissen Wesen zu bestimmten Zeiten zusammen gewesen war und mit ihnen auf diese und jene Art in
Beziehung gestanden hatte. Ich erkannte, wie meine früheren Leben gewesen waren. Nun war meine Erleuchtung
rein genug.*

Wir werden in einem späteren Kapitel veranschaulichen, wie
das Wissen um die himmlischen Hierarchien durch die Werke von Dionysios Areopagita Europa im 9. Jahrhundert n.
Chr. erreichte. Dort wurde dieses Wissen in bezug auf die
historische Figur hinter der Persönlichkeit Parzivals in der

Grals-Saga Wolfram von Eschenbachs gleichsam vorwegge-
nommen. Natürlich war es Dionysios, Schüler von Paulus,
der als erster jenen Hierarchien christliche Namen gab, die
schon in vorchristlicher Zeit bei allen wahren Einweihungskulten unter anderen Namen bekannt waren.

Im Unterschied zu Buddha, der die Menschheit von ihrem Ur-Karma der Mühsal, des Leidens und des Todes zu
befreien suchte, akzeptierte Zarathustra nicht nur diese drei
großen Bürden der Menschheit als Auflage Gottes, sondern
versuchte, die Erfahrung dieser Lasten in einen bejahenden
Lebensgang umzugestalten.

Es ist möglich, diese beiden unterschiedlichen Haltungen
der Inder und Perser gegenüber dem Ur-Karma zu begreifen,
wenn man deren verschiedene Auffassungen in bezug auf die
Landwirtschaft studiert. Die Inder, naturgemäß Nomaden,
erachteten den Ackerbau als eine unerwünschte, von der
feindseligen Natur geforderte Sklaverei; für die Perser hingegen bedeutete das Arbeiten auf dem Feld ein äußerlicher
Ausdruck des Vertrauens in den Sonnengott.

Zarathustra verstand Mühsal als Schutz gegen Unent-
schlossenheit und Teilnahmslosigkeit. Er erkannte Schmerz
als Notwendigkeit an, der den Menschen seiner Umwelt
bewußt werden ließ und ihn von übertriebener Ichsucht
abhielt. Er sah den Tod als das, was den Menschen vor
einer endgültigen Trennung von den geistigen Welten erret-
tete.

Solch eine positive Deutung menschlicher Verbindung
zum Ur-Karma brachte nicht nur ein gesteigertes Gefühl der
Dankbarkeit gegenüber den himmlischen Hierarchien, welche die Entwicklung der Menschheit führen, sondern auch
die Möglichkeit der Umwandlung von Mühsal, Schmerz und
Tod in Freude sowie die vorbehaltlose Annahme von Leid
und damit inneren Frieden. Eine derartige Umwandlung des
Karmas kam als Folge des Einfließens von Geist in das
Schicksal der Menschheit zustande. Mühsal wurde durch
den Geist zur Tat, Leiden wurde um des Geistes willen ange-

nommen, und Tod bedeutete ein Durchschreiten der Pforte des Geistes.

Zarathustra begründete seinen Einweihungskult auf der Basis der Umwandlung elementarer Bedürfnisse innerhalb des menschlichen Karmas. Durch die Vergeistigung von Mühsal entstand die spirituelle Übung der *Meditation:* durch das freiwillige Annehmen des Leidens sind die geheimen Prüfungen erschaffen worden; durch die Vergeistigung des Todes fand Einweihung in die geistigen Welten statt.

Zarathustra suchte nicht nur auf den drei Stufen des von ihm eingeführten Mysterienkultes nach der Umwandlung der drei Bedürfnisse des Ur-Karmas. Seine gesamte Vorstellung in bezug auf eine solche Umwandlung spiegelte sich in den Symbolen wider, die er den zunehmenden Graden der Einweihung verliehen hatte – Symbole, die sich, obwohl leicht verschleiert, in den Stufungen wiederfinden, die gemäß Wolfram von Eschenbach zur Erlangung des Grals führen.

Die ersten vier Stufen – der Rabe, der Okkultist, der Krieger und der Löwe – stellen die Umwandlung der Mühsal dar.

Die erste Stufe wurde durch den Raben gekennzeichnet. Der Rabe stellte den Novizen dar, der durch innere Mühsal den ersten Grad der seelischen Umwandlung erreicht hatte, durch die er die Fähigkeit erlangte, Botschaften von den Toten und von Seelen der himmlischen Welten zu empfangen. Der Rabe wurde auch zum Boten der Mysterienkulte, denn er mußte lernen, das Visuelle in Bildern auszudrücken, die von der Außenwelt verstanden werden konnten.

Die zweite Stufe war erklommen, wenn der Novize seine eigenen inneren Räume entdeckte und sich, wann immer er wollte, in die verborgene Isolation seines Geistes zurückziehen konnte. Er wurde zum ›Verborgenen‹ oder zum ›Okkultisten‹.

Die dritte Stufe war bewältigt, wenn der Novize genügend innere Stärke und sittlichen Mut gewonnen hatte, um das Gute gegenüber dem Bösen in der Welt vertreten zu können.

Er wurde sodann als ›Krieger‹ bezeichnet. Die Ritter der Tafelrunde König Artus' waren Ritter der dritten Stufe, folglich besaßen sie die Fähigkeit, das Schwert der Gerechtigkeit in der barbarischen und blutdurchtränkten mittelalterlichen Welt zu vertreten.

Die vierte Stufe galt als erreicht, wenn der Novize auf diese Weise seine Kräfte der Sympathie und Antipathie zu lenken gelernt und Beherrschung über seine subjektiven Verhaltensweisen erlangt hatte, damit kein unbeabsichtigtes Vorurteil seine Handlungen mehr würde bestimmen können. Das göttliche Element in ihm war so stark geworden, daß er auf den Grund seines eigenen Wesens schauen konnte und sich somit vor keiner Mühsal scheute, welche die Pflicht von ihm verlangte.

Die fünfte und die sechste Stufe wurden durch Umwandlung des Leidens erlangt.

Dem Eingeweihten der fünften Stufe ist der Name seines eigenen Volkes – beispielsweise der Perser, der Ägypter, der Grieche oder der Israelit – gewährt worden. Er wirkte nun innerhalb einer bewußten Einheit seines Volksgeistes – das heißt, er konnte die Verantwortung auf sich nehmen, für seine eigene Schicksalsgemeinschaft zu sprechen.

Die sechste Stufe war erreicht, wenn der Eingeweihte einen wahren Einblick in die Geheimnisse der Sphären erlangte und sein Bewußtsein zwischen Erde und Sonne innerhalb des Zeitenstromes ausdehnen konnte. Hermes, der große Eingeweihte Ägyptens, der mit dem Mysterienkult von Osiris und Isis verbunden war, empfing den Ritterschlag dieser Stufe – jener des Sonnenhelden.

Der siebenten Stufe wurde der Name ›Vater‹ verliehen, weil der Eingeweihte, der die Leiter der Einweihung bis zu deren letzten Stufe erklommen hatte, um die Geheimnisse der Zeit wußte und ein wahres Verständnis für das Wirken des Ur-Karmas gewonnen hatte, aus dem Gott-Vater wirkte. Diese Stufe gab einen Einblick in die Vergeistigung des Todes.

Obgleich die Einweihungskulte zu allen Zeiten vor den Massen geheimgehalten worden sind und ein Brechen des Verschwiegenheitseides bezüglich der Mysterien mit dem Tode bestraft wurde, sind die Pfade solcher Einweihungen für jene, die wahres okkultes Wissen besitzen, immer wahrnehmbar. Die Augen der wahrnehmenden Erkenntnis können durch die Geschichte hindurch den Verlauf der Mysterien verfolgen – sogar im Alten Testament, wo der augenfälligste ›verborgene‹ Hinweis der ansteigenden Einweihungsstufen im Leben und in den Taten des Elia gefunden werden kann.

Die Erwähnung der Raben, welche Elia speisten, kennzeichnet den Beginn seines Einweihungspfades. Die Ereignisse zu Sarepta, wo er den Sohn einer Witwe wiederbelebt, kennzeichnen ihn als einen ›Verborgenen‹, einen Okkultisten der zweiten Stufe. Auf dem Berg Karmel verteidigt er das Wissen des Geistes, und als Krieger stellt er das Gute im Kampf gegen das Böse dar. Wenn er auf dem Berg Horeb Jehova in seiner eigenen Seele wahrnimmt, erreicht er den Grad des Löwen – die vierte Stufe.

Elias Erlangung der letzten drei Stufen wurde Elisa offenbart, dem er seinen Mantel gab. Dies geschah anläßlich von Elias Tod, als sein Schüler den von Pferden über die Himmel gezogenen Feuerwagen des Sonnenhelden sah. Elisa beschreibt diese Version mit folgenden Worten: »Mein Vater, mein Vater, Wagen Israels und seine Pferde!« In einem einzigen großartigen Ausbruch des Vorstellungsvermögens beschreibt Elisa den Genius Israels, den Geist des Sonnenhelden und die Sphäre des Vaters.

Dieselben sieben Einweihungsgrade finden sich in der Suche nach dem Gral; nur die Symbolik auf dem Weg zu höheren Bewußtseinsstufen ist verändert worden. Im Mittelalter war der Rabe immer noch das Zeichen der ersten Stufe, der zweite Grad jedoch wurde durch den Pfau versinnbildlicht, dessen prächtiger Federschmuck die Fähigkeit der vielfarbigen bildschöpferischen Kräfte der Fantasie veranschaulicht.

Der Ritter wurde das Symbol der dritten Stufe – des Kriegers, und Ritterwürde ist für das Erreichen derselben verliehen worden. Der Schwan wurde das Zeichen der vierten Stufe – der Schwanengesang stellt den Tod des Ichs und die innere Verwirklichung des Göttlichen im Herzen des Menschen dar.

Die fünfte Stufe der Gralssymbolik wurde durch den Pelikan dargestellt, jenen Vogel, der seine eigene Brust aufreißt, um seine Jungen zu füttern. Ein solcher Eingeweihter lebte für das Fortbestehen seines eigenen Volkes und stellte sein Leben in dessen Dienst. Der Adler vertrat den Wagen und die Pferde der sechsten Stufe, während die Krone den Gralskönig versinnbildlichte, der die allerhöchste Stufe erlangt hatte.

Die Techniken der Einweihung, die zu den tiefgreifenden Änderungen im menschlichen Bewußtsein führen, waren in der Alten Welt ständiger Wandlung unterworfen. Die zahlreichen und gegensätzlichen Rituale der vorchristlichen Ära hatten eine Gemeinsamkeit. Ihr Zweck bestand darin, eine vorübergehende Loslösung von der Sinneswahrnehmung zu schaffen, um in höhere Bereiche des Bewußtseins einzutreten, durch welche die Fülle der geistigen Welt offenbart wurde.

Diese Techniken nahmen allmählich immer raffiniertere und gefährlichere Formen an, bis sie ihre höchste Entwicklung im ›Tempel-Schlaf‹ der alten Ägypter gefunden hatten. Dabei erlitt der Adept, welcher in Grabtücher gewickelt und in ein Grab gelegt worden war, eine Art rituellen Tod. Am Schluß des ganzen gefährlichen Vorganges trat der Hierophant (Hohepriester), von seinen zwölf Jüngern umringt, vor, um den Novizen in Form einer rituellen Auferstehung aus dem Grabe zurückzurufen. Die neu eingeweihte Seele hatte eine Art mystischen Tod erlitten. Und nun ist er zur *erinnerungsmäßigen* Erfahrung seines ewigen Ichs erweckt worden, das jenseits des Schleiers der Sinne wahrgenommen worden ist. Ihm schien es, als ob er neu geboren worden sei. In der Tat sind die Eingeweihten des alten Ägyptens ›Zweimal Geborene‹ genannt worden.

Schlußendlich war der Zeitpunkt in der Geschichte gekommen, als derartige Einweihungsmethoden nicht länger ohne Sicherheitsmaßnahmen ausgeführt werden konnten. Das Mißlingen dieser Einweihungsmethode wird beim Tod des Lazarus offenbar. In genauer Übereinstimmung mit den Mysterien der Antike wurde Lazarus in Grabtücher eingewickelt und in ein Grab gelegt. Aber dem ursprünglichen Hierophanten mißlang es, ihn zu erwecken, und Lazarus starb. Statt dessen wurde Lazarus durch die Macht der unendlichen Liebe ins Leben zurückgerufen. Als Jesus Christus, umringt von seinen zwölf Jüngern, bei der Erweckung des Lazarus den Platz des Hohepriesters einnahm, stand er als Erlöser der Menschheit dort, als Vertreter des ewigen Ichs auf Erden, der vergeblich versucht hatte, in der Seele jedes einzelnen Menschen geboren zu werden. Die Stimme, die Lazarus aus dem Grab zurückrief, war die Stimme seines eigenen höheren Ichs. Die Kraft, die ihm sein Leben zurückgab, ihn wiederbelebte und seinen Körper wieder gesund machte, war die gleiche Kraft, die von seinem eigenen individuellen Geiste ausging.

Für Lazarus hatte diese neue Erfüllung einer alten Tradition eine besondere Bedeutung. Er war mit dem intuitiven Wissen wiedergeboren worden, daß die menschliche Seele in Christus ein lebendiges Gefäß des Geistes werden konnte. Dies ist die wahre Bedeutung hinter der Symbolik der Schale des heiligen Grals – dem Kelch des Schicksals.

Der Tod Jesu Christi am Kreuz und die Auferstehung aus dem Grabe bildeten die öffentliche Erfüllung der gesamten Einweihungstradition, die auf dem Kampfplatz der Weltgeschichte vollstreckt wurde; das geheime Einweihungsritual wurde nun auf die sichtbare Ebene des historischen Geschehens übertragen. Die bei der Kreuzigung erfolgte Niederlage der dualistischen Mächte des Bösen bewahrte das Erdenleben vor dem Abgrund und weihte es einem täglichen Streben zurück zu einer neuen Erkenntnis und zur Teilnahme an der geistigen Welt. Dieser neue innere Weg, der die beiden vormals getrennten Strömungen verschmolz – wir haben es kurz beschrieben –, wurde später unter dem Namen ›Die Suche nach dem Gral‹ bekannt. Und auf diesem Weg der christlichen Einweihung müssen wir nun Parzival folgen, wie er sich allmählich von Dumpfheit über Zweifel zur Seligkeit übersinnlicher Visionen entwickeln kann und auf seinem Weg zur Wiederherstellung des Gottestempels im menschlichen Körper Stufe um Stufe höheres Bewußtsein erlangt.

# 3
# Der manichäische Ursprung des Gral-Christentums

Das kosmische Christentum des Grals und die Offenbarung des Johannes haben einen wesentlichen Faktor gemeinsam. Beide sprechen in einer mächtigen Bildsprache, in der die geistigen Hierarchien mit den Sternen, der Sonne und den Planeten in Beziehung stehen. Während die Symbolik der Apokalypse prophetisch in die Zukunft der Menschheit weist, vollzieht die himmlische Bildsprache des Grals die Mythologien der vorchristlichen Kulturen, insbesondere jene der allgemein bekannten Sternenbilder.

Durch den Mund des alten weisen Eremiten berichtet uns Wolfram über die Tradition bezüglich des himmlischen Ursprungs des Grals und wie dieser von einer Engelschar vom Osten nach dem Westen gebracht worden ist. Und es ist der von Asien aus gegen Westen gerichtete Weg des Grals, der die alte Sternenweisheit mit dem Erscheinen des Christentums und seiner nachfolgenden Ausbreitung über Europa verbindet.

Zwischen den heidnischen Religionen und den orthodoxen Kirchen des Westens besteht offenbar kein derartiges Bindeglied, es gibt jedoch eine Verbindung mit dem manichäischen Christentum, welches Christus als Sonnengott anerkannte und die gesamte Abfolge der vorchristlichen Religionen als eine Höchstleistung des stufenweisen Abstiegs dieses Sonnengottes zur Verkörperung auf Erden betrachtete. Der Manichäismus, der im 2. Jahrhundert n. Chr. in Persien entstand, erachtete diese alten Weissagungen vieler Menschen als erfüllt, als das Blut Jesu Christi bei der Kreuzigung vergossen wurde und damit der Geist des Sonnengottes in die Erde selbst überging. Damit wurde das göttliche Wort (Logos) nicht nur zu Fleisch und Blut, sondern auch der Gottmensch senkte sich in den gesamten Erdenorganismus ein, um so den Planeten zu durchgeistigen.

Das Herabsteigen des Sonnengottes ist auf einzigartige Weise durch den Begründer des alten Persien, den großen Zarathustra, prophezeit worden. Wenn die Perser jener alten Zeit zum Himmel emporschauten, wußten sie, daß hinter der Oberfläche des Himmels, durch die Dunkelheit verborgen, die geistige Sonne erstrahlt. Nur an einer Stelle, dort, wo die Sonnenscheibe erscheint, wird dies sichtbar. Vor diesem wunderbaren goldenen Hintergrund wird in der Imagination die Erscheinung der farbigen Göttergestalten gesehen. Dieses Erlebnis spiegelt sich in der persischen Kunst wider, insbesondere in den wundervollen Mosaiken, wo sich Bilder in herrlichsten Farben auf dem Glanz des goldenen Hintergrundes finden.

Die Sonne ist die Pforte, aber sie ist auch deren Hüter, denn beim Aufblicken zu ihm schwindet das Vergängliche der Welt. Christus, der Sonnengott, hat später diese bezeichnenden Worte gesprochen: »Ich bin der Weg, die Wahrheit und das Leben; niemand kommt zum goldenen Glanz des Weltenursprungs (zum Vater), denn durch mich.«

Der Sonnengott hinter der goldenen Scheibe der Sonne wurde von den alten Persern als weit entfernt im kosmischen Raum erlebt. Schrittweise stieg er sodann zur Erde nieder, und sein Herabsteigen ist der Abstieg des Weltenretters in die Finsternis. »Und das Licht schien in die Finsternis, aber die Finsternis begriff es nicht.« Was dann herabstieg, wurde als das kosmische Wort erlebt; in alle Richtungen strömend – beim Scheinen tönend, beim Ertönen scheinend. Dieses in die Tiefen strahlende Licht begann, die Naturkräfte zu durchdringen – in alten Zeiten fand dies im Sternbild des Stieres seine Darstellung.

Dieser Stier wurde als sich über die gesamte Himmelssphäre ausdehnend begriffen, denn sein Kopf ruhte dort, wo sich das Sternbild des Stiers findet, und sein Schwanz dort, wo die Jungfrau mit dem Füllhorn steht. Von unten, vom Sternbild des Skorpions ausgehend, ergreifen die unterirdischen Kräfte des Skorpions die Genitalien des Stiers. Somit ist in diesem Zeitraum der Geschichte der himmlische Stier als über den gesamten Tierkreis ausgebreitet verstanden worden. Mithras stößt vom Sternbild der Zwillinge aus den goldenen Dolch in den Nacken des Stiers. Und später finden wir als ein Bild himmlischer Ereignisse auf dem Planeten selbst den leuchtenden Pflug, die goldene Pflugschar, in den Nacken der Erde gesteckt.

Auf solche Weise ist das Herabsteigen des Urwortes in vielen wechselnden Imaginationen wahrgenommen worden, und die Einweihungskulte der alten Mysterien hielten an ihrer eigenen ursprünglichen Offenbarung des Göttlichen als dem kostbarsten Gut ihrer Weisheit fest.

Diese Auffassung ging in das manichäische Christentum über und wurde den Grals-Sagas, insbesondere Wolfram von Eschenbachs *Parzival*, einverleibt. Dort lesen wir, daß von erhabenen Sternensphären der Träger des Flammenschwertes in die Finsternis leuchtet, jenes Wesen, das in alten Zeiten Marduk genannt wurde und in der christlichen Ära als Erzengel Michael, der Herrscher der kosmischen Intelligenz, bekannt ist. Er tritt die gestürzten Geister nieder. Der Lichtbringer Luzifer stürzt hinab. Durch seinen Sturz in die irdischen Regionen bringt er dem Menschen das reflektierende Licht – das Wissen – und ist daher fähig, mit dem Menschen Umgang zu pflegen. »Deine Augen sollen geöffnet werden, und du sollst Licht und Finsternis, Gut und Böse unterscheiden.« Aber nicht nur Luzifer stürzt hinab, eine ganze Schar von Geistwesen begleiten ihn.

Die Grals-Legende spricht von dieser Schar als von der Krone Luzifers. Und dann bahnt Michael mit seinem feurigen Wort-Schwert einem Geist aus dieser Schar von Geistern einen Weg hinaus aus Luzifers Krone – einem Geist, der sich in seiner Beschaffenheit von allen anderen unterscheidet. Ein Geistwesen nahm den Weg von der Höhe in die Finsternis nicht als ein gefallenes Wesen, sondern als eines, das die unfreiwillig gestürzten Geister begleitet, um den Menschen Erlösung zu bringen, die sonst jenen gefallenen Geistern ausgeliefert wären.

Dieses engelgleiche Wesen bereitete den Weg für den Sonnengeist, der ihm nachfolgte, da das Welten-Wort denselben Weg ging wie die von Michael zertretenen gefallenen Geister. Die Grals-Legende erzählt, daß dieses Wesen, welches den Weg für das Welten-Wort vorbereitete, wie ein herrlicher Juwel in der Krone Luzifers leuchtete.

Der Erzengel Michael ergriff ›den Stein des Lichts‹ aus Luzifers Krone und stieg herab, um unter den Menschen zu leben, sich selbst zu einem Gefäß gestaltend, um das Blut Christi darin empfangen zu können. Das Gefäß wurde als der heilige Kelch bekannt, der die Hostie des Sonnengeistes enthält. Es waren alles Wesen der Weisheit, die ihren Weg von der Höhe in die Finsternis nahmen, aber dieses einzige Geistwesen repräsentiert die Weisheit, die sich selbst in Liebe verwandelt. Zuerst, so berichtet die Legende, wurde es in einem Mysterienkult des Herakles, einem platonischen Sonnenhelden, bewahrt – das heißt, es wurde in einem phönizischen Tempel in Tyrus behütet, der Stadt Hierams, des Planers des Judentempels. Daraufhin ging das Kelchgefäß in die Hände der Königin von Saba über, der Königin der Sternenweisheit; sie brachte es König Salomo. In solchen Schilderungen wird der Pfad der Weisheit beschrieben.

Dasselbe Gefäß kam in das Haus der Essener, in welchem Christus mit seinen Jüngern am Letzten Abendmahl teilnahm, und die Kraft, welche von Christus auf seine zwölf Jünger überströmte, floß weiter aus diesem heiligen Gefäß. Ein Jude brachte es zu Pilatus, denn Jesus Christus wurde vor Pilatus geführt. Und als nach der Kreuzigung Joseph von Arimathia den Leichnam Jesu von Pilatus erbat, übergab ihm Pilatus dieses kostbare Gefäß, und er und seine Nachkommen wurden die Hüter des Heiligen Grals.

Somit ist die Grals-Geschichte die von oben herabgestiegene Chronik der Weisheit, jener Weisheit, welche zum Kelch der Liebe geworden ist und dies immer mehr wurde, je mehr sie ihren Weg von Ost nach West nahm. Da sie in einer ganzen Reihe östlicher Mysterienkulte bewahrt gewesen war, fand die Urweisheit ihren letzten großen bildhaften Ausdruck in den prachtvollen Mythenbildern der Philosophie Platos. Daher finden wir in Wolframs wunderbarem Epos das unerwartete und in einem anderen Zusammenhang wenig bedeutsame Eindringen der platonischen Weltenidee.

Im *Symposion,* dem Gastmahl der Liebe, können die vorchristlichen Gralsmysterien bereits erahnt werden, und in der Diskussion im Rahmen dieses platonischen Festmahls stellt sich heraus, daß die Liebe Diotimas die Weisheit des Silen ergänzen muß. Als Ergebnis dieses Übergangsstadiums fand eine entscheidende Aussprache zwischen Plato und seinem Schüler Aristoteles statt. Plato, der letzte Vertreter des alten geistigen Schauens, fordert von Aristoteles, daß er hinfort die gesamte von Bildern entkleidete Urweisheit übermitteln möge, und zwar in einer Begriffsform, die zum Träger des westlichen Bewußtseins werden sollte. Daher ist die Geschichte der aristotelischen Philosophie auch die Geschichte der weiteren Verbreitung der Urweisheit.

Während das Mysterium des Wortes (Logos) direkt an der Schwelle zur Erfüllung der Fleischwerdung stand – als es sich ereignete, daß das Himmelreich näher kam und der Verstand und das Bewußtsein der Menschheit sich änderten –, ging aus dem Geiste Aristoteles' die irdische Spiegelung des Welten-Wortes hervor, wie es der Schrift der Gestirne eingeprägt ist, d. h. die Logik. Indem das Wort selbst herabstieg, erwuchs der Menschheit die Möglichkeit des Wissens, mit dem das Wort erfaßt werden konnte. Es war die von den Sternen eingegebene Gedankenstruktur des Aristoteles, die zur umgewandelten Weisheit wurde, mit deren Hilfe das Mittelalter die Christuswesenheit zu verstehen suchte.

Am Anfang war der Lauf der Entwicklung des menschlichen Bewußtseins so beschaffen, daß kein Volk auf Erden besser geeignet war, das Herabsteigen des Sonnengottes – und Jesu Seele als dessen irdisches Werkzeug – zu verstehen, als das persische mit seiner inspirierten Kultur, das sein Herniedersteigen vorausgesagt hatte. Christus, der Auferstandene, konnte durch die Griechen noch besser verstanden werden. Durch eine Verbindung des persischen und des griechischen Naturells wäre ein Verständnis des Gottesmenschen ermöglicht worden. Aber die aggressive und destruktive Haltung Alexanders und sein Mangel an Verständnis gegenüber der Größe und Herrlichkeit der persischen Zivilisation wirkten einer möglichen Verschmelzung dieser beiden Kulturen entgegen. Die geistigen Impulse Persiens wurden derart geschwächt, daß die beschriebene Verbindung nie zustande kam.

Die Befähigungen der verschiedenen Völker sind auf einmalige Weise verteilt. Den Juden wurde die wesentliche Mission zuteil, einen Körper für den Sonnengott bereitzuhalten – das heißt, der Bau des Gottestempels; dies konnten sie nur mit Hilfe der phönizischen Strömung erreichen, die mit ihrem Talent und ihrer Fähigkeit zu dessen Ausführung beitrug. Den Römern wurde die Kraft gegeben, das Christentum zu verbreiten, aber es waren die Griechen, welche die Fähigkeit besaßen, spirituell das Mysterium um die Menschwerdung des Göttlichen und dessen Auferstehung aus dem Grabe zu erfassen. Vor allen anderen Völkern vermochten die Perser das Wesen des Sonnengottes zu erkennen, der, so wie Ormuzd von seinen zwölf Amschaspands, von seinen zwölf Jüngern umgeben war.

All das, was von den himmlischen Hierarchien – die das menschliche Schicksal leiten – vorbereitet worden war, ist nicht eingetreten. Die mutwillige Zerstörung durch Alexander den Großen bewirkte mehr als tausend Jahre später eine karmische Vergeltung. Und als Ergebnis vereinte sich die griechische Natur nicht mit dem Sonnenimpuls Persiens, sondern mit der Mondkultur Arabiens. Die Tiefe dieser Tragödie erweist sich als um so schrecklichere Schicksalswende, wenn wir gewahr werden, wie später die römische Inquisition der Katharer- und Albigenser-Bünde die europäische Kultur des manichäischen Christentums für sich beanspruchte, das ursprünglich im 3. Jahrhundert n. Chr. in der persischen Kultur seine Wurzeln hatte.

Damals lebte im 3. Jahrhundert im Mittleren Osten eine bemerkenswerte und höchst bedeutsame Persönlichkeit: Mani (oder Manu), der Begründer des Manichäismus. Mani, ein Waisenkind, arbeitete als Sklave im Hause eines Weisen in Bagdad, der mit Kunstgegenständen und Antiquitäten handelte und ein Archiv von Einweihungskulten alter Zivilisationen sein eigen nannte. Kurz nachdem dieser Knabe in sein Haus gezogen war, starb der alte Mann, aber er fuhr fort, den Jungen über das Grab hinaus zu inspirieren. Seine Witwe, die eines Nachts entdeckte, daß der Junge in den alten Texten des Archivs las, adoptierte ihn, sorgte für ihn und unterstützte seine weitere Ausbildung. Er wurde zum Begründer eines der tiefgründigsten mystischen und philosophischen Systeme der Welt – eines christlich-gnostischen Kultes, durch den die menschliche Seele Einblick in die geistigen Wirklichkeiten des Makrokosmos erlangen und sich mittels der sieben vorgegebenen Stufen zu einer vollständigen Teilnahme an denselben erheben sollte.

Mani wurde geboren, als die Sonne in der Konstellation des Widders stand, in jenem Jahr – 242 n.Chr. –, in dem König Shâpûr seine Herrschaft begann. Er wurde als Lehrer der Königskinder an den Hof berufen – eine Aufgabe, die er zuerst zurückwies und dann widerstrebend annahm. Die Priester der alten Zoroaster-Religion hielten seine Lehre, wonach Christus die Verkörperung ihres Sonnengottes, Ahura Mazdao, sei, für eine gefährliche Irrlehre. Mißgünstige Höflinge, welche ihre Stellung durch seine Gegenwart bedroht sahen, beschlossen mit den Priestern seinen Tod, und sein entsetzliches Geschick war, lebendig enthäutet zu werden.

Mani lehrte auf wahrhaft ideenreiche und künstlerische Art und Weise den Abstieg des Urlichtes in die Finsternis auf Erden. Er beschrieb in fesselnden Worten die Durchdringung der Materie durch den Geist. Vor allem vermittelte er eine in der Tat sittliche Auffassung von der Überwindung des Bösen, die nicht durch Kampf, sondern durch Liebe und passiven Widerstand geschieht. Der Kern dieser Lehre umfaßte die Idee, daß die menschliche Natur selbst dazu erschaffen wurde, um das Böse im Universum durch die Kraft der Liebe umzuwandeln.

Die heutige Welt stößt beim Verstehen des Manichäismus auf große Schwierigkeiten. Dies deshalb, weil der zeitgenössische Verstand entweder völlig materialistisch ist oder weil sich ein unvereinbarer Dualismus zwischen Geist und Materie findet. Der Manichäismus ist ein monistisches System. Für den Manichäer gibt es nur ein Universum, und der Mensch selbst hat dieses in zwei Teile geteilt: das sinnlich Wahrnehmbare und das verstandesmäßig Erfaßbare. Und Mani suchte die Brücke zwischen der Welt der Sinne und jener des Geistes im Menschen selbst. Er fand sie, indem er die Sinne des Körpers mit den Sinnen des Geistes ergänzte, um die geistige Wirklichkeit in allen irdischen Phänomenen zu enthüllen, die diese gestaltet und erhält. Auf solche Weise wurde Mani gewahr, daß alle menschlichen Wesen selbst Sonnengeister waren. Er lehrte seine Nachfolger, wie man im Geiste wiedergeboren wird und wie man in Übereinstimmung lebt mit dem drei Jahre dauernden physischen Erdendasein Christi (das heißt, vom Moment der Taufe im Jordan bis zum Tode am Kreuz auf Golgatha).

Von den geheimen Einweihungslehren, die Mani seinen Jüngern vermittelte, welche glaubten, daß er das Gefäß des Heiligen Geistes verkörpere, ist nichts bis zu uns gedrungen. Jedoch Fragmente seiner öffentlichen Reden zu den Massen, die herbeiströmten, um ihn anzuhören, sind noch immer vorhanden. Möglicherweise können wir ihn am besten verstehen lernen, indem wir die erlösende Kraft seiner Worte auf uns wirken lassen:

*Das Böse war nicht seit Anbeginn als Böses vorhanden, sondern nur in dessen Grundelementen. Denn was gut und richtig ist, wird von jeder Zeit anders beurteilt. Somit wirkte sich das, was zuerst dem Guten angehörte – weil es Bestandteil seiner Zeit war –, später als ungerecht aus. Betrachtet man es lediglich in seinen Ursprüngen, so entspringt das Böse derselben Quelle wie das Gute und ist somit ebenfalls unendlich. Aber als Böses findet es ein Ende. Es beschließt jedoch sein eigenes Ende, und dies wird ihm durch die sich aufopfernde Tat des Guten ermöglicht, das sich freiwillig mit dem Bösen vereinigt. Auf daß es dem Guten möglich sein werde, das Böse zu erlösen, entfaltet es sich bis zu diesem Punkt von jenem getrennt; dies, damit das Gute sodann die Kraft besitzt, sich mit dem Bösen teilweise zu vereinigen und ihm ein freiwilliges, vom strahlenden Licht Gottes angeregtes Gutwerden zu ermöglichen.*

*Da das Böse fünf Teile zählt, das Gute jedoch deren sieben, steht das Gute am Anfang und am Ende für sich allein. Aber im mittleren Zeitabschnitt seiner Entwicklung taucht es in die fünf Teile des Bösen ein und erlangt wieder die Harmonie des Zwölffachen. (Hier wird auf die sieben Lichtkonstellationen über der Sonnenbahn und auf die fünf unterhalb derselben hingewiesen; ebenso auf das Vorrücken der Tag- und Nachtgleiche.)*

*Deswegen eignet sich die Gottheit – der König des Lichtreiches – fünf Teile an. Diese sind: Güte, Wissen, Verständnis, Verschwiegenheit, Einsicht. Die fünf anderen Bestandteile stehen mit dem Herzen in Verbindung: Liebe, Glaube, Treue, Tapferkeit und Weisheit.*

*Da die weitere Entwicklung der Welt die Trennung des Weltenlichtes verursachte, das heißt, die Trennung der ho-*

hen Gefilde vom dunklen Strom der Tiefen, war Satan selbst nicht ohne Ursprung, aber dennoch ohne Ursprung in seinen Teilen und Elementen; folglich waren es diese Teile, die gemeinsam aus den Elementen hervorgingen, um sich selbst als Satan zu manifestieren. Sein Kopf glich dem eines Löwen, sein Leib hatte die Form eines Drachen, seine Flügel waren wie jene eines großen Vogels geformt, und sein Schwanz glich dem eines Wassertieres. (Auch hier wird auf Fixsterne Bezug genommen; in diesem besonderen Falle auf die Widerspiegelung der vier Himmelsrichtungen des Tierkreises.)

Da sich dieses Wesen selbst aus der Finsternis erschaffen hatte, ist es Drache – alte Schlange – genannt worden. Daraufhin begann es zu zerstören, zu verschlingen und andere Wesen zu schmähen, hin und her, nach rechts und links eilend und bis in die Tiefen der Hölle vordringend, wo es denjenigen, die es zu überwältigen suchten, weiterhin Schaden und Verwüstung brachte. Danach stieg es hinauf in die Höhen, und den Glanz des Lichtes erblickend, fühlte es Widerwillen dagegen. Als es fernerhin sah, daß dieser Glanz allein durch die Berührung mit dessen Gegenteil genährt wurde, ward das Wesen in Furcht versetzt, schrumpfte Stück für Stück zusammen und zog sich in seine Grundmaterie zurück.

Doch wiederum manifestierte sich dieses Wesen selbst und schwang sich erneut in die Höhen hinauf. Und nun bemerkte auch das Erdenlicht das Tun Satans und seine Absicht, anzugreifen und zu zerstören. Und als die Erde dessen gewahr wurde, siehe, da bemerkten dies auch die Welt der Einsicht, die Welt des Wissens sowie die Welt der Verschwiegenheit, die Welt des Verständnisses und schließlich die Welt der Güte. Hierauf bemerkte dies der König des Lichtreiches und überlegte, wie Satan empfangen werden könnte.

Seine eigenen Scharen waren wahrhaftig mächtig genug, aber im Lichtreich war nur das Gute vorhanden. Da-

*nach erschuf er mit seinem gerechten Geist, seinen zwölf Welten, seinen fünf Elementen ein Geschlecht – das Urbild des Menschen. Dieses Geschlecht schickte er hinunter, auf daß es sich selbst mit der Finsternis vermenge. Und es war dieses Geschlecht, das mit dem Drachen zu kämpfen hatte.*

*Der Urmensch rüstete sich mit den fünf geistigen Sphären, den fünf Göttern aus – mit Lufthauch, Wind, Licht, Wasser und Feuer. Das erste Ding, in das er sich hüllte, war der Lufthauch. Den umgab er mit dem wallenden Mantel des Lichts; über das Licht zog er den Schleier des wogenden Wassers und schützte sich mit dem wehenden Wind. Schließlich benutzte er das Feuer als Schild, und mit der Lanze beeilte er sich, aus dem Paradies in tiefere Gefilde zu steigen.*

*Danach ließ sich der Drache von seinen fünf geistigen Sphären Unterstützung gewähren – von Rauch, Brand, Dunkel, Glühwind und Qualm. Er bewaffnete sich mit denselben, benützte sie als Schild und zog gegen den Urmenschen los. Der Kampf dauerte lange, und der Drache trug schließlich den Sieg über den Menschen davon, verschlang einen Teil seines Lichtes und umhüllte ihn mit seinen Geistsphären und seinen Elementen.*

*Alsdann erhob sich der Sturm, der wirbelnde Tanz des Todes, und die Hölle verzehrte sich selbst. Auf diese Weise entstand das Menschengeschlecht. Die Menschheit jedoch erkannte den Freund des Lichtes, den König des Lichtreiches. Und sein Glanz erfüllte sie mit Wonne.*

*Das Licht des Menschen, das der Drache verschlungen hatte, bewirkte, daß sich dieser am Licht freute. Möge sich Licht an Licht entzünden! – Die Menschheit konnte sich wieder freuen, und der Abgrund verringerte sich immer mehr, strahlend, funkelnd, scheinend und Licht verströmend gleich einer Sonne. Auf diese Weise sind die Geister der Finsternis, zusammen mit ihren Vasallen und ihren Wesenheiten, erlöst emporgehoben, erleuchtet und er-*

*wärmt worden, so daß sich Güte stärker als Haß erwies.*
*Im Menschen erlöste die Güte den Drachen von der Hölle.*

Diese kurze Schilderung vermag uns das richtige Gefühl für den Manichäismus zu vermitteln. Der Märtyrertod seines Begründers und die heftige Verfolgung seiner Anhänger haben sehr wenig von dieser tiefgreifenden geistigen Idee bis zu uns vordringen lassen. Der Einweihungskult der Manichäer gelangte nach dem östlichen Europa und von dort nach Frankreich, wo er eine entsetzliche Verfolgung erlebte – insbesondere in der kaltblütigen Verfolgung der manichäischen Gemeinden rund um Toulouse im 13. Jahrhundert und in der erbarmungslosen Auslöschung des Tempelritterordens. Die Feinde dieser geistigen Strömung sorgten dafür, daß nur Bruchteile hinterlassen worden sind. Aber der Manichäismus ist hinter den Kulissen der Geschichte lebendig geblieben und findet sich sogar – wenn auch in sehr viel abgeschwächterer Form – in Goethes *Faust*.

Es ist Goethe, der in seinem ›Prolog im Himmel‹ die erhabene Idee des Sonnengottes aufgreift, die einst das Innerste der persischen Kultur darstellte:

> Die Sonne tönt nach alter Weise
> In Brudersphären Wettgesang,
> Und ihre vorgeschriebne Reise
> Vollendet sie mit Donnergang.
> Ihr Anblick gibt den Engeln Stärke,
> Wenn keiner sie ergründen mag;
> Die unbegreiflich hohen Werke
> Sind herrlich wie am ersten Tag.

Aber Goethe vermochte diesem Gedanken nicht mehr mit jener Überzeugung und Tiefe Ausdruck zu verleihen, die den persischen Traditionen innewohnt. Denn die Frage lautet nicht, wie sich Faust vor Mephistopheles schützen soll, sondern wie Mephistopheles selber erlöst werden kann.

Die fundamentale Lehre des Manichäismus lebt innerhalb der Grals-Saga. In Wolframs *Parzival* beispielsweise wird es klar dargelegt, daß die Erlösung des Bösen möglich ist.

Ist zwîvel herzen nâchgebûr,
daz muoz der sêle werden sûr.
gesmaehet und gezieret
ist, swâ sich parrieret
unverzaget mannes muot,
als agelstern varwe tuot.
der mac dennoch wesen geil:
wande an im sint beidiu teil,
des himels und der helle.
der unstaete geselle
hât die swarzen varwe gar,
und wirt ouch nâch der vinster var:
sô habet sich an die blanken
der mit staeten gedanken.*

Dieselbe Idee finden wir im Orden der Templer, der nicht nur die Unschuld gelten ließ, sondern vor allem danach trachtete, jene, die Böses tun, zum Guten zurückzuführen. Das war der Grund für die bemerkenswerte Bestimmung, daß ein Exkommunizierter als von der Verdammnis befreit erachtet werden soll, wenn er dem Orden der Tempelritter beitritt.

---

* Ist Unentschiedenheit dem Herzen nah, so muß der Seele daraus Bitternis erwachsen. Verbindet sich – wie in den zwei Farben der Elster – unverzagter Mannesmut mit seinem Gegenteil, so ist alles rühmlich und schmachvoll zugleich. Wer schwankt, kann immer noch froh sein; denn Himmel und Hölle haben an ihm Anteil. Wer allerdings den inneren Halt völlig verliert, der ist ganz einfach schwarzfarben und endet schließlich in der Finsternis der Hölle. Wer dagegen innere Festigkeit bewahrt, der hält sich an die lichte Farbe des Himmels.

Folgendes ist die Bedeutung des Grals: Der unschuldige Tor findet tatsächlich den Gral, aber er ist nicht würdig, denselben zu besitzen; erst wenn er den schwarz-weiß gefleckten Bruder, den Menschenbruder, mit zum Gral bringt, nur dann wird er zum Gralskönig.

Parzival muß die Gralsburg verlassen, weil er die Bedeutung von Gut und Böse noch nicht begreift und nicht erkennt, wie die Menschheit an diesen beiden Extremen leidet, von denen auch er je einen Teil in sich trägt. Wenn er die Gralsburg zum zweitenmal betritt, begleitet ihn sein Menschenbruder Feirefiz. Feirefiz kann den Gral nicht sehen, aber er sieht dessen Träger sehr deutlich, und durch die Liebe des Gralsträgers wird er dazu geführt, den Gral selbst zu schauen.

In der wahren Form des Manichäismus lebt ein wunderbarer ethischer Impuls, echtes Christentum, aber mit einer einmaligen Auffassung in bezug auf die Sünde. Die Idee, daß die Sünde etwas verkörpert, das wieder in das Gute verwandelt werden kann, ist der im Manichäismus enthaltene Glaube – der Glaube an den Menschen selbst. Diese Auffassung ist dazu bestimmt, das Christentum immer tiefer zu durchdringen, weil es eine neue Vorstellung von Reinkarnation und Karma mit sich bringt.

# 4
# Der historische Hintergrund
## zu Wolframs *Parzival*

ein wurzel der güete
und ein stam der diemüete.
ôwê daz wir nu niht enhân
ir sippe unz an den eilften spân!
des wirt gevelschet manec lîp.*

Obwohl die Grals-Geschichte erst nach 1180 bekannt wurde, schrieb Wolfram von Eschenbach über den Ritter Parzival, als ob er im 9. Jahrhundert gelebt hätte. Er berichtet uns, daß zwischen dem Leben Herzeloydes und seiner eigenen Zeit elf Generationen liegen. Die oben angeführten Verszeilen sind im dritten Abenteuer erwähnt. Gemäß dem Bericht des Dichters lebte die Mutter Parzivals folglich elf Generationen früher als Wolfram selbst, d. h. ungefähr 870 n. Chr.

Nun ist der geeignete Augenblick für uns gekommen, den historischen Hintergrund von Wolframs *Parzival* zu betrachten und einiges Wissenswerte von den Geschehnissen im westlichen Europa während des 9. Jahrhunderts zu erfahren. Wir werden bald entdecken, daß hinter der großen Menge der im Epos enthaltenen seltsamen und erstaunlichen Namen – die auf den ersten Blick rein erfunden zu sein scheinen – tatsächlich geschichtliche Personen verborgen sind, die während der Herrschaft der karolingischen Kaiser gelebt hatten.

---

* Eine Wurzel wahrer Güte, ein Baumstamm weiblicher Demut. Ach, daß wir heutzutage ihresgleichen nicht mehr haben – nicht einmal im elften Verwandtschaftsgrad! Derart macht sich Untreue breit.

In den Grals-Sagas, insbesondere in den Werken Chrétien de Troyes' und Wolfram von Eschenbachs, liegt die Geschichte des Kampfes verborgen, der im 9. Jahrhundert stattfand und der darüber entscheiden sollte, welche Richtung das zukünftige Europa nehmen würde – den geistigen oder den rein materialistischen Weg.

Dies geschah in jenem Jahrhundert, als die modernen Sprachen Europas Gestalt anzunehmen begannen. Das erste Dokument, das die allmähliche Vorbereitung der künftigen Vielfalt europäischer Idiome und die Befreiung der germanischen Sprachen von den lateinischen Einflüssen veranschaulicht, erschien im Jahre 842 n. Chr. Dieses Dokument ist als der Eid von Straßburg bekannt und stellt die Aufzeichnung eines durch die Enkel Karls des Großen abgeschlossenen Vertrages dar.

»In godes minna ind christianes folches«, schwor der eine.

»Pro deo amor at pro christian poblo«, beeidigte der andere.

Dies bedeutete den ersten Schritt zur Anerkennung von Landessprachen. In England übersetzte Alfred der Große lateinische Werke ins Altenglische, damit das Volk die Evangelien in seiner eigenen Sprache lesen könne. Indem Cyrill und Methodius die Liturgie in die slawische Sprache einführten, setzte sich im Osten derselbe Prozeß spontan für die slawischen Völker durch. Und während die einzelnen Sprachen sich mit der Bildung höherer Kultur zu entwickeln begannen, fand überall in Europa die Abtrennung der verschiedenen Völker statt.

Norwegen erhielt seinen ersten König. Die Dänen wurden unter einem Herrscher vereinigt. Rurik der Wikinger wurde 862 der erste Fürst von Nowgorod und der Begründer Rußlands. Die polnischen Herzöge können bis zu jener Zeit zurückverfolgt werden, als in Bulgarien der erste Khan regierte und im Jahre 890 n.Chr. dessen erster Zar geboren wurde. Radbot, am Hofe der Karolinger erzogen, wurde der erste Bischof von Utrecht, jener Stadt, um die sich die holländische Nation gebildet hat.

In England legte Alfred der Große die Grundfeste zum Angelsachsentum, was später zur Vereinigung der britischen Völkerschaft führte. Als Folge der Teilung des karolingischen Reiches entstanden die Königreiche Frankreich und Deutschland, während Italien, das immer noch mit Burgund vereinigt war, seinen eigenen Herrscher hatte. Folglich bildete sich im 9. Jahrhundert erstmals der keimhafte Umriß des europäischen Kontinentes, wie wir ihn heute kennen. Neue nationale und sprachliche Impulse erwuchsen aus den Seelen der Menschen, um die Fundamente einer neuen Kultur zu errichten.

Die Inspiration des neuen Europas hätte die geistige Erweckung des Christentums sein sollen, aber sie war genau das, was durch die tragische Spaltung zwischen der Kirche Roms und der byzantinischen Kirche von Konstantinopel verneint worden ist. Als ein Ergebnis dieses Bruchs zwischen der Ost-Kirche und der lateinischen Kirche des Westens beging Papst Nikolaus I. den schwerwiegenden Fehler, den individuellen Geist von der ursprünglich anerkannten Entelechie* des Menschen zu trennen.

Die Ost-Kirche betrachtete den Menschen als eine Dreieinigkeit von Geist, Seele und Körper, aber Papst Nikolaus erklärte, daß im Westen der Mensch von nun an nur noch als Seele und Körper zu betrachten sei und daß der Glaube an das Vorhandensein eines individuellen Geistes Ketzerei wäre. Auf diese Weise ist der individuelle menschliche Geist auf die niedrigere Stufe einer bloß intellektuellen Eigenschaft der Seele verwiesen worden. In Wirklichkeit kann *nur* der individuelle Geist im Menschen zur Wahrnehmung des Geistes im Universum und zu dessen Teilhaftigwerdung füh-

---

\* Entelechie: griech. ›das, was sein Ziel in sich selbst hat.‹ (A. d. Ü.)

54

ren. Somit verlor der Mensch der westlichen Welt den wahren Zugang sowohl zu echter Selbsterkenntnis als auch zu einem spirituellen Wissen um das Universum.

Bei diesem tragischen Irrtum muß das Schicksal seine Hand im Spiel gehabt haben: Diese irrtümliche Erklärung ist in einem kritischen Moment in der Entwicklung des menschlichen Bewußtseins ausgesprochen worden; zu einem Zeitpunkt, als sich nicht nur die spirituellen Sinne, sondern auch der rechte Vorderlappen des Gehirns – der die spirituellen Sinne ganzheitlich ins Bewußtsein reflektiert – in einem Endstadium der Verkümmerung befanden. Auf diese Art und Weise geschah es, daß die Völker Westeuropas im weltlichen, verstandesmäßigen, zeit- und erdgebundenen Denken des linken Hirnlappens gefangen wurden – und zwar genau in jenem Augenblick, als die wahre spirituelle Inspiration am dringendsten benötigt wurde. Und da der Mensch nunmehr auf Maß, Ziffer und Gewicht sowie auf das rationale Denken, das mit diesen Begriffen verbunden ist, beschränkt war, wurden die Dogmen der Kirche zu den einzig anerkannten Quellen der Offenbarung.

Genau zu diesem Zeitpunkt sind die Werke des Dionysios Aeropagita vom byzantinischen Kaiser Michael an den karolingischen Hof geschickt worden. Diese vom Schüler des Paulus erschaffenen Werke sind vor mehr als sechshundert Jahren von Mund zu Mund überliefert worden, bevor sie schließlich handschriftlich festgehalten worden sind. Die Werke des Dionysios beschreiben die aufsteigenden Ränge der himmlischen Hierarchien und deren Anteil beim Erschaffen, Übermitteln und Fördern des historischen Geschehens. Die Werke sind nicht nur von der Anerkennung des individuellen menschlichen Geistes durchdrungen, sondern auch von der Aufgabe, die dem individuellen Geist bei der Wahrnehmung der höchsten spirituellen Realitäten im Universum zukommt.

Diese griechischen Schriften sind am Hofe Karls des Kahlen von einem gewissen Luitward von Vercelli, dem Großkanzler der Karolinger, übersetzt worden. Und es ist Luitward von Vercelli, der die historische Figur hinter der Persönlichkeit Parzivals in Wolfram von Eschenbachs Epos darstellt. In diesem Licht gesehen, ist das Epos ein Triumph des individuellen menschlichen Geistes gegenüber der Zensur Roms. Obwohl die Werke des Dionysios öffentlich als Ketzerei verboten worden sind, wurden sie der Grals-Saga einverleibt und ungefähr elf Generationen später in ganz Europa verbreitet, wo sie die gesamte Bevölkerung vernahm, ohne daß sie der päpstliche Stuhl je als die größte aller maskierten Ketzereien erkannt hätte. In der Tat stand die Römische Kirche zu keiner Zeit in Verbindung mit der Gralssuche, obwohl diese eines der höchsten aller christlichen Mysterien darstellt.

Obgleich die Werke von Wolfram und Chrétien das Gralswissen nicht vor Ende des 12. Jahrhunderts verbreitet hatten – als dieses Wissen exoterisch wurde –, sind genügend Beweise vorhanden, daß der Gral bekannt war und in einem kleinen Kreise von Adepten bereits im 8. Jahrhundert darüber gesprochen worden ist. Wir lesen im *Grand St Graal* (auch *Livre St Graal),* wie siebenhundertsiebzehn Jahre nach der Passionszeit (d. h. 750 n. Chr.), in der Nacht zwischen Gründonnerstag und Karfreitag, ein in der Bloie Bretagne lebender, von Zweifeln an der Trinität bedrängter Eremit eine Vision erlebte. In dieser Vision brachte ihm der Erlöser ein Buch von der Größe einer Hand, in welchem der Eremit zuerst seine eigene Chronik und dann die Geschichte des Heiligen Grals las.

Wir haben hier den Beweis, daß die Gestalter der GralsLegenden auf das 8. Jahrhundert zurückverweisen. Und es gibt viele andere historische Tatsachen, die klar aufzeigen, daß die Quellen der erworbenen Kenntnisse, die wir hier ins Auge fassen, im 8. und 9. Jahrhundert gesucht werden müssen. Die Grals-Chronik bestand somit nur aus Vision und unmittelbarer Offenbarung. Aus diesem Grunde können die Tatsachen, die sich auf diese früheren Jahrhunderte beziehen, als die Grals-Geschichte feste Gestalt anzunehmen begann, nur in den Hinweisen der späteren Verfasser der Geschichte gefunden werden. Die wichtigsten uns interessierenden Dokumente zum Zeitalter Karls des Großen und seiner Nachfolger gehören späteren Zeitabschnitten an. Der ursprüngliche esoterische Impuls wurde nur allmählich der Allgemeinheit zugänglich und ist zuerst mündlich überliefert worden.

Es gibt einen Punkt, der für all die Visionen, Offenbarungen und Legenden bezüglich des Grals im Mittelalter charakteristisch ist: Sie alle beziehen sich auf die eine oder andere Weise auf die okkulte Bedeutung des Blutes oder auf eine bedeutsame Abstammungschronik. Dies gilt auch für die überlieferte Geschichte St. Odiliens, der Schutzpatronin der Gralsritter.

Odilie war die Tochter von Eticho, der das Herzogtum Elsaß im Jahre 666 n. Chr. ererbte. Als er entdeckte, daß seine Tochter blind geboren war, fragte sich Eticho: »Wer hat gesündigt? Die Eltern oder das Kind?« Als er an seinem Hofe das Gerücht vernahm, daß er selber für die Blindheit seines Kindes verantwortlich sei, beschloß er, seine Tochter töten zu lassen. Die Mutter flüchtete mit dem Mädchen nach Regensburg. Ehrhard, dem Bischof von Regensburg, wurde in einem Traumgesicht eingegeben, das Kind aufzusuchen und zu taufen. Während der Taufe wurde es sehend. Ehrhard verglich das Wunder Odiliens mit Christi Heilung des blindgeborenen Mannes. »Das Licht der Welt hat ihr die Gnade des Sehens geschenkt«, sagte er. Und aus diesem Grunde nannte er sie Odilie, ein Name, der sich von den Worten ›sol Dei‹, Sonne Gottes, ableitet.

Nachdem Odilie ihr Sehvermögen erlangt hatte, wurde sie am Hofe ihres Vaters wieder aufgenommen, wo es ihr gut erging, bis sie das heiratsfähige Alter erreichte und den Befehl ihres Vaters, zu heiraten, entschieden von sich wies. Bei dieser Gelegenheit hielt sie sich in einer alten Einsiedelei verborgen, die später zur Zuflucht des greisen Trevrizent, des Gralseinsiedlers, wurde, der an diesem Ort Parzival nach seinem ersten erfolglosen Verweilen in der Gralsburg unterwies.

Als sich Vater und Tochter versöhnt hatten, gründete Odilie – inzwischen eine reife und fromme Persönlichkeit – auf der Hochburg und im Tal unterhalb Niedermünster christliche Klöster. Auf den Höhen meditierte sie und wurde durch Visionen in Verbindung mit den Offenbarungen des Johannes inspiriert; unten im Tal heilte sie Kranke, die aus allen Teilen Europas zu ihr strömten. In beiden Zentren und in den umgebenden Klöstern, besonders in Andlau, verehrte und hütete man im geheimen die Mysterien des Grals. Novizen wurden Stufe um Stufe auf die neue Form der christlichen Einweihung vorbereitet.

Eine kurze Biographie St. Odiliens kann in den Werken eines gewissen Dionysius Albrecht gefunden werden. Albrecht beschreibt auch die Bedeutung der von Herzog Eticho, dem Vater St. Odiliens, ausgehenden Ahnenreihe:

*Dieses Herzogsgeschlecht verbreitete sich, wie einst das Geschlecht Jakobs: nämlich von der Mitte des Elsaß gegen den Westen Frankreichs; gegen den Osten in österreichischen und römischen Gebieten; in Richtung Süden in Spanien; in Richtung Norden in Sachsen und Brandenburg. So wie sich Jakobs Nachkommen nach der Anordnung der Sterne in alle Himmelsrichtungen ausbreiteten, so geschah es mit der Familie Odiliens.*

Wolfram von Eschenbach entdeckt das Vorhandensein dieses Gralsgeschlechts durch seinen anerkannten Meister Kyot:

*Kyot, der weise Meister, begann diesen Erzählungen überall in lateinischen Büchern nachzuspüren, um herauszufinden, wo es jemals ein Volk gegeben hat, das sich der Reinheit widmete und würdig war, den Gral in Obhut zu nehmen. Er las die Chroniken der Länder in Britannien*

*und anderswo, in Frankreich und Irland, und in Anschau
fand er die Geschichte. Dort las er die wahre Geschichte
von Mazadan, und dort fand sich die genaue Aufzeichnung all seiner Vorfahren ...*

Wir haben bereits erwähnt, daß es sich bei Anschau nicht
um ein irdisches Königreich handelt, sondern um den Namen eines spirituellen Reiches, das nur durch Einweihung in
höhere Stufen des Bewußtseins und Teilhaftigwerden an
weiteren Zeitdimensionen erfahren wird. Der Bericht von
Anschau stellt die kosmische Chronik dar, in welcher Vergangenheit, Gegenwart und Zukunft in einem stetigen und
ununterbrochenen Zeitenlauf vereinigt sind. Dies kann nur
von einem Eingeweihten der siebenten Stufe entziffert werden, der die erforderlichen Fähigkeiten erlangt hat (das
heißt, der ›sein Abc ohne die Kunst der schwarzen Magie‹
erlernte).

Dies gibt uns weiteren Aufschluß über die Identität und
Persönlichkeit des geheimnisvollen Kyot. Er ist ein Eingeweihter der siebenten Stufe, der sich die Ereignisse der Geschichte vor sein geistiges Auge stellen konnte – in diesem
Falle Ereignisse, die Jahrhunderte vor seiner Geburt stattgefunden hatten. Und auf diese Weise bestimmte er die Familie, die vom Geist dazu ausersehen worden war, zum Träger
des Grals zu werden.

In Albrechts Geschichte vom Odilienberg (ein Dokument,
das in den Archiven der Bibliothek zu Straßburg immer noch
vorhanden ist) findet sich ein ausführlicher Stammbaum, der
das Geschlecht der Gralsfamilie aufzeichnet, deren Blut hell-
seherische Kräfte besaß. Diese Geschlechtslinie fand später
in beinahe alle führenden Dynastien Europas Eingang, von
denen viele die Gralsgeheimnisse bewahrten und hüteten.

Durch seinen Großvater mütterlicherseits, Charibert von
Laon, der ein direkter Nachfahre Etichos war, wurde Kaiser
Karl der Große Empfänger des Gralswissens. Möglicherwei-
se mag dies die Erklärung sein für die hellseherischen Fähig-

keiten des Kaisers, mit denen er in einer Vision den Geburts-
ort des hl. Jakobus in Santiago de Compostela im Norden
Spaniens schaute.

Karl der Große selbst war kein Gelehrter. Obgleich er
über einen angeborenen Scharfsinn und einen ausgespro-
chenen Gerechtigkeitssinn verfügte, lernte er nie lesen und
schreiben. Irgendwie gelang es ihm doch, ein wenig Latei-
nisch und Griechisch zu sprechen. Als Folge seiner eigenen
mangelhaften Bildung war er von gebildeten Männern tief
beeindruckt und umgab sich mit einigen der größten Gelehrten der Zeit. In seiner Hauptstadt Aachen, auf seinen fast
unaufhörlichen Feldzügen gegen die plündernden Sachsen
und Dänen und in der Schar von Unterweisenden, die ständig sein Gefolge begleitete, befanden sich stets führende Ver-
fechter sowohl der römischen Glaubenskirche als auch des
Gralschristentums. Aber am tiefsten beeindruckt war der
König der Franken von Augustinus' Schrift *Vom Gottes-
staat*, aus der ihm jeden Tag abschnittsweise vorgelesen werden mußte. Dieser Augustinus von Hippo, der bedeutendste
der frühen Kirchenväter, hatte das manichäische Christentum widerlegt, das in seinem System so zahlreiche Ähnlich-
keiten mit der Suche nach dem Gral aufwies.

Doch Karl der Große war vor allem ein Mann mit Sinn für
Geschichte, und er war erfüllt von der einzigartigen Bedeutung der Größe seines eigenen Schicksals. Als Papst Leo III.
ihn in Rom während der Hochmesse ohne vorherige Ankündigung zum Heiligen Römischen Kaiser krönte, kennzeich-
nete dieser Augenblick die äußere Verdunkelung des Gralschristentums. Der Kaiser wurde in allen religiösen Angelegenheiten ein Vasall Roms, und der Papst betrachtete sich
selbst als Führer der Erneuerung des Römischen Reiches im
Westen. Die Macht des Christentums ging von Griechenland
auf Rom über – ein Ereignis, das schließlich zur Trennung
der östlichen und der westlichen Kirchen und zur Absage
des individuellen menschlichen Geistes von der Dreieinigkeit im Menschen beitrug.

Die bedeutsamste Gralspersönlichkeit am fränkischen Hof war ein gewisser Hugo von Tours. Es ist in der Tat merkwürdig, daß Einhard, der bekannteste Biograph Karls des Großen, ihn nicht einmal erwähnt. Auch spätere Biographen, die Rom gegenüber ähnliche Loyalitäten bekundeten, berichteten mit keiner Silbe über diesen Ritter und Gelehrten.

Ein Manuskript, das erst um 1672 von Peter Lyra abgeschrieben worden ist und das selbst einem früheren, zu Lebzeiten Wolfram von Eschenbachs geschriebenen Dokument entstammt, gewährt ausführliche Einblicke in das Leben Hugos und seiner Gralsverbündeten sowie deren Bedeutung während der karolingischen Dynastie. Gemäß diesem Schriftstück ›stand Hugo an allererster Stelle in der Gunst des Königs. Keine andere Gesellschaft schätzte der König mehr. Er war der vertrauteste, höchste und edelste Diener des Königs. Vor allem wußte Seine Majestät sicher, daß er nicht nur die Wahrheit und Gerechtigkeit liebte, sondern außerdem intelligent, vorsichtig, voll guter Absicht und restlos von Ehrlichkeit erfüllt war.‹

Es ist von größter Bedeutung, daß Hugo von Tours zum Empfänger eines der kostbarsten Reliquienschreine wurde, den Karl der Große vom Patriarchen Fortunatus selbst erhalten hatte. Dieser Reliquienschrein, das *Praeputium Domini*, eine Reliquie der ersten Blutausgießung anläßlich der Beschneidung des Jesuskindes, wurde traditionsgemäß vom Träger des Gralsimpulses in Obhut genommen, dem Führer dieser verborgenen Spur des esoterischen Christentums, die sich seit den Tagen Josephs von Arimathia durch die Jahrhunderte erhalten hatte. Und weil Hugo von Tours der Führer des Gralsimpulses im 9. Jahrhundert gewesen war, hatte Wolfram von Eschenbach dessen Leben als Vorbild für die Persönlichkeit und Weisheit des Einsiedlers Trevrizent genommen. Hugo verwahrte das *Praeputium Domini* in Tours, bis ein Kreuz hergestellt worden war, in dem die Reliquie sicher und richtig aufbewahrt werden konnte. Später wurde das Kreuz auf den Rücken eines Kamels gelegt und fand seine endgültige Stätte in dem von St. Odilie gegründeten Kloster zu Niedermünster.

Hugo von Tours war der Anführer einer Abordnung, die von Karl dem Großen an den Hof Harun-al-Raschids in Bagdad gesandt wurde. Eine frühere Botschaft war von Charibert von Laon, dem Großvater Karls des Großen, veranlaßt worden. Zu dieser Zeit sah sich Europa vom Islam hart bedrängt, besonders in Spanien, Südfrankreich und Sizilien. Aus diesem Grunde sandte man Botschafter zu den persischen Kalifen aus, die nach wie vor einen starken Einfluß auf die gesamte arabische Welt ausübten. Die Perser, die früher vom Islam besiegt worden waren, durch ihre Weisheit und Staatskunst erneut zu Macht gekommen, waren nun die natürlichen Verbündeten der christlichen Welt.

Als Hugo von Tours in Bagdad eintraf, hatte sich die gesamte Lage betrüblich verändert. Harun-al-Raschid befahl nach seiner Rückkehr von einem Besuch in Mekka die Ermordung aller führenden Mitglieder der vornehmen persischen Familie der Barnicide, die bis anhin die Regierungsführung innehatte. Obwohl al-Raschid Kaiser Karl dem Großen reiche Geschenke und schmeichelnde Worte übersandt hatte, gehörte seine Sympathie ausschließlich der mohammedanischen Welt und deren Vordringen in Europa.

Auf seinem Weg durch Kleinasien benutzte Hugo die Gelegenheit, Jerusalem zu besuchen, wo er die heiligen Stätten aufsuchte. Und während seines langen Aufenthaltes in Persien studierte er eingehend die Lehren Zoroasters und entdeckte dabei, wie diese alte Sonnenreligion die Verkörperung Christi vorausgesehen hatte. Er hörte auch vom Manichäismus und von den Lehren und dem Martyrium Manis – Lehren, die eine bemerkenswerte Ähnlichkeit mit dem Gralschristentum aufwiesen. Dort studierte er auch die alchimistischen Werke von Aristoteles, die in die arabische Sprache übersetzt worden waren, das westliche Europa aber noch nicht erreicht hatten.

Als Hugo von Tours nach Europa zurückkehrte, war Karl

der Große verstorben. Bei der nachfolgenden Teilung des karolingischen Reiches unterstützte er Lothar, der seine Tochter geheiratet hatte. Für einige Jahre wohnte er im mittleren Königreich der Lombardei. Schließlich zog er sich im hohen Alter – er lebte mehr als hundert Jahre – in eine Einsiedelei in Arlesheim zurück, wo Jahrhunderte zuvor St. Odilie einst Zuflucht gefunden hatte. Es war in dieser Einsiedelei, wo Hugo der Lehrer der Weisheit vom Heiligen Gral wurde.

Der Grund, welcher das Identifizieren der lebenden historischen Persönlichkeiten hinter den Hauptcharakteren des Epos so schwierig machte, ist deutlich genug. Die Gelehrten, die nicht ahnten, daß das Epos das Leben vor dem Hintergrund des 9. Jahrhunderts widerspiegelt, haben irrtümlicherweise in Anjou und anderswo nach historischen Persönlichkeiten der nachfolgenden Jahrhunderte (besonders des 12. Jahrhunderts) gesucht, in der vergeblichen Hoffnung, Personen zu entdecken, deren Leben auf irgendeine Weise die bedeutsamsten Gestalten und entscheidenden Ereignisse des Epos hätten inspirieren können.

Ehe wir die wahre Persönlichkeit jener Gestalten weiter enthüllen, die mit diesem Epos von der Suche nach dem Gral in Zusammenhang stehen, müssen wir die Chronologie der darin beschriebenen Ereignisse zu entziffern suchen. Der wichtigste einzelne Anhaltspunkt ist dabei, daß die entscheidenden Erfahrungen Parzivals immer zu festlichen Jahreszeiten stattfinden.

Zur Frühjahrs- und Säzeit verläßt Parzival erstmals seine Mutter. Am ersten Tag erreicht er den benachbarten Wald von Briziljan, und am zweiten trifft er auf die halbnackt in ihrem Zelt liegende Herzogin Jeschute und bewirkt durch seine Einfalt, daß sie in den Augen ihres Gatten, Herzog Orilus, entehrt erscheint. Am dritten Tag besiegt Parzival den Roten Ritter, Ither von Gaheviez, und er setzt seine Reise fort, um an demselben Abend den Wohnsitz Gurnemanz' zu erreichen. Für weitere vierzehn Tage verweilt er bei

Gurnemanz, der ihn in höfischen Sitten unterweist. Am achtzehnten Tag kommt Parzival nach Pelrapeire, wo er am zwanzigsten und einundzwanzigsten Tag Hochzeit mit Condwiramurs feiert. Darauf setzt er die Suche nach seiner Mutter fort, entdeckt statt dessen aber am Michaelstag die Gralsburg. So geschieht es, daß Parzival am Michaelstag (am 29. September) von dem verwundeten König Anfortas das Gralsschwert empfängt, das Schwert des Erzengels Michael. Am nächsten Tag, beim Verlassen der Gralsburg, versöhnt Parzival den Herzog Orilus mit Jeschute und nimmt die buntbemalte Lanze des Ritters Taurian mit.

Erst nach viereinhalb Jahren und drei Tagen trifft Parzival in einem bedrückten Zustand des Zweifels und der Hoffnungslosigkeit in der Einsiedelei des Trevrizent in Arlesheim ein. Dies aber geschieht gerade zur Osterzeit, in der die Kräfte der Erlösung wahrlich mächtig sind. Karfreitag fiel auf den dritten April, den tatsächlichen Todestag Christi am Kreuz. Und es ist auch am ersten Pfingsttag, an dem Parzival zum Gralskönig ernannt wird. Pfingsten wiederum ist von besonderer Bedeutung, weil es auf denselben Tag fällt wie die erste Ausgießung des Heiligen Geistes.

Wann war im 9. Jahrhundert Karfreitag an einem dritten April? Ostern fällt jedes Jahr auf den ersten Sonntag nach dem ersten Vollmond nach der Frühjahrs-Sonnenwende. Diese besondere Stellung von Sonne und Mond verkörpert selbst ein Symbol des Heiligen Grals, der vor allem ein Sternenmysterium darstellt. Karfreitag war im 9. Jahrhundert dreimal am dritten April. In den Jahren 823, 828 und 834. Damit ist uns ein bestimmter Zeitraum gegeben, in dem die wahren lebenden Menschen hinter den Gestalten von Wolfram von Eschenbachs *Parzival* zu suchen und zu identifizieren sind.

Die beiden am leichtesten zu identifizierenden Charaktere innerhalb des Gedichts sind der Herzog Orilus und seine Gattin Jeschute. Die Figur des Orilus gründet auf Karl dem Dicken, dem Enkel Karls des Großen. Seine fromme Gattin

Richardis, mit der er die Ehe nie vollzogen hat, gab die Inspiration zur Gestalt der irrtümlich beschuldigten und arg verleumdeten Jeschute. Die Legenden hinsichtlich des Lebens und der Zeit der hl. Richardis (oder Richarda) können im Straßburger Bezirksarchiv des Unterelsaß gefunden werden. Das noch vorhandene Dokument ist von einer aus dem 12. Jahrhundert stammenden Chronik abgeschrieben worden.

*Die heilige Richardis, von vornehmer christlicher Abstammung, wurde in Schottland geboren. Ihr Vater war Gregory, der legitime Sohn von Don Gall, dem König von Irland, der später zum König von Schottland gewählt worden war. Die Vornehmheit von Richardis' Herkunft ist vom Adel ihres Glaubens und ihrer Keuschheit sogar noch übertroffen worden. Von ihren Eltern wurde sie von Kindheit an in größter Bescheidenheit und Sittsamkeit erzogen. Als sie ins heiratsfähige Alter kam, hielt der karolingische König, Karl der Dicke, um ihre Hand an.*

*Die Liebe ist nie vergeblich, und sie vollbringt große Dinge, wo immer es auch sei – und somit ist die fromme Richardis schon bald fest entschlossen, mit der bereitwillig erteilten Billigung ihres Gatten, in Andlau ein Kloster für Jungfrauen zu errichten. Es verlangte sie beide danach, alles im Namen Gottes zu beginnen und nichts zu tun, das Ihm nicht zur Freude gereichte.*

*Karl, ebenso darauf erpicht, sich der Religion und dem Gottesdienst zu widmen, war sehr in seine Reichsgeschäfte vertieft, während Richardis, die mehr Gelegenheit für den Gottesdienst hatte, sich dem Gebet hingab und sich der Nonnen auf der Hohenburg – das heißt, auf dem Berg der St. Odilie – annahm. Sowohl Richardis als auch ihre Freundinnen unter den Nonnen empfanden für St. Odilie aufgrund ihrer Heiligkeit und ihrer mannigfaltigen Wundertaten große Verehrung. Dort, auf der Hohenburg, betete Richardis um der Verdienste St. Odiliens willen zum all-*

*mächtigen Gott, auf daß Er ihr die richtige Stelle offenba-*
*re, wo das von ihr geplante Werk zu vollenden sei. Und*
*siehe da, sie hatte eine Vision und erfuhr die Offenbarung,*
*daß sie das Kloster am Fuße des Hügels ihres eigenen*
*Grundstückes zu gründen habe; dort, wo sie eine Bärin*
*mit ihren Jungen in der Erde scharrend auffinden würde.*
*Sobald sie erwachte, machte sie sich freudig auf den Weg,*
*stieg mit ihren Edelleuten und Begleiterinnen den Berg*
*hinunter zu ihren Ländereien in der Nähe von Andlau und*
*kam zu der Stelle, wo die Bärin mit ihren Jungen auf dem*
*Boden scharrte, als ob sie ihr den Platz zeigen wollte, wo*
*sie das Kloster zu bauen habe. In jenem Jahre 878 legte sie*
*den Grundstein des Klosters, das sie und ihr Gatte in*
*Frömmigkeit Gott weihten. Sobald das Kloster vollendet*
*war, setzte sie Adelheid als dessen erste Äbtissin ein und*
*ließ es von frommen und demütigen Jungfrauen, Dienerin-*
*nen Gottes, bewohnen.*

Im Dokument von Straßburg wird klar auf die Ähnlichkeit
zwischen den Ereignissen im Leben Richardis' und dem
Schicksal der erdichteten Figur Jeschutes hingewiesen; dieses Dokument berichtet uns von der tiefen geistigen Ver-
wandtschaft zwischen der Kaiserin und dem Großkanzler
Luitwart von Vercelli. Luitwart (oder Luithardus) war Bischof von Vercelli, einem kleinen, für seine Seidenfabrikati-
on bekannten Ort, unweit der geschäftigen Kathedralen-
stadt Turin. Vercelli war auch die Stadt, in der die Reliquien
einiger der Offiziere der Thebäischen Legion bewahrt und
behütet worden sind. Diese Legion hatte sich lieber selber
geopfert, als heidnische Götter Roms anzubeten, und jeder
einzelne Offizier und Soldat kniete in passivem Widerstand
nieder, um hingerichtet zu werden. Es war diese manichäische Heldentat, die neben allem anderen den Weg zur Christianisierung Roms vorbereitete. Auf diese Weise war Vercelli eng mit dem Manichäismus verbunden, und es wurde
später zum Ursprungsort der manichäischen Waldenser-Ge-

meinschaften, die im 13. Jahrhundert während der römisch-katholischen, von St. Dominius veranlaßten Inquisition aufgelöst worden sind.

*Wann immer Luitwart die Heilige Messe zelebrierte, pflegte er das heilige Kreuz, das er an seinem Hals trug, anzubeten; mit einer Laienschwester näherte sich sodann Richardis und berührte dasselbe ehrfurchtsvoll mit ihren jungfräulichen Händen. Als der Rote Ritter Zeuge dieses Vorganges wurde, legte er diesen auf falsche und schlechte Weise aus. Ihre Ehrfurcht wurde als übermäßige Gunstbezeugung für den Bischof mißdeutet, und da sie des öftern mit ihm über den Bau von Gotteshäusern und über die Ausdehnung des Gottesdienstes zu beratschlagen hatte, nahm der Rote Ritter die Gelegenheit wahr, durch falsche Anspielungen beim Kaiser den Verdacht eines Ehebruchs zu erwecken. Der böse Geist verlor keine Zeit, seinen verleumderischen Scherz mit der frommen Kaiserin und dem Bischof Luitwart, dem getreuen Gottesdiener zu spielen. Indem der Kaiser so weit gebracht wurde, dem bösen Roten Ritter Gehör zu schenken und seinen Zorn über den Häuptern des Bischofs, seines Großkanzlers, und seiner eigenen Gattin auszugießen. Er entließ den Kanzler und verstieß ihn, Schmähungen auf ihn häufend und seinem Leben beinahe ein Ende setzend.*

*Der Kaiser ließ Richardis in großem Zorn zu sich kommen. Er berief mit den höchsten Adligen des Königreiches eine Versammlung ein, vor der Richardis zu erscheinen hatte; in ihrer Gegenwart bezeugte der Kaiser, daß er Richardis während der zwölf Ehejahre nicht angerührt habe. Nun galt es zu beweisen, daß sie unschuldig war – daß kein anderer Mann sie berührt hatte.*

*Richardis war bereit, sich jeglicher Prüfung, die er wünschte, zu unterziehen. Seinem Wunsch entsprechend zog sie ein Wachshemd an, das sodann an allen vier Enden angezündet wurde, jedoch nicht brannte. Des weiteren legte man glühende Kohlen auf die Erde, auf die sie sich mit bloßen Füßen stellte. Dies geschah unter der Bedingung, daß sie nach Bestehen aller dieser Prüfungen als unschuldig und von den ehelichen Banden befreit anerkannt würde, um hinfort niemandem als ihrem geliebten Jesus dienen zu können.*

Weniger als ein Jahr später wurde der in einer Schlacht besiegte und von Arnulf, dem König von Rom, entthronte Karl der Dicke von seinen eigenen Truppen erdrosselt. Die von den ehelichen Banden befreite Richardis reiste nach Jerusalem, um das heilige Grab anzubeten. Auf ihrer Rückreise besuchte sie Konstantinopel, wo ihr der Schädel des einst von Christus vom Tode wiedererweckten Lazarus geschenkt wurde. Dieser Schädel ist in die Kirche nach Andlau gebracht worden, wo er noch heute zu sehen ist. Folglich erkennen wir, daß sich Richardis selbst nicht nur mit dem gesamten Impuls St. Odiliens verbündete und in die Abstammungslinie der Gralsfamilie einheiratete, sondern auch unmittelbar mit der Strömung des verborgenen Christentums verbunden war, die eine direkte Fortsetzung der Erweckung des Lazarus durch Jesus Christus darstellt.

Wolfram von Eschenbachs Geschichte dehnt sich über einen sehr weiten Raum aus, der nicht nur den größten Teil Europas einschließlich Irlands, Schottlands und Wales' umfaßt, sondern auch weite Teile Nordafrikas, und der im Osten bis nach Bagdad reicht. Im Vergleich dazu spielt Chrétien de Troyes' *Grals-Erzählung* vor einem sehr begrenzten Hintergrund. Und zwar, weil sich Chrétien ausschließlich mit der Annäherung der individuellen Seele an den Gral befaßt, während Wolframs Werk auf die Christianisierung der Völkerseelen hinzielt, auf die völlige Umwandlung der sich zusammenschließenden Nationen, die sich in einem keimhaften Entwicklungszustand befinden, sowie auf deren Integration in das Christentum.

Der Unterschied zwischen diesen beiden verschiedenen

Motiven bezüglich des Grals und deren gegensätzlicher Symbolik wird, wie unser Bericht darlegt, offenbar werden. Aber es ist nun der richtige Augenblick, hier etwas über den Widerstand gegen den Gral im 9. Jahrhundert zu sagen und darzulegen, wie diese Feindlichkeit auf verschleierte Art und Weise in der Saga enthalten ist.

Zahlreiche Historiker, die sich der Bedeutung des vom Gral beseelten geistigen Wiedererwachens während der karolingischen Regierungszeit gewahr wurden, haben über die verschiedenen Versuche, die Macht der Gralsfamilie und die Ausbreitung des esoterischen christlichen Grals-Einweihungskultes auszulöschen, geschrieben. Jedoch keiner übertrifft an Scharfblick Richard Wagners Operndarstellung in bezug auf den bösen Adepten Clinschor (Klingsor), der eine Verschwörung leitet, um die rechtmäßige Entfaltung von Liebe und Weisheit im bedeutendsten der formbildenden Jahrhunderte der europäischen Geschichte zu verderben.

Mit charakteristischem Scharfsinn beschreibt Wolfram von Eschenbach lediglich die verderblichen Einflüsse als selbstverständliche Folgerung von Clinschors Zauberei. Sogar in Gawans Abenteuern in Clinschors ›Zauberburg‹ tritt Clinschor selber nicht in Erscheinung, seine Ritter, Untertanen und Diener jedoch werden für den Gral gewonnen. In der Tat findet sich der einzige unmittelbare Hinweis auf Clinschor im Rahmen dieser Handlung dort, wo uns erzählt wird, wie er sich mit König Artus' Mutter davonmachte! Und dieser Hinweis dient bloß dazu, uns in verschleierter Art darüber zu berichten, wie in dieser Zeit das Zutagetreten eines verdorbenen Intellekts das letzte Überbleibsel des alten atavistischen Hellsehertums zerstörte.

Dennoch sehen wir mit großer Klarheit die Einflüsse von Clinschors zerstörerischen Mächten in dem Bilde des verwundeten Königs Anfortas, in welchem durch das Eindringen einer unentrinnbar sinnlichen Fantasie wahre Liebe pervertiert worden ist. Der größte aller Minnesänger schildert, wie der Gralskönig durch eine Verirrung moralisch ruiniert worden ist, welche die glückliche Verbindung zwischen Herz und Hirn spaltete und ihn aller sittlicher Festigkeit beraubte. Die Wunde Anfortas' hat ihren Ursprung in seiner Unfähigkeit, die wahren Vorgänge der geistigen Entwicklung zur Erfüllung zu bringen. Mit der Symbolik der blutenden Lanze stellt der Barde die instinktiven Kräfte dar, die ins Gehirn eindringen, um die heilenden Kräfte des Grals zu hemmen. In jener Szene, die anläßlich des ersten Besuches Parzivals im inneren Heiligtum der Gralsburg spielt, wird die Erscheinung der blutenden Lanze beschrieben, die den Schmerz und die Qual des verwundeten Königs siebenfach steigert und ein endloses Klagen unter den versammelten Rittern auslöst.

Obwohl nicht sicher bekannt ist, wer die historische Persönlichkeit hinter Anfortas war (es könnte durchaus Karl der Kahle, ein weiterer Enkel des Großen, gewesen sein, der an einem Gehirntumor des rechten Vorderlappens starb), ist hinlänglich bewiesen, daß die Figur Clinschor Landulf II. von Capua darstellt.

Der Einfluß Landulfs von Capua auf die Ereignisse im 9. Jahrhundert war gewaltig, und es besteht kein Zweifel, daß er von zentraler Bedeutung für das Böse der Zeit war. Kaiser Ludwig II. bestimmte ihn zum ›dritten Mann im Königreich‹ und überhäufte Landulf mit so viel Ehre, daß dieser danach trachtete, Capua zu einer Hauptstadt und sich selbst zu deren Erzbischof zu machen. Obgleich er seinen Kaiser zu einem Krieg gegen die Araber im Süden Italiens verleitete, sandte er seinen eigenen Bruder zu den Ungläubigen, um diese zu einem Angriff in christliche Länder aufzufordern. Landulf, der viele Jahre in Kairo zubrachte, um arabische Astrologie und Zauberei zu erlernen, war ihr geheimer Verbündeter. Durch seine islamischen Beziehungen unterhielt er später in den Bergen über Piemont seine adlerhorstartige Burg. Es ist dieser Ort in Carta Belota, der von Wolfram von Eschenbach als die Zauberburg geschildert wird. Landulf wurde schließlich exkommuniziert, als seine Allianz mit dem Islam im nachhinein enthüllt und seine üblen Machenschaften bekannt wurden.

Ein zeitgenössischer Chronist namens Echempertus berichtet uns etwas über das Leben Landulfs und über die Auswirkung seines gottlosen Treibens auf die Ereignisse dieses Zeitalters. Es stellte sich heraus, daß in der Nacht vor seiner Geburt seine Mutter eine schreckliche Vision hatte, in der ihr schien, daß sie eine brennende Fackel geboren habe, die nicht nur ihr eigenes Königreich in Brand setze, sondern sich über die ganze Welt ausbreite. Ihr Ehemann, dem sie den Traum nach dem Erwachen erzählte, war so tief erschrocken, daß er sich kaum zurückhalten konnte, das Kind bei seiner Geburt zu töten. Statt dessen entschloß er sich, ein Gedicht zu schreiben, um die Welt vor seinem Sohn und der Tyrannei, die durch ihn entstehen würde, zu warnen:

Ach! Süße Gemahlin, welches Geschick verfolgt uns?
Eure furchtbare Vision verkündet eine schlimme Weissagung,
durch die das Kind im Mutterleib überschattet ist.
Es wird nichts lieben, es wird Blutsverwandtschaft entzweien.
Endlich wird es mit vergifteten Worten Zwietracht zwischen den Bürgern säen
und wird in der Brust der Gerechten wie glühendes Feuer wüten.

»Was in geistiger Ekstase vorhergesagt wurde«, berichtet Echempertus, »waren wir bestimmt, mit unseren eigenen Augen zu sehen. Und das Feuer, das später durch seine Taten entzündet worden ist, beeinflußte das gesamte Menschengeschlecht.«

Zwei entgegengesetzte, dem Guten und dem Bösen dienende Kräfte waren bei diesem plötzlichen Übergang in der Entwicklung des menschlichen Bewußtseins zugegen, als die intellektuelle Seele Europas zu keimen begann und ein neuer Sinn für die Individualität unter den Massen geboren worden ist. Rittertum und Ritterlichkeit begannen in diesem Zeitalter erstmals aufzublühen, und die Troubadoure und Minnesänger erschienen mit überraschender Plötzlichkeit in den entstehenden Nationen, um die neue und individuelle romantische Liebe zu lobpreisen. Aber gerade zu dieser Zeit, als diese romantische Liebe zwischen den Geschlechtern weiterblühte und neue und zarte Beziehungen zu einem neuen Ideal der christlichen Ehe ermutigten, gedieh auch die Hingabe an lieblose, pervertierte und unersättliche sexuelle Fantasien. Beinahe tausend Jahre später brachte Goethe diese dualistischen Kräfte des Menschen in Versform zum Ausdruck:

> Zwei Seelen wohnen, ach! in meiner Brust,
> Die eine will sich von der andern trennen:
> Die eine hält in derber Liebeslust
> Sich an die Welt mit klammernden Organen;
> Die andre hebt gewaltsam sich vom Dunst
> Zu den Gefilden hoher Ahnen.

Wolframs König Anfortas ist, wie Faust, ein Gefangener der Lust und versäumt, die von ihm erstrebten höheren geistigen Kenntnisse zu erlangen. Es ist Parzival, der dazu auserwählt ist, zur Liebe eine neue Beziehung zu finden. Nur er kann den höchsten Gipfel des Geistes erreichen und gleichzeitig an der irdischen Erfüllung des reinen Ideals der christlichen Ehe teilhaben.

# 5
# Der göttliche Narr

»Ei, Mutter, was ist das ›Gott‹?« fragt der junge Parzival.

Ihre Antwort erläutert die Beschaffenheit ihrer christlichen Glaubensanschauungen. Für Herzeloyde, die Mutter Parzivals, bedeutet Gott das Licht der Welt. Auf diese Weise wird uns klargemacht, daß sie eine manichäische Christin ist:

> Er ist das Licht aller Lichter;
> Sein Glanz ist heller als ein Sommertag.

In der Tat sind ihre religiösen Glaubensanschauungen eine christliche Bestätigung der ursprünglichen zoroastrischen Auffassung des Kampfes zwischen Licht und Finsternis. Nachdem sie erst bestätigt, daß Christus die Verkörperung des Sonnengottes ist, ermahnt sie ihren Sohn, sich vor dem Geist der Finsternis zu hüten und daß er Zweifel jederzeit überwinden müsse. Diese gesamte Stelle in Wolfram von Eschenbachs *Parzival* ist von jener Art manichäischen Christentums durchtränkt, wie wir es bereits besprochen haben.

Der Manichäismus stand unter dem Bann der römischen Kirche, ist aber nirgends ketzerischer erachtet worden als in seiner Auffassung bezüglich des Heiligen Geistes. Mani, der von seinen Jüngern für das irdische Gefäß des göttlichen Trösters gehalten wurde, lehrte, daß die erlöste Schlange zum Gefäß des Heiligen Geistes wird. Wolfram läßt diese vermeintliche Irrlehre in seiner Grals-Dichtung aufscheinen, wenn er die Ereignisse, die unmittelbar vor der Geburt Parzivals stattfanden, beschreibt.

Eines Tages, als die Königin Herzeloyde über Mittag in ruhelosem Schlummer lag, im Grenzland zwischen Schlaf und Wachsein, macht sie eine erschreckende transzendente Erfahrung. Sie fühlt, daß sie durch Blitze in die Lüfte gehoben wird. Die Blitzstrahlen durchdringen immer und immer wieder ihren Körper, und im Hintergrund kann sie das bedrohliche Dröhnen des Donners hören. Als sie erwacht, nimmt die anfangs einem Traum ähnliche Erfahrung die Gestalt einer deutlichen spirituellen Vision an:

> daz wart ir verkêrt hie mite.
> si dûhte wunderlîcher site,
> wie si waere eins wurmes amme,
> der sît zervuorte ir wamme,
> und wie ein trache ir brüste süge,
> und daz der gâhes von ir vlüge,
> sô daz si in nimmer mêr gesach.
> daz herze er ir ûz dem lîbe brach:
> die vorhte muosen ir ougen sehen.*

Herzeloyde erwacht mit einem Schrei, der die Hofdamen ihr zu Hilfe eilen läßt. In diesem Augenblick trifft ein Bote ein, um ihr die Nachricht vom Tode ihres Gatten Gachmuret zu überbringen, der auf der Suche nach dem kühnsten Ritter der Welt in entfernte Länder gezogen war. Vierzehn Tage später wurde Parzival geboren.

> Dann über den vierzehenden tac
> diu vrouwe eins kindelîns gelac,

---

* Wieder wandelte sich das Traumbild. Merkwürdigerweise schien es ihr, sie wäre die Amme eines Drachen, der ihren Leib zerriß, an ihren Brüsten sog und dann rasch davonflog, so daß sie ihn nicht mehr sah. Er riß ihr das Herz aus der Brust; dies Entsetzliche mußte sie mit eigenen Augen ansehen.

eins suns, der sölher lide was
daz sie vil kûme dran genas.
hie ist der âventiure wurf gespilt,
und ir begin ist gezilt:
wand er ist alrêrst geborn,
dem diz maere wart erkorn.*

In tiefer Trauer gebiert Herzeloyde den Sohn, der nun zum Helden des Epos wird. Parzival wird diese ›Glückseligkeit‹ und ›Standhaftigkeit‹ erlangen, die sein Vater, obgleich tapfer und ritterlich, zu erreichen versäumt hatte.

Herzeloyde zieht sich von der Macht und den Reichtümern ihrer drei Königreiche zurück und geht fort, um in den einsamen Wäldern von Soltane zu leben, wo sie ihr Kind fern von den schädlichen Einflüssen der zeitgenössischen Welt erziehen kann. So verbringt Parzival seine Kindheit unter dem Schutz seiner Mutter und ist gänzlich vom höfischen Leben, das er in jungen Jahren hätte erfahren sollen, abgeschnitten. Der Dichter macht uns klar, daß Parzival den für die Erziehung jener Zeit typischen Disziplinen des logischen abstrakten Denkens nicht ausgesetzt war. Statt dessen bewahrt er ein kindliches bildhaftes Bewußtsein, das ihn nie verläßt – das heißt, ›die Dunkelheit des Gefängnisses‹ umschließt dieses heranwachsende Kind nicht; es wächst heran, sein spirituelles Licht der Kindheit bewahrend. In modernen Begriffen gesprochen, könnten wir vielleicht sagen, daß Parzival jenes intellektuelle, von den Sinnen geleitete, profane und handlungsgerichtete Denken nicht entwickelt, wie es vorherrschend von der rechten Gehirnhälfte beeinflußt wird. Statt dessen erfährt er ein Bewußtsein, in dem nur wenig Reflexion zwischen Anreiz und Erwiderung besteht.

---

* Vierzehn Tage darauf brachte die Herrscherin ein Kindlein zur Welt; es war ein Sohn und so kräftig gebaut, daß seine Geburt sie fast das Leben kostete. Nun beginnt die eigentliche Erzählung, denn erst jetzt ist der geboren, von dem sie handelt.

Für Parzival gilt: Sehen ist Wissen, ohne das Eindringen des reflektiven Intellekts. Deshalb ist er überrascht, daß die Vögel zu singen aufhören, wenn er mit Pfeil und Bogen nach ihnen schießt. Und als er in Tränen ausbricht, beschließt seine Mutter, alle Vögel in der sie umgebenden Wildnis zu töten, weil sie ihrem Kinde Kummer verursachen. Doch dann begehrt der Junge, die Vögel zu beschützen:

> Der knappe sprach zer künegîn
> »waz wîzet man den vogelîn?«
> er gerte in vrides sâ zestunt.
> sîn mouter kuste in an den munt:
> diu sprach »wes wende ich sîn gebot,
> der doch ist der hoehste got?
> suln vogele durch mich vröude lân?«*

Herzeloyde warnt ihr Gefolge, in Gegenwart des Jungen nie über ritterliche Heldentaten zu sprechen. Vor allem wünscht sie nicht, daß ihr Kind wegen des Schicksals, das seinem Vater auf dem Kampfplatz der Ritter widerfuhr, zu leiden habe.

> »wan vriesche daz mîns herzen trut,
> welh ritters leben waere,
> daz wurde mir vil swaere.
> nu habt iuch an der witze craft,
> und helt in alle ritterschaft.«**

---

* Da sprach der Knabe zur Königin: »Was wirft man den Vögeln vor?« Und er verlangte, daß man sie auf der Stelle in Frieden ließe. Seine Mutter küßte ihn auf den Mund und rief: »Warum nur breche ich das Gebot des höchsten Gottes? Sollen die Vögel um meinetwillen auf ihren frohen Gesang verzichten?«

** »Erführe nämlich mein Herzensliebling etwas vom Ritterleben, erwüchse mir daraus schweres Leid. Seid also verständig und sagt ihm nichts vom Rittertum.«

So wächst der Knabe fern der Kultur seiner Zeit auf. Daher ist er nicht fähig, einige Ritter, die er zufällig auf einer sonnigen Lichtung mitten im Walde von Soltane sieht, als solche zu erkennen. Er wundert sich über ihre im Sonnenlicht glänzende Rüstung. Weil seine Mutter ihm erzählt hatte, daß Gott Licht sei, hält er die Ritter irrtümlicherweise für Götter.

*Vier Ritter kamen durch den Wald geritten ... Einer davon war prächtig geschmückt und ritt einen edlen Kastilianer. »Wer versperrt uns den Weg?« schrie er und ritt auf den Jungen zu, dem er wie ein Gott erschien, denn so viel Glanz hatte dieser noch nie erblickt. Sein Mantel berührte den Tau, goldene Glöckchen klangen an den Steigbügeln, und an seinem rechten Arm ertönten ebenfalls Glöckchen, wann immer er ihn zum Gruß oder zum Schlag erhob. Sie waren dazu bestimmt, bei jedem Schwertstreich laut zu erklingen, denn dieser Held war begierig nach Ruhm.*

*Der Junge glaubte, dieser Ritter sei Gott, weil seine Mutter ihm schilderte, daß Gott leuchte wie ein Sommertag. So rief er mit großem Ernst: »Hilf mir jetzt, hilfreicher Gott!« Und der edle Sohn von Gachmuret warf sich anbetend auf die Knie.*

*»Ich bin nicht Gott«, entgegnete der Ritter, »doch seine Gebote erfülle ich gerne. Wenn du richtig hinsiehst, wirst du hier vier Ritter erkennen.«*

*Der Junge war über alle Maßen verblüfft. »Du sprichst von Rittern. Was ist das? Wenn du nicht die Stärke Gottes hast, dann sage mir, wer die Ritterwürde verleiht?«*

*»Es ist König Artus, der Ritterwürde verleiht. Wenn Ihr an seinen Hof kommt, Junker, wird er Euch den Namen eines Ritters geben, so daß Ihr Euch dessen nie zu schämen braucht. Es scheint, als wäret Ihr ritterlicher Abkunft.«*

*Die Helden betrachteten nun den edlen Jungen genauer, und sie erkannten, wie sich Gottes Werk in ihm offenbarte. Ich entnehme dies der Erzählung von diesem Abenteuer, die mir wahrheitsgetreu überliefert worden ist. Seit Adams Zeit ist Mannesschönheit nie edler verwirklicht worden, und sein Lob war fortan in aller Frauen Munde.*

*Die Ritter wurden ärgerlich über die durch den Jungen – der so einfältig war – verursachte Verzögerung. »Gott schütze dich«, sprach der Ritter. »Ich wünschte, ich wäre so schön wie du. Gott hätte dich so vollkommen geschaffen, wie sich ein Mensch nur wünschen könnte – wenn du dazu nur noch Verstand hättest.«*

Von diesem Augenblick an beschloß Parzival, ein Ritter zu werden, und erbat von seiner verzweifelten Mutter ein Streitroß, um damit an den Hof König Artus' zu reiten.

*Der törichte und edle Junge verlangte von seiner Mutter immer wieder ein Pferd, so daß ihr das Herz schwer wurde. »Ich kann es ihm nicht verweigern«, sagte sie zu sich, »aber es muß ein recht erbärmlicher alter Gaul sein.« Und dann kam ihr eine Idee. »Die Menschen sind mit Spott schnell bei der Hand. Mein Kind soll seine herrliche Gestalt in Narrenkleider hüllen. Wenn er dann gezaust, verprügelt und verhöhnt wird, wird er vielleicht bald zu mir zurückkehren.« Ach, wie groß war die Betrübnis ihres Herzens! Die Edelfrau nahm Sackleinen und schnitt Parzival aus einem Stück Hemd und Hose zurecht – die Hose bedeckte nur bis zur Hälfte seine Beine. So sah in der Regel ein Narrenkleid aus.*

An dieser Stelle hat die Dichtung Ähnlichkeit mit einem alten Märchen; Herzeloyde gibt ihrem Sohn einen erbärmlichen Gaul, Narrenkleider und einige gute Ratschläge, ehe er sie, die vor Gram sterben wird, verläßt. Sie bittet ihren Sohn, noch eine weitere Nacht zu Hause zu bleiben, auf daß sie ihm noch gute Ratschläge geben könne, die ihn vor Schaden schützen mögen:

*Auf ungebahnten Wegen mußt du dich vor dunklen Furten hüten; sind sie seicht und klar, kannst du ohne weiteres durchreiten.*
*Sei höflich und grüße alle Menschen.*
*Hält dich ein alter erfahrener Mann zu gutem Benehmen an, so folge ihm willig und zürne ihm nicht.*

*Mein Sohn, behalte hauptsächlich folgendes im Gedächtnis: Wo immer du von einer edlen Frau Ring und freundlichen Gruß erringen kannst, so greife zu; dies wird dich vor Sorgen bewahren. Beeile dich, sie zu küssen, und schließe sie fest in die Arme. Wenn sie keusch und rechtschaffen ist, erlangst du Glück und edlen Sinn.*

Es sind gerade diese mütterlichen Ratschläge, die den jugendlichen Parzival unwissentlich dazu führen, andern Schaden zuzufügen. Am Waldrand von Soltane lassen einige überhängende Blumen einen seichten Bach so dunkel erscheinen, daß er dem Bach entlang reitet, um eine helle Furt zu finden. Aber auf der anderen Seite dieser Furt entdeckt er die Herzogin Jeschute in einem kostbaren Zelt halbnackt auf dem Bette liegend. Und indem er den Ratschlag seiner Mutter allzu wörtlich befolgt, küßt er die erstaunte Edelfrau, umarmt sie, springt auf ihr Bett und entreißt ihr Ring und Brosche. Sich von der bezaubernden, lieblichen Gattin des Herzog Orilus abwendend, setzt er sich und füllt sich den Bauch mit frischem Rebhuhn und Wein. Als er Jeschute verläßt, denkt er nicht daran, daß ihr Gatte sie für entehrt halten wird.

Während sich Parzival sorglos auf den Weg zum Hofe von König Artus begibt, vernimmt die Herzogin Jeschute, daß sie für ihre vermeintliche Untreue entsetzlich büßen müsse. Die Gemeinsamkeit mit ihrem Gatten ist vorüber; sie werden Tisch und Bett nicht mehr zusammen teilen. Sie wird dasselbe Kleid tragen müssen, bis nur noch Fetzen davon übrig sind, und das armseligste Pferd mit einem zerbrochenen Sattel und einem gewöhnlichen Strick als Zaumzeug reiten, auf daß alle von ihrer Schande erfahren mögen. Aber es ist nicht die Schande, die diese edle Frau betrübt, sondern der Anblick ihres von Gram und Zorn erfüllten Gatten.

Völlig ahnungslos über die Folgen seiner Einfalt und über die Tatsache, daß er jetzt von dem wutentbrannten Herzog Orilus verfolgt wird, begegnet Parzival der schönen Sigune, die ihren geliebten Schionatulander, der tot in ihren Armen liegt, beweint:

> ... sus kom unser toerscher knabe
> geriten eine halden abe.
> wîbes stimme er hôrte
> vor eines velses orte.
> ein vrouwe ûz rehtem jâmer schrei:
> ir was diu wâre vröude enzwei.
> der knappe reit ir balde zuo.
> nu hoeret waz diu vrouwe tuo.
> dâ brach vrou Sigûne
> ir langen zöpfe brûne
> vor jâmer ûz der swarten.
> der knappe begunde warten:
> Schîânatulander
> den vürsten tôt dâ vand er
> der juncvrouwen in ir schôz.
> aller schimpfe si verdrôz.*

Keines der Ereignisse in der Jugendzeit Parzivals begründet auf Zufall. Auf geniale Weise hat Wolfram von Eschenbach

---

* Unser törichter Knabe ritt gerade einen Abhang hinunter, als er von einem Felswinkel hörte, wie eine Frau im höchsten Jammer schrie, als sei all ihr Glück vernichtet. Rasch ritt er näher, und nun hört, was sie dort tat: Frau Sigune riß sich vor Herzeleid die langen braunen Zöpfe aus. Als der Knabe genauer hinsah, erblickte er im Schoß der Jungfrau den toten Fürsten Schionatulander. Das war der Grund ihrer Verzweiflung.

in das Leben seines Helden die Fäden des Schicksals verwoben. Er tat dies, indem er in den Figuren und Ereignissen seiner Dichtung die Leben gewisser historischer Persönlichkeiten widerspiegeln läßt, die im 9. Jahrhundert zutiefst mit der Suche nach dem Gral verbunden waren.

Das Zusammentreffen Parzivals mit der jungfräulichen Braut, die im Schoß ihren toten Bräutigam hält, findet sich im Epos zu jenem Zeitpunkt unmittelbar nach dem Abenteuer mit Jeschute, weil Fürst Schionatulander durch deren Gatten, den Herzog Orilus, getötet worden war.

Herzog Orilus tötete Schionatulander unabsichtlich; denn es war Parzival, den er eigentlich töten wollte. Wir erfahren darüber während seiner späteren Begegnung mit seiner Schwester, der Edelfrau Cunneware, welche die Quelle hütet, wo das zersprungene Wort-Schwert wieder zusammengefügt werden kann:

> diu enlachte deheinen wîs,
> sine saehe in der den hôhsten prîs
> hete oder solte erwerben:
> si wolte ê sus ersterben ...
> Orilus und Lähelin
> ir bruoder, hetenz die gesehen,
> der slege minre waere geschehen.*

Wir vernehmen auch, daß es Parzival ist, der als schönster und mutigster Ritter umjubelt wird, weil Cunneware ihm zulachte, als er am Hofe König Artus' ankommt. Herzog Orilus hatte heimlich beabsichtigt, Parzival zu töten, dessen Länder er sich gierig bemächtigt hatte, aber es ist Schionatulander,

---

* Sie hatte bei ihrem Leben gelobt, erst dann wieder zu lachen, wenn sie den Mann erblicken würde, der höchsten Ruhm errungen hatte oder erringen sollte ... Wären ihre Brüder Orilus und Lähelin zugegen gewesen, hätte man sie nicht so mißhandelt.

der anstelle Parzivals stirbt. Schionatulander war der ritterliche Waffengefährte von König Gachmuret, dem Vater Parzivals. Und als Gachmuret stirbt, ist es Schionatulander, der die Königreiche von dessen Sohn zu schützen sucht, die sich Herzog Orilus anzueignen trachtete. Auf diese Weise gibt auch Schionatulander sein Leben für Parzival hin.

Als Gachmuret die Hand Herzeloydes gewann, lernte Schionatulander Sigune kennen, die in Herzeloydes Obhut gebracht wurde. Und als Schionatulander Gachmuret auf der Suche nach dem würdigsten Ritter der Welt übers Meer begleitete, blieb Sigune mit Herzeloyde in der Heimat. Eine Beschreibung der zarten Beziehung, die sich zwischen Schionatulander und Sigune entwickelte, findet sich in Albrecht von Scharfenbergs *Titurel*. Es ist Schionatulander, der Sigune die Liebe erklärt, nachdem sie ihn fragt: »Was ist Minne?«:

> Minne ist daz ein ›er‹? maht du minne mir diuten?
> ist daz ein ›sie‹? komet mir minne,
> wie sol ich minne getriuten?
> muoz ich sie behalden bi den tocken?
> oder fliuget minne ungerne uf hant durh die wilde?
> ich kan minne wol locken?*

Ihre Unschuld, wie sie über Minne mit Schionatulander spricht, ist äußerst rührend. Und der junge Fürst spricht mit Gachmuret oft über seine Liebe zu Sigune, während sie in fernen Ländern kämpfen. Gleichzeitig erzählt Sigune Herzeloyde von ihrer Liebe zu Schionatulander. Und als Gach-

---

\* Minne, ist es ein ›Er‹? Kannst du mir es beschreiben?
Ist es ein ›Sie‹? Und läuft mir Minne zu,
was soll ich mit Minne treiben?
Darf sie im Schrein bei meinen Puppen liegen?
Ist Minne wild, oder ist sie handzahm?
Wenn ich locke, wird sie zu mir fliegen?

muret durch Tücke getötet wird, ist es Schionatulander, der die Nachricht von seinem Tode überbringt. Die Liebe zwischen diesen beiden empfindsamen Seelen war nicht zu irdischem Glück bestimmt. Wolfram von Eschenbach berichtet ausführlich über ihr tragisches Schicksal in seinem Gedicht ›Der Hund Gardevias‹, das sich auf jenen Hund bezieht, dessen Name ›Achte auf den Weg!‹* bedeutet.

Eines Tages springt Gardevias durch das Zelt, wo Schionatulander und Sigune miteinander sprechen. Der Hund ist Schionatulanders Onkel Echkunacht entwischt, der die Absicht hatte, ihn seiner geliebten Clauditte zu schicken. Dieser ungestüme Träger der Sternenschrift hat sich losgerissen und durchstreift nun den Wald.

Die Leine Gardevias' ist zwölf Klafter lang und besteht aus geflochtenen vierfarbigen Kordeln – gelben, grünen, roten und braunen –, die Farben wechseln am Ende jeder Spannweite. Wenn die Perlringe, welche die Spannweiten zusammenhalten, ans Ende der Leine geschoben wurden, konnten die Kordeln getrennt werden, um eine mystische Schrift zu enthüllen. Diese geistige Botschaft beginnt am Halsband des Hundes und setzt sich der Leine entlang fort. Die Schrift selbst ist eine aus kostbaren Juwelen – Smaragden, Rubinen, Diamanten und Granaten – angefertigte Inschrift.

*Achte gut auf den Weg, auf daß dich die Engelschar nicht ausschließe, und sei redlich, auf daß das göttliche Gericht sich nicht gegen dich wende.*

*Hüte wohl den Ritterstand, auf daß er dir Heil bringen möge, und wenn du nach weltlichem Ruhm königlicher Heldentaten trachtest, dann beachte, daß deine Sittsamkeit keinen Schaden erleide.*

*Ehre Frauen mit reiner Liebe. Wenn ein Mann Frauen und Priester nicht ehrt, sinkt der Anker seiner Ehre in den*

---

* Aus *Titurel* von W. v. Eschenbach: »Auf die Wege achte!« (A. d. Ü.)

*Morast der Schande, aus dem es kein Zurück gibt. Die Frauen bringen uns zur Welt, die Priester zu Gott; so achte gut auf den Weg, auf daß du sowohl hier als auch im Himmel Freude und Glück erleben dürfest.*

*Mögen deine Augen wie die eines Vogel Straußes beschaffen sein, dessen durchdringendem Blick die Kraft innewohnt, seine Eier auszubrüten; sei wachsam, auf daß du vor Schaden bewahrt werdest; sei wachsam in deinem Herzen; sei wie der Luchs, damit dich niemand zum Narren halten kann. Laß deinen Hals so beweglich sein wie jenen des Kranichs, wenn du auf der Lauer nach Verrätern oder Betrügern liegst, aber halte den Kopf bescheiden wie die Taube. Zweifach ist die Natur des Adlers; laß deine linke Hand mildtätig sein und die rechte gerecht. Laß dein Herz sein wie jenes eines Löwen, stark und hehr. Stehe fest auf deinen Füßen wie der Bär, auf daß du im Elend wie im Glück standhaft bleiben mögest.*

*Winde dir zum Feste einen Kranz aus zwölf Blumen. Die erste Blume ist die Reinheit des Verhaltens; die zweite die Einfachheit; die dritte die Sanftmut; die vierte die Treue; die fünfte Mäßigkeit in allen Dingen – durch zwei Arten von Unmäßigkeit, leidenschaftliches Verlangen und Gier, wird des Menschen Tugend gefährdet; für Seele und Leib bedeuten sie den Tod. Die sechste Blume ist die Fürsorge und der Vorbedacht; die siebte Schüchternheit; die achte Bescheidenheit; die neunte Ausdauer und die zehnte Demut. Es ist diese Demut, die Luzifer vergaß; nun achte gut auf den Weg, auf daß du nicht mit ihm in die Hölle geworfen werdest. Geduld ist die elfte Blume und die zwölfte ist die Liebe. Nun achte gut auf den Weg, denn die letzte Blume – die Liebe – wird dich zum Gesang der Engel führen.*

Die Sternenschrift auf dem Halsband und der Leine des Hundes enthält für jene Seelen, die auf der Suche nach dem Gral weiterschreiten, das Geheimnis der mit der Anhängerschaft verbundenen Bedingungen. Die Schrift zeigt auch die sittliche Ordnung im Universum auf und wie die geistige Wirklichkeit sich in den Tugenden des Menschen widerspiegelt. Das Erscheinen des Hundes wird in alchimistischen Begriffen beschrieben. Eine Seite von ihm ist zinnoberrot und die andere hat das Aussehen von Hermelin. Einmal mehr wird das Motiv von Schwarz und Weiß, von Licht und Finsternis sichtbar, ein Motiv, das sich über das ganze Epos erstreckt.

Als der Hund durch das Zelt rennt, fängt ihn Sigune und beginnt, die Schrift zu lesen, aber das Tier entwischt, bevor sie seine Botschaft lesen kann. Sie bittet Schionatulander, den Hund einzufangen, und dies führt zur Tragödie. »Fang den Hund für mich! Denn erst wenn ich die Schrift gelesen habe, kann ich dir angehören!« ruft sie. Auf diese Weise veranschaulicht der Dichter, wie Sigune das Ringen um geistiges Wissen höher einschätzt als die Verwirklichung irdischer Liebe.

Der Hund flüchtet und seine Leine verwickelt sich in einem Dornbusch. König Tanglis fängt ihn ein und setzt ihn danach in jenem Gebiet auf den Rücken eines Hirschen, in dem Herzog Orilus zu Pferd Parzival verfolgt. Herzog Orilus selbst fängt den Hund und bestätigt den Besitz desselben, indem er König Tanglis besiegt. Als nun Schionatulander Tanglis begegnet und ihn im Turnier bezwingt, erreicht die Nachricht seines Sieges den Hof König Artus'. Zwei andere Artusritter reiten nun hinaus, um ihren Gefährten Tanglis zu rächen, und unterliegen der Lanze Schionatulanders. Zum Schluß reitet Senneschall Keye zum Kampf aus, doch in diesem Augenblick erspäht Schionatulander Gardevias und verfolgt das Tier. Keye glaubt, daß er aus Furcht flüchte.

In der Gralserzählung sind viele Hinweise enthalten, die nur allzuleicht übersehen werden, ohne daß deren wirkliche Bedeutung erkannt wird. So ist es beispielsweise bemerkenswert, daß die Artusritter zu diesem Zeitpunkt Schionatulander mit dem Roten Ritter, Ither von Gaheviez, verwechseln, obwohl Schionatulander einen grünen Rock trägt. Wolfram von Eschenbach wünscht, daß wir Schionatulander in der ergänzenden Farbe zum Roten Ritter sehen. In der Tat stehen Schionatulander, der für Parzival stirbt, und Ither von Gaheviez, den Parzival erschlägt, alchimistisch gesprochen in derselben Beziehung zueinander wie das venöse zum arteriellen Blut. Tatsächlich verbergen sich hinter diesen beiden Charakteren, wie zwei einzelne Perlen auf einem gesonderten Faden des Bewußtseins, die beiden Meister des Tempelbaus Hieram von Tyrus und Hieram Abif. Aber Parzival, der führende Repräsentant der manichäischen Strömung, muß weitergehen. Er muß den Tempel des menschlichen Körpers wieder aufbauen. Die Figur des Roten Ritters verbirgt den Impuls der Wiederverkörperung des Lazarus, den Christus vom Tod auferweckte; es ist dies die Gestalt, die später die bekannte, aber wenig verstandene Strömung der Rosenkreuzer ins Leben ruft, die der Gralseinweihung unmittelbar nachfolgt. Und hinter der poetischen Figur Schionatulanders steht ein anderer großer Eingeweihter. Wir dürfen in ihm nicht nur den Impuls Zoroasters sehen, der das Herabsteigen des Sonnengottes vorhersagte, sondern auch die Persönlichkeit, welche die aufopferndsten Vorbereitungen für dieses Herabsteigen leistete. Mehr zu sagen, hieße diesen Exkurs in Bereiche des Verständnisses ausdehnen, die den Rahmen dieses Werkes sprengen – und die dem Leser nicht mehr ohne weiteres glaubwürdig erscheinen würden.

Herzog Orilus schickt den Hund Gardevias Jeschute, um sie an den tugendhaften Pfad zu ermahnen, der ihr Leben bestimmen soll. In der Zwischenzeit jedoch trifft er auf Schionatulander, der für die Königreiche Gachmurets verantwortlich ist, die nun rechtmäßig Parzival angehören. Diese beiden Ritter kämpfen um die Leine des Hundes, aber Jeschute beschließt, um weiteres Blutvergießen zu verhindern, dieselbe als Geschenk Sigune zu übersenden, für die deren Botschaft bedeutungsvoll sein wird. Um eine Entscheidung zwischen ihnen herbeizuführen, fordert Schionatulander jedoch, daß sie zu einem späteren Zeitpunkt um die Leine kämpfen sollten. Jeschute besteht darauf, die Leine Sigune zu übersenden, und dies versetzt ihren Gatten in solche Wut, daß er schwört, Schionatulander zu töten.

Nun findet eine dieser offensichtlichen Übereinstimmungen statt, die meistens eher die verborgenen Verflechtungen des Schicksals sind als rein zufällige Ereignisse. Ein Jäger trifft ein, um Jeschute den Ring und die Brosche, die Parzival ihr wegnahm, zu überbringen. Es scheint, daß diese beiden Gegenstände die okkulten Symbole für Sonne und Mond darstellen – der Ring repräsentiert den Sonnenimpuls und die halbmondförmige Brosche den Mondimpuls. Gemeinsam in der richtigen Konstellation am Osterhimmel werden die Sonne und der Halbmond zum Zeichen des Heiligen Grals.

Ein auf dem Sterbebett liegender Pilger hatte Ring und Brosche dem Jäger mit folgenden Worten überreicht: »Für den Fürsten von Valois.« Aber der Jäger, unfähig, das Richtige vom Falschen zu unterscheiden, überbringt den Schmuck dem unrechtmäßigen Besitzer des Königreichs von Valois – zu Herzog Orilus.

In der Zwischenzeit ist Schionatulander gegen Lähelin, den Bruder von Orilus, in den Kampf geritten. Diese beiden Brüder haben die Reiche Parzivals rechtswidrig in Besitz genommen und sich selbst zu deren Gebieter erhoben. In dieser Hinsicht müssen wir uns an die letzten Worte Herzeloydes erinnern, ehe ihr Sohn von zu Hause fortzog: »Ferner sollst du wissen, mein Sohn, daß der stolze kühne Lähelin deinen Fürsten zwei Reiche – Valois und Norgals – entrissen hat, die eigentlich dir untertan sein sollten. Einer deiner Lehensfürsten, Turkentals, erlitt den Tod durch seine Hand. Deine Untertanen erschlug er oder hielt sie gefangen.« Und Parzival erwiderte ihr: »Das werde ich ihm heimzahlen, Mutter, so Gott will. Mein Jagdspeer wird sein Blut fließen lassen!«

Natürlich müssen Valois und Norgals tatsächlich vorhandene Königreiche darstellen; aber diese Ansicht ist für den Uneingeweihten, welcher der Geschichte bloß zuhört und ihre innere Bedeutung unbewußt auf tieferen Stufen der Bewußtheit aufnimmt. Jedoch für jene, die auf der Suche nach dem Gral und seiner Bedeutung sind, müssen diese Königreiche auch noch zwei verschiedene und gegensätzliche Seiten des Gehirns – insbesondere den rechten und den linken Vorderlappen – symbolisieren.

Einerseits besitzt Parzival ein einmaliges bildhaftes Bewußtsein, aber gleichzeitig ist er unfähig, logisch mit dem abstrakten Denken der erdgebundenen linken Gehirnhälfte umzugehen; seine ganzheitliche Vorstellungskraft wird nicht von der Fähigkeit geistigen Lauschens begleitet – die dem Wernickschen Zentrum der rechtsseitigen Gehirnhälfte innewohnende Gabe wahrer Inspiration. Nur wenn er diese Fähigkeiten erlangt hat und zu meistern weiß, wird er wieder zum rechtmäßigen Besitzer der Königreiche Valois und Norgals werden. Dann wird er bereit sein, sein drittes Königreich, das Reich der Intuition, zu beherrschen. Damit ist das Königreich Anschau gemeint, das transzendentale Königreich des Grals.

Herzog Orilus trifft Schionatulander und Sigune im Wald von Picimont de Kluse, wo er, gemäß seinem Schwur, Schionatulander tötet. Nun trifft Parzival ein, wobei er den sterbenden Schionatulander und die ihn beweinende Sigune vorfindet.

Wir können nun besser verstehen, was es für Parzival bedeutet, wenn er den toten Schionatulander im Schoß der jungfräulichen Sigune erblickt. Er betrachtet die Frau, welche zugunsten geistigen Strebens irdisches Glück verschmäht hatte. Und sie hielt den Bräutigam an ihrer Brust, der für Parzival gestorben war.

Wolfram von Eschenbach schildert diese Szene überdies in seinem Gedicht ›Der Hund Gardevias‹:

Diu herzogin Sigune las anvanc der maere:
»swie ditze si ein bracken name,
daz wort ist den werden gebaere,
man und wip, die hüeten verte schone;
die varent hie in der werlde gunst,
und wirt in dort saelde ze lone.«

Sie las mere an der halsen, noch niht an dem seile.
»swer wol verte hüeten kan,
des pris wirt getragen nimer veile;
der wonet in luterem herzen so gestarket,
daz in nimer ouge übersihet
uf dem unstaeten wenkenden market.«*

Dies ist die endgültige Bestätigung, daß der Hüter des Pfades
die wahre Standhaftigkeit bedeutet, die Gachmuret zu entwickeln versäumte und nach der Parzival nun streben muß.
Der Hüter des Pfades, dieser aufmerksame Wächter, ist kein
gewöhnlicher Hund. Sokrates pflegte auf ihn zu schwören,
wenn er rief: »Ja, beim Hund!« Er bedeutet das Sternbild des
Hundes, den die Ägypter den aufmerksamen Wächter nannten – den Sirius-Stern. Wer auch immer die Sternenschrift

---

* Die Herzogin las den Anfang der Geschichte:
»Ist dieses eines Hundes Name,
    das Wort dient den Edlen als Richte,
Mann und Weib. Wer acht gibt auf den Wegen,
der wandelt hierin der Gunst der Welt,
    und dort belohnt ihn des Himmels Segen.«

Sie las fort an dem Halsband,
    noch nicht an der Leine:
»Wer den Weg wohl achten kann,
    dessen Preis wird nie zum falschen Scheine,
weil er in lauterm Herzen so erstarkte,
daß kein Auge ihn sehen wird
    auf dem unsteten, schwankenden Markte.«

vollständig zu verstehen wünscht, muß die seit den frühesten Dynastien der ägyptischen Zivilisation mit Sirius verbundene Liebesgeschichte kennen. Wolfram von Eschenbach will uns in dieser Geschichte von Schionatulander und Sigune nicht nur die ganze Tragödie der verwitweten, den Leichnam des Osiris bewachenden Isis – den Osiris-Isis-Mythos – erkennen lassen, sondern auch die Art und Weise, in der das erhabene Bild der Pietà vorausgenommen wird.

Als sich Parzival Sigune nähert, die ihren toten Bräutigam im Schoß hält, nimmt er im irdischen Bereich jene Sternenschrift sichtbar wahr, die den Gral symbolisiert. Sigune, die Stille, Stumme, entspricht der verwitweten menschlichen Seele. Jedermann muß ihr begegnen – und von ihren Lippen muß der Sucher nach dem Geiste seinen wahren Namen vernehmen.

Sigune bittet Parzival, ihr seinen Namen zu nennen, aber Parzival kennt ihn nicht. Wie die Mehrzahl der Menschheit bis zum heutigen Tag, so weiß er um den Namen nicht, der jeder menschlichen Seele innewohnt und geweiht ist – der Name des individuellen menschlichen Geistes. Daher antwortet er:

> »bon fîz, scher fîz, bêâ fîz,
> alsus hat mich genennet
> der mich dâ heime erkennet.«*

Er spricht von seiner Mutter und den Kosenamen, die sie ihm gab. Eher vom Klang seiner Stimme her, denn von den Worten, die er spricht, erkennt Sigune die Gegenwart Herzeloydes. Sie fühlt, daß Herzeloyde das Haupt des schönen Jünglings umschwebt.

> Dô diu rede was getân,
> sie erkante in bî dem namen sân.

---

* »Bon fils, cher fils, beau fils, so wurde ich daheim genannt.«

nu hoert in rehter nennen,
daz ir wol müget erkennen
wer dirre âventiure hêrre sî:
der hielt der juncvrouwen bî.
ir rôter munt sprach sunder twâl
»deiswâr du heizest Parzivâl.
der name ist ›Rehte enmitten durch‹.
grôz liebe ier solh herzen vurch
mit dîner muoter triuwe:
dîn vater liez ir riuwe.«*

So vernimmt Parzival von den Lippen Sigunes seinen wahren Namen. Es ist der Name der geistigen Kraft, des Lichtes, das die Finsternis durchdringt. Es ist dies der Name, der im Mysterium der Sternenschrift des Osterhimmels verborgen liegt, wenn innerhalb der Mondessichel die dunkle und dennoch leuchtende Hostie sichtbar wird. Dann erscheint das Licht, das durchdringende Kraft besitzt, das Licht, das in die Dunkelheit scheint, wahres geistiges Licht, das den Namen ›Perce-val‹ in die Schrift des österlichen Himmels einprägt.

Den ungestümen Parzival verlangt es, sofort davonzureiten, um den Tod Schionatulanders zu rächen, aber Sigune, die um sein Leben fürchtet, weist ihm den falschen Weg. Statt dessen trifft er auf den Roten Ritter, Ither von Gaheviez. Die rote Farbe bedeutet in diesem Falle, daß der Ritter die Rüstung der wahren Liebe trägt. So sehen wir, wie Parzi-

---

\* Nach diesen Worten war ihr klar, wen sie vor sich hatte, und auch euch sei er näher vorgestellt, damit ihr wißt, wer der Held dieser Erzählung ist, der gerade bei der Jungfrau weilt. Sie sagte sogleich: »Du heißt Parzival, und der Name bedeutet ›Mittenhindurch‹.\*\* Weil deine Mutter so treu war, pflügte nämlich die große Liebe eine Furche mitten durch ihr Herz, denn dein Vater ließ sie voll Herzeleid allein.«

\*\* ›*Mittenhindurch*‹ (Dringdurchstal): Diese Deutung des Namens Parzival geht auf frz. *Perce-val* zurück (A. d. Ü.).

val vom Schicksal geführt wird. Er hat den Tod gesehen und die Treue, die über den Tod hinausgeht, und erst dann kann er dem Roten Ritter begegnen, dem Ritter der wahren Liebe.

> Sîn harnasch was gar sô rôt
> daz ez den ougen roete bôt:
> sîn ors was rôt unde snel,
> al rôt was sîn gügerel,
> rôt samît was sîn covertiur,
> sîn schilt noch roeter danne ein viur,
> al rôt was sîn kursît
> und wol an in gesniten wît,
> rôt was sîn schaft, rôt was sîn sper,
> al rôt nâch des heldes ger
> was im sîn swert geroetet,
> nâch der scherpfe iedoch geloetet.
> der künec von Kukûmerlant,
> al rôt von golde ûf sîner hant
> stuont ein kopf vil wol ergraben,
> ob tavelrunder ûf erhaben.*

Der Rote Ritter hatte einen goldenen Becher von Artus' Tafelrunde genommen und in seiner Hast versehentlich etwas Wein auf Königin Ginovers Schoß ausgeschüttet. Er hatte den Becher an sich genommen, weil er ihn vorübergehend benötigte, um seinen Anspruch auf einige Ländereien, die

---

\* Seine Rüstung war so grellrot, daß die Augen schmerzten. Sein Pferd war rot und flink, und auch das Zaumzeug war rot. Seine Satteldecke war aus rotem Samt, der Schild röter noch als eine Flamme; ganz rot, gut geschnitten und bequem war sein Überrock; rot waren Schaft und Spitze der Lanze; rot war nach seinem Wunsch auch sein Schwert, das der größeren Schärfe wegen gehärtet worden war. Der König von Kukumerland trug in seiner Hand einen rotgoldenen Becher mit kunstvoller Gravierung, den er von der Tafelrunde mitgenommen hatte.

ihm versagt worden waren, zu beweisen. Er bittet Parzival, all dies König Artus kundzutun, und erklärt, daß er zu einem Kampf mit den Rittern der Tafelrunde bereit sei.

Parzival verspricht, diesen Auftrag zu erfüllen, und reitet nach Nantes, wo König Artus zu dieser Zeit Hof hält. Der erste Mensch, den er trifft, ist der Edelknabe Iwanet. Der naive Parzival, immer noch in kindhafter Art den Ratschlägen seiner Mutter gehorchend, beginnt mit der Frage nach König Artus und spricht:

> ich sihe hie mangen Artûs:
> wer sol mich ritter machen?*

Seine kindliche Art sowie seine prächtige Gestalt und sein schönes Antlitz erregen Zuneigung und Belustigung unter den Rittern der Tafelrunde. Ordnungsgemäß überbringt Parzival seine Botschaft König Artus, der dem Jüngling erlaubt, gegen den Roten Ritter in den Kampf zu reiten. An dieser Stelle wird uns berichtet, wie Cunneware Parzival herzlich zulacht, sie, die feierlich gelobt hatte, nicht eher zu lachen, als bis der Ritter kommen würde, der höchsten Ruhm erringen sollte. Der wütende und eifersüchtige Keye packt und schlägt sie sodann. Und dann spricht Antanor, der Schweigen gelobt hatte, bis Cunneware lachen würde, folgende Worte zu Seneschall Keye: »Weil Ihr Cunnewares wegen diesen Jungen mißhandelt habt, soll sich Eure Freude in Trauer wandeln.«

Parzival reitet zum Kampf mit dem Roten Ritter und tötet ihn, indem er seinen Jagdspeer zwischen Ithers Helm und Visier stößt. Darauf legt er die Rüstung seines Gegners an, obwohl er sich nicht sofort entscheiden kann, ob er sein farbenfrohes Narrenkleid, das seine Mutter ihm gegeben hat, ausziehen soll oder nicht. Weil Parzival von König Artus

---

* Doch ich sehe hier so manchen Artus. Wer wird mich zum Ritter machen?

noch nicht zum Ritter geschlagen worden war, kann er des Roten Ritters Lanze und Schild noch nicht aufnehmen. In der Tat muß er zahlreiche Ritter besiegen, bevor ihm diese Ehre gewährt wird. In voller Rüstung gewappnet, reitet er wieder an den Hof König Artus', um den geforderten goldenen Becher zurückzubringen. Der Dichter berichtet uns, wie Ither von Gaheviez von den Rittern der Tafelrunde mit großem Leid zu Grabe getragen wurde.

Unser Held reitet in großer Eile davon und gelangt zur Burg von Gurnemanz von Graharz, dem Onkel Schionatulanders, der nun sein Lehrer in allen Dingen wird, die zur Sitte und zum guten Benehmen des Rittertums gehören. Seine Mutter hatte ihn ermahnt: »Wenn ein alter erfahrener Mann bereit ist, dich gutes Benehmen zu lehren, so folge ihm willig und zürne ihm nicht.« Gurnemanz bringt nun Parzival bei, nicht immer seine Mutter zu zitieren, »denn dies ziemt sich für einen Ritter nicht«. Er überredet Parzival auch dazu, sein buntscheckiges Narrenkleid abzulegen. Der Dichter erzählt uns in Form eines Abenteuers, wie Parzival eine gewisse intellektuelle Entwicklung durchläuft und vernünftiges Betragen erlernt, und wie er heranreift und jene Art von Unabhängigkeit entwickelt, die ihn den richtigen Platz innerhalb der äußerlichen und konventionellen Gesellschaft finden läßt. Gurnemanz sagt Parzival des weiteren, daß es vor allem ungebildet sei, unablässig Fragen zu stellen. Es ist höflicher zu warten, bis sich diese Fragen von selbst beantworten. Durch diesen Unterricht ist in Parzivals heiterem und lebendigem Seelenleben etwas erstickt worden, und dies ist die Wurzel seines Versäumnisses, dem leidenden König Anfortas in der Gralsburg die bedeutungsvolle Frage zu stellen. Der Ratschlag Gurnemanz' gipfelt für Parzival, bevor er wegreitet, in folgenden Worten: »Finde stets das rechte Maß.«

Mit dieser Zeile – »Finde stets das rechte Maß« – überläßt uns Wolfram von Eschenbach einen der Schlüssel zu dem bemerkenswerten Aufbau seines Epos. Denn er hat die gesamte Abfolge der Ereignisse innerhalb des sich enthüllenden Schicksals Parzivals, des Sonnenhelden, auf eine solche Art gegliedert, daß sie zum Lauf der Sonne durch die zwölf Sternbilder des Tierkreises in Beziehung stehen. So wie die Sonne die Tierkreiszeichen durchläuft, so läßt die Erzählung unseren Sonnenhelden verschiedene Abenteuer durchlaufen, die durch die Natur der Kräfte, die jedem der zwölf Zeichen innewohnen, gekennzeichnet sind.

Die Worte »Rechtes Maß soll Euch zur Regel werden« führen uns zum Sternbild der Waage. Parzival durchläuft beim Zusammentreffen mit der jungfräulichen Braut Sigune das Zeichen der Jungfrau. Vorher durchlief er das Zeichen des Löwen, weil die Kraft, die Sinnenwelt zu ergreifen, dieser Konstellation entspricht. Das Abenteuer, welches sich auf dieses Sternbild bezieht, ist Parzivals erstes Zusammentreffen mit den Rittern im Wald von Soltane, wo er über deren glänzende Rüstungen entzückt ist und mehr Interesse für die Einzelheiten ihrer Kleidung als für ihre Fragen zeigt. Diesem Abenteuer ist ein anderes vorausgegangen, das dem Sternzeichen des Krebses entspricht. Dies gibt die Stimmung wieder, die wir in der Einöde antreffen, wo Parzival völlig von der Welt abgeschirmt aufwächst. Alle der Geburt Parzivals vorangehenden Ereignisse versinnbildlichen das Wesen der Zwillinge. Wir erfahren von der Doppelheirat Gachmurets mit Herzeloyde und Belakane und von dem schwarzweiß gefleckten Feirefiz, dem Halbbruder Parzivals. Und ganz am Anfang der Dichtung werden die schwarz-weiß gefiederte Elster und die Mächte des Himmels und der Hölle erwähnt.

Das Abenteuer von Parzivals Belehrung im Hause von Gurnemanz findet seinen Abschluß, als ihm die Heirat mit der schönen Liaze, der Tochter seines Lehrers, angeboten wird. Parzival lehnt ab und reitet davon. Aber dessenungeachtet muß er noch jenes Reich durchqueren, das durch das Sternbild des Skorpions gekennzeichnet ist:

Dannen schiet sus Parzivâl.
ritters site und ritters mâl
sîn lîp mit zühten vourte,
ôwê wan daz in ruorte
manec unsüeziu strenge.
im was diu wîte ze enge,
und ouch diu breite gar ze smal:
elliu grüene in dûhte val,
sîn rôt harnasch in dûhte blanc:
sîn herze diu ougen des bedwanc.
sît er tumpheit âne wart,
done wolte in Gahmuretes art
denkens niht erlâzen
nâch der schoenen Lîâzen …*

Parzival verlor seine Einfalt und ist nun ein Gefangener der
Minne (Liebe). Somit ist er der Held, der dazu auserwählt
ist, zur Liebe in einer neuen Beziehung zu stehen. Er ist es,
der Liebe verwirklichen kann und Treue zu bewahren weiß.
Und dies kommt in seiner wunderschönen wahrhaftigen
Verbindung mit Condwiramurs, deren Name ›Trägerin der
Liebe‹ bedeutet, zum Ausdruck. Damit reitet Parzival zu seinem letzten Abenteuer, bevor er der Gralsburg seinen ersten
und unheilvollen Besuch abstattet.

---

* Parzival zog also von dannen. Nach Gestalt und Betragen war er
  ein vollkommener Ritter, doch ihn bedrängte gärende Unruhe.
  Die Weite schien ihm zu eng, die Breite zu schmal, das Grün der
  Wiesen und Bäume zu blaß, das Rot seiner Rüstung farblos. Sein
  Herz verwirrte seine Augen. Nachdem er Einfalt und Unwissenheit hinter sich gelassen hatte, ließ ihm die von Gachmuret
  überkommene Wesensart keine Ruhe; wie unter Zwang mußte er
  an die schöne Liaze denken …

# 6
# Die Gralsburg

Wenn nicht mehr Zahlen und Figuren
Sind Schlüssel aller Kreaturen,
Wenn die, so singen oder küssen,
Mehr als die Tiefgelehrten wissen,
Wenn sich die Welt ins freie Leben
Und in die Welt wird zurückbegeben,
Wenn dann sich wieder Licht und Schatten
Zu echter Klarheit werden gatten
Und man in Märchen und Gedichten
Erkennt die wahren Weltgeschichten,
Dann fliegt vor *einem* geheimen Wort
Das ganze verkehrte Wesen fort.
*Novalis*

Indessen weiß Parzival noch nicht, daß seine Mutter tot ist.
Der Dichter will uns mitteilen, daß der Gral nicht auf Erden
zu finden ist, sondern im Bereich des höheren Bewußtseins,
wo sich die Seele nach dem Tode wiederfindet:

eines morgens er mit zühten sprach
(manc ritter ez hôrte unde sach)
»ob ir gebietet vrouwe,
mit urloube ich schouwe
wie ez umbe mîne muoter stê.«*

---

\* Eines Morgens nun sprach er vor Aug und Ohr vieler Ritter:
»Edle Frau, wenn Ihr erlaubt, möchte ich fortziehen und erkunden, wie es um meine Mutter steht.«

Wolfram möchte uns wissen lassen, daß der Gral nur im Reich der Sterne gefunden werden kann, oder andernfalls im Menschen selbst, der von den Sternen regiert wird. Die Beziehung zwischen dem sich entfaltenden Schicksal Parzivals und den Sternbildern ist eines der verborgensten Merkmale des Gedichtes. In diesem Falle wird dies durch die außerordentliche Geschwindigkeit angedeutet, mit der Parzival eine große Strecke zurücklegt, bis er einen See erreicht, wo ein Boot vor Anker liegt. Und er bittet einen Fischer um Unterkunft:

> ... daz er bî dem tage reit,
> ein vogel hete es arbeit,
> solt erz allez hân ervlogen.*

Parzival ist vom Sternbild des Skorpions – dem Land des Verzichts, wo er König geworden ist – durch die Sternbilder des Schützen, des Steinbocks und des Wassermanns zum Zeichen der Fische geritten. Denn nur über das Sternzeichen der Fische kann er in das Zeichen des Widders gelangen, wo sich die Burg des Lammes – die Gralsburg – befindet, die zu betreten er bestimmt ist.

Parzival fragt den Fischer, wo er Unterkunft finden könne. Der Fischer hat in dieser Erzählung Ähnlichkeit mit dem Fährmann in Goethes Märchen. Er ist eine Art Hüter der Schwelle zwischen dem alltäglichen Bewußtsein und dem höheren Bewußtsein, das von dem Vergessen verhüllt wird, das sich beim Erwachen aus dem Schlaf einstellt. Der Fischer – der alles andere aussieht als ein Fischer, wird er doch als reichgekleidete Persönlichkeit mit einem Hut aus Pfauenfedern beschrieben – spricht:

---

* ... er habe an einem einzigen Tag eine solche Strecke Weges zurückgelegt, wie sie auch ein Vogel nur mit größter Anstrengung bewältigt hätte.

>hêr, mir ist niht bekant
daz weder wazzer oder lant
inre drîzec mîlen ebûwen sî.
wan eins hûs lît hie bî:
mit triuwen ich iu râte dar:
war möht ir tâlanc anderswar?
dort an des velses ende
dâ kêrt zer zeswen hende.
so ir ûf hin komet an den graben,
ich waen dâ müezt ir stille haben.«*

Parzival überbrückt die Kluft zwischen erwachendem Bewußtsein und dem höheren Bewußtsein, in welchem die
Gralsburg gefunden wird, und wir erkennen, daß er diese
ohne wahres Selbstbewußtsein erreicht – das heißt, er nähert
sich dieser geistigen Wirklichkeit mit der Einfalt des göttlich
inspirierten Narren! Er wird unbewußt von den Kräften des
Widders geführt. Er verfehlt den Weg zu der Burg nicht, weil
er natürliche Demut besitzt. Und es ist genau diese Demut,
die den Fisch unten im Tal umspült und die Gralsburg auf
den Höhen behütet.

Der Fischer oder Fischerkönig (nenne man ihn, wie man
will: schicksalsschwere Geheimnisse sind hinter dieser äußerlich belanglosen Gestalt verborgen) spricht:

>komt ir rehte dar,
ich nime iuwer hînt selbe war:
sô danket als man iuwer pflege.
hüet iuch: dâ gênt unkunde wege:

---

* »Herr, meines Wissens sind Land und Gewässer im Umkreis von
dreißig Meilen völlig menschenleer, abgesehen von einer Burg
hier in der Nähe, zu der ich Euch guten Gewissens weisen kann.
Wohin sonst wollet Ihr zu dieser Tageszeit? Wendet Euch am
Fuße jenes Felsens nach rechts. Wenn Ihr an den Burggraben gelangt, werdet Ihr Euch wahrscheinlich etwas gedulden müssen.«

ir muget an der lîten
wol misserîten,
deiswar des ich iu doch niht gan.«*

Parzival ist gerade von Condwiramurs aus dem Bereich der irdischen Liebe gekommen. Und obgleich er Verzicht und Bescheidenheit durchlebt hatte, so muß er noch immer auf der Hut sein, nicht einen falschen Weg einzuschlagen. Er entdeckt den gähnenden Abgrund zwischen Finsternis und Licht, zwischen Demut und Wissen, zwischen Liebe und Weisheit. Als er zur Gralsburg kommt, findet er die Zugbrükke hochgezogen, aber ein Knappe, der sofort Parzivals augenfällige Demut erkennt, läßt ihm die Brücke herunter. Der Dichter erklärt uns, daß alle Heere der Welt nicht fähig wären, diese Burg zu erstürmen. Nur die Macht des Mars, die durch die Demut und das Wohlwollen des Merkurs umgewandelt worden ist, kann zum Schlüssel werden, mit dem hier jemand eintreten kann. Ein Knappe der Gralsburg ruft Parzival, der auf der anderen Seite des Burggrabens steht, an und fragt ihn, was er suche.

»... der vischaere
hât mich von im her gesant.
ich hân genigen sîner hant
niwan durch der herberge wân.
er bat die brücken nider lân,
und hiez mich zuo ze iu rîten în.«**

---

\* »Wenn Ihr richtig hinkommt, werde ich heute abend selbst für Euer Wohl sorgen. Bemeßt Euren Dank danach, wie man Euch aufnimmt. Seht Euch aber vor: Es gibt dort auch Irrwege, und am Felshang könnt Ihr leicht in die Irre reiten. Ich möchte es Euch nicht wünschen.«

\*\* »Mich hat der Fischer hergesandt. Im Vertrauen darauf, hier Unterkunft zu finden, habe ich mich dankbar vor ihm verneigt. Er hieß mich herreiten und läßt bitten, die Zugbrücke niederzulassen.«

Der Knappe, welcher der Demut, mit der sich Parzival nähert, gewahr wird, antwortet ihm somit:

> »hêrre, ir sult willekomen sîn.
> sît es der vischaere verjach,
> man biut iu êre unt gemach
> durch in der iuch sande wider«,
> und der knappe lie die brücke nider.*

Wenn wir unseren jungen Helden beim Betreten der Gralsburg beobachten, sind wir entsetzt, wie wenig er bemerkt, wie wenig wahre Erkenntnis er im Hinblick auf all die Fingerzeige hat, die ihm durch sein einmaliges bildhaftes Bewußtsein gegeben sind. Denn Parzival tritt nun in den Mysterientempel des kosmischen Christentums ein, den vorher nur wenige betreten haben.

Es wird vollumfänglich klar, daß jene, die in der Gralsburg leben, sehnsüchtig auf die Ankunft einer menschlichen Seele warten, die, von der Liebe aus dem Tal der Demut erfüllt, zu ihnen kommen kann. Wir können selber feststellen, daß das Gras im Burghof nicht niedergetreten ist, denn das Feuer des menschlichen Herzens dringt allzuwenig in die lichte Gedankenwelt des Kopfes ein!

Parzival betritt die geheimnisvolle Welt des menschlichen Körpers und Gehirns, und es ist dort, wo sich der Stein des Lichts befindet. Parzival steht im Begriff, Zeuge des größten aller Mysterien zu werden, das zugleich das Mysterium des Menschen selbst und jenes des äußeren Kosmos darstellt, aus dem er geboren ist.

Wir beobachten, wie Parzival in den Burghof reitet, und sehen zahlreiche eifrige Pagen, die herbeieilen, um die Zügel

---

* »Herr, dann seid willkommen! Da es der Fischer befiehlt, wird man Euch um seinetwillen achtungsvoll und fürsorglich aufnehmen«, und der Knappe läßt die Zugbrücke hinab.

seines Pferdes zu erhaschen – jeder bestrebt, der erste zu sein – und um seine Steigbügel zu halten, wenn er vom Pferd steigt. Einige Ritter kommen ebenfalls heraus, um ihn zu begrüßen, und führen ihn in sein Zimmer, wo er schnell von seiner Rüstung befreit wird. Und obgleich diese Ritter hoffnungslose Trauer im Herzen tragen, fällt es ihnen nicht schwer, ihre wahren Gefühle vor diesem mutigen und schönen Jüngling zu verbergen, der noch zu jung ist, um ein einziges Barthaar in seinem Gesicht zu haben.

Wir sehen Parzival den Rost seiner Rüstung von Gesicht und Händen waschen. Und nun erhält er als Geschenk einen Mantel aus makelloser arabischer Seide, den er lose um seine Schultern legt. Die Ritter loben ihn für die Art, wie er den Mantel trägt, denn sie bemerken, daß er keinen Versuch macht, damit seinen Mangel an feiner okkulter Bildung zu verbergen. Der Burgkämmerer erklärt ihm nun, von wem der Mantel stammt:

> »Repanse de schoye in truoc,
> mîn vrouwe diu künegîn:
> ab ir sol er iu gelihen sîn:
> wan iu ist niht cleider noch gesniten.
> jâ mohte ich si es mit êren biten:
> wande ir sît ein werder man,
> ob ichz geprüevet rehte hân.«*

Der Dichter berichtet uns, daß Parzival selbst für das Gralsabenteuer noch nicht ganz bereit sei: Keines seiner Kleidungsstücke ist geeignet, und er, den es danach verlangt, sich dem Gral zu nähern, muß sein eigenes Gewand bereitlegen. Und daher sendet ihm Repanse de Schoye aus Herzens-

---

* »Diesen Mantel trug meine Herrscherin, Königin Repanse de Schoye, und stellt ihn Euch zur Verfügung, solange man für Euch noch keine Kleider angefertigt hat. Ich konnte sie guten Gewissens darum bitten, denn Ihr seid, wenn ich mich nicht täusche, ein vornehmer Edelmann.«

mitleid ihren eigenen Mantel – den Purpurmantel der Ehrerbietung. Wir fühlen auch, daß dieser leuchtende Stern, der mit Narrenkleidern ins Leben hinaustrat, diesen Mantel wie ein Weltenschicksal im Namen der Menschheit empfängt.

Parzivals Rüstung mußte ihm zusammen mit seinem Schwert abgenommen werden, und er hatte sich den Rost seiner Rüstung von Händen und Gesicht zu waschen. Denn Parzival, der sich dem Gral nähert, kann dies nicht mit den Kräften des irdischen Verstandes tun. Es ist ein Irrtum zu glauben, daß es möglich ist, den Gral auf dem Pferd des Intellektualismus zu erlangen. Obwohl Parzival durch das Tal der Demut geritten war, wird er plötzlich zornig; er kann sich nur dadurch zurückhalten, sich auf einen ihn kränkenden Ritter zu stürzen, indem er seine Faust so fest zusammenballt, daß ihm das Blut über die Hand läuft. Er wird jedoch durch die Ankunft des Fischers beschwichtigt:

> »nein, hêrre«, sprach diu ritterschaft,
> »ez ist ein man der schimpfes craft
> hât, swie trûrec wir anders sîn:
> tuot iuwer zuht gein im schîn.
> ir sult ez niht anders hân vernomen,
> van daz der vischer sî komen.
> dar gêt: ir sît im werder gast:
> und schütet abe iu zornes last.«*

Trauer erhebt sich in der Burg unter allen Rittern und ihren Damen, weil sie am Leid des Gralshüters großen Anteil nehmen. Der Burgherr wird in den Saal getragen und auf ein Ruhelager vor den mittleren Kamin gebettet. ›Allen Frohsinns bar, war sein Leben ein ständiges Dahinsiechen.‹ Aber

---

* »Beruhigt Euch, Herr«, begütigten ihn die Ritter, »jener Mann hat das Recht, hier seine Scherze zu treiben, wie traurig wir andern auch sind. Verzeiht es ihm! Er wollte Euch nur sagen, daß der Fischer gekommen ist. Laßt Euren Zorn verrauchen und geht zu ihm, denn Ihr seid sein hochwillkommener Gast.«

er entbietet Parzival »einen freundlichen Willkomm«, indem er ihn bittet, nicht länger stehenzubleiben, sondern sich zu setzen, »hier an meiner Seite. Wenn ich Euch weiter weg sitzen ließe, würde ich Euch zu sehr wie einen Fremden behandeln!«

Hunderte von Kronleuchtern mit brennenden Kerzen erhellen den Saal, wo die Ritter zu viert auf Ruhelagern sitzen. Auf jedem dieser hundert Lager ist eine Steppdecke ausgebreitet, und vor dem Lager selbst liegt jeweils ein runder Teppich. In der Mitte des Saals stehen drei Marmorkamine, in denen Weihrauch verbrannt wird.

König Anfortas, der Gastgeber, läßt große Feuer brennen und ist in warme Kleider gehüllt; sein Pelzrock hält ihn warm und der Mantel ist mit Zobelfell besetzt. Das geringste dieser schönen Felle ist es wert, gepriesen zu werden, spricht Wolfram, denn selbst dieses ist von schwarz-grauer Farbe. Auf seinem Haupt trägt der König eine Mütze, die innen mit demselben kostbaren Pelz gefüttert ist. Die Mütze ist mit einer arabischen Borte eingefaßt, und in ihrer Mitte befindet sich ein kleiner Knopf, ein funkelnder Rubin.

Der Dichter spricht nun in der Sprache der Alchimie. Die drei Feuerstellen oder Altäre versinnbildlichen die Verbrennung innerhalb der drei menschlichen Körpersysteme: die Nerven und die Sinne; das Herz und der Atem; der Stoffwechsel. Die Alchimie weist auf die im Verlauf des Initiationsprozesses sich verändernden physiologischen Beschaffenheiten des Körpers hin, die auf jeder Stufe des Pfades durch bestimmte Farben offenbar werden. Diese feinen alchimistischen Veränderungen heben eine sich gegenseitig durchdringende Harmonie zwischen Geist, Seele und Körper hervor, aus der die Fähigkeit der Inspiration entwickelt werden kann. Und es ist genau diese Stufe, welche der leidende König zu erreichen versäumt hatte, da er unfähig war, den folgenden Schritt der imaginativen Erkenntnis zu beherrschen – die Kraft, Bilder zu erschaffen, welche die Wirklichkeit einhüllen.

Es ist beispielsweise möglich, in jedem echten alchimisti-

schen Werk Bezüge zu einer ganzen Reihe Farben zu finden,
die mit Schwarz und Grau beginnen und zu Rot und Weiß
übergehen:

> der sechest balc waer wol ze lobe:
> der was doch swarz unde grâ:
> des selben was ein hûbe dâ
> ûf sîme houbte zwivalt,
> von zobele den man tiure galt.
> sinwel arâbesch ein borte
> oben drûf gehôrte,
> mitten dran ein knöpfelîn,
> ein durchliuhtic rubîn.*

Anfortas trägt diesen Rubinknopf oder Karfunkelstein, um
darauf hinzuweisen, daß es sich um das im Zentrum des Gehirns befindliche Organ (die Zirbeldrüse) handelt, das zu
entwickeln er versäumt hatte. Der wahre Grund seiner
Krankheit erscheint nun in Form einer blutenden Lanze, die
von einem Knappen in den Saal getragen wird:

> ... an der snîden huop sich bluot
> und lief den schaft unz ûf die hant,
> deiz in dem ermel wider want.
> dâ wart geweinet unt geschrît
> ûf dem palase wît:
> daz volc von drîzec landen
> möhtz den ougen niht enblanden.**

---

* Noch das geringste der schwarz-grauen Felle war wertvoll genug.
Den gleichen kostbaren Zobel zeigte die Pelzmütze auf seinem
Haupt. Rings um die Mütze lief eine goldgewirkte arabische Bor-
te, und in ihrer Mitte glänzte ein Rubin.

** ... aus deren Spitze Blut quoll und den Schaft hinabrann bis zu
Ärmel und Hand. Da begann im weiten Palast ein solches Weinen und Klagen, daß nicht einmal dreißig Völker so viele Tränen
vergießen könnten!

Wolfram macht uns klar, daß der Knappe einen Ritus vollzieht, indem er die Lanze den vier Wänden entlangträgt. Diese Lanze repräsentiert hier die falsch angewandten saturnischen Kräfte, welche den höheren Menschen töten. Wir müssen verstehen, wie Anfortas den beim Denken angewandten Willen nicht beherrschen kann – den Willen des Gedankens, der die Eigenschaft überwacht und die Abfolge des bildhaften Bewußtseins bestimmt. Die Kräfte der Sexualität nehmen von seiner Fantasie Besitz, so daß er unfähig ist, Imagination als Erkenntnis zu entfalten. Wir werden in einem späteren Kapitel noch viel mehr über die Lanze und die Kräfte des Saturns zu berichten haben.

Parzival betrachtet nun die ganze Gralsprozession, die zu verstehen er in keiner Weise vorbereitet ist, weil er die Fähigkeiten dazu noch nicht entwickelt hat. Hierin liegt das große Geheimnis seines ersten Besuches in der Gralsburg verborgen.

Eine stählerne Tür öffnet sich am Ende des großen Saales und zwei Jungfrauen von edler Geburt erscheinen; beide geschmückt mit Blumenkränzen im wallenden Haar, und jede hält einen goldenen Kerzenstock mit einer brennenden Kerze in der Hand. Sie sind in braune wollene Gewänder gekleidet, die in der Taille mit einem Gürtel eng gerafft sind. Ihnen folgen eine Herzogin und ihre Gefährtin, die Elfenbeinschemel hereintragen. Die vier Jungfrauen verneigen sich gemeinsam, und die beiden letztgenannten stellen ihre Elfenbeinschemel vor Parzival und seinen Gastgeber hin. ›Alle vier in gleicher Weise gekleidet und von gleichem Liebreiz.‹

Aber sogleich schließen sich ihnen noch weitere Edelfrauen an – zwei Gruppen von je vier Damen, die ebenfalls eine besondere Aufgabe zu erfüllen haben. Vier von ihnen tragen große Kerzen, die anderen vier eine aus durchsichtigem Jaspis gefertigte Tischplatte. Sie legen die Tischplatte auf die schneeweißen Elfenbeinschemel. Das heißt, sie legen das Portal des Tempels auf die zwei Säulen der Weisheit und Stärke. Danach treten sie mit ihren Gefährtinnen zurück

106

und verneigen sich. Parzival wird der Farbe ihrer Gewänder gewahr, die grüner sind als Gras – lange, kostbare Samtgewänder, die in der Taille von langen, schmalen Gürteln zusammengerafft werden. Jede der acht Jungfrauen trägt einen zierlichen Blumenkranz im Haar.

Zwei Jungfrauen, die Töchter von keltischen Rittern, die weit gereist waren, um hier zu erscheinen, tragen nun zwei Messer so scharf wie eine Fischgräte herein, die sie auf zwei Tüchern zur Schau stellen. Diese Messer sind in der Tat außergewöhnlich, aus Silber gearbeitet, so fein und blank, ›daß sie Stahl schneiden könnten‹. Und vier weitere Jungfrauen von makelloser Reinheit begleiten die lieblichen Messerträgerinnen; sie tragen brennende Kerzen, in deren Licht die Silbermesser strahlen. Diese Gruppe umfaßt im ganzen sechs Mädchen; sie verneigen sich höflich und gesellen sich zu den anderen zwölf.

Wolfram von Eschenbach ist so sehr darauf erpicht, daß wir die genaue Anzahl dieser Edelfrauen, die dem Gral dienen, zählen und daß wir uns die wechselnden Formen ihrer Gruppierungen merken müssen, daß er uns in der Tat sagt: »... wenn ich recht zähle – nun achtzehn Edeldamen beisammenstehen. Seht, da erscheinen bereits wieder sechs Damen in kostbaren Gewändern aus golddurchwirkter Seide und aus Seidenstoff von Ninive. Wie die letzten sechs Edeldamen tragen sie Kleider aus verschiedenfarbigen Stoffen, die sehr kostbar sind.«

Nun ist der Moment für das Erscheinen der Königin, Repanse de Schoye, gekommen. Ihr Antlitz ist strahlend wie die Sonne. Sie trägt ein Gewand aus arabischer Seide. Auf einem Seidentuch von tiefgrüner Farbe trägt sie das Wahrzeichen höchster Reinheit, die paradiesische Vollkommenheit, Anfang und Ende alles menschlichen Strebens. *Dieser Gegenstand wurde Gral genannt,* der jede irdische Vollkommenheit übertrifft. Die Beschaffenheit des Grals ist so, daß jene, die ihn hüten, ihre Reinheit bewahren und jeglicher Falschheit entsagen muß.

Vor dem Gral werden kostbare Leuchter hereingebracht, sechs durchsichtige, große und äußerst fein geformte Glasgefäße, in denen wohlriechender Balsam brennt. Nachdem sie sich bis zu einem bestimmten Abstand der Türe genähert haben, verneigen sich die Königin mit all ihren Jungfrauen höflich. Und nun stellt die Königin, frei von jeglicher Falschheit, den Gral vor den Burgherrn. Parzival blickt oft zu Repanse de Schoye, die den Gral trägt, denkt jedoch nur, daß es ihr Mantel ist, den er trägt. Die sieben Jungfrauen ziehen sich zurück, um sich den ersten achtzehn anzuschließen. Die Vornehmste von ihnen steht in der Mitte und ihr zur Seite je zwölf Jungfrauen. Damit steht die Edeldame mit der Krone im Glanze ihrer Schönheit zwischen zwei Gruppen von je zwölf Jungfrauen.

Wir müssen uns daran erinnern, daß Parzival ohne intellektuellen Hintergrund ist – das heißt, sein Seelenleben ist nicht in abstraktes und intellektuelles Denken verstrickt. Statt dessen erfährt er die Welt in diesem Stadium seines Lebens in nahezu kindlicher Art als farbige Bilder. Er ist in der Tat hellsehend, aber er kann diese Bilder nicht zusammenfügen.

Nehmen wir beispielsweise an, er sei mit vierundzwanzig Buchstaben konfrontiert worden – jeder Buchstabe verkörpert eine der Damen der Gralsprozession – aber er konnte nicht lesen, was diese Buchstaben bedeuten. Lassen Sie uns um der Klarheit willen vierundzwanzig Buchstaben nehmen: D,I,E,W,E,I,S,H,E,I,T,G,E,B,I,E,R,T,S,T,Ä,R,K,E. Parzival kann diese Buchstaben sehen, aber er kann deren Botschaft nicht lesen, wenn sie lebendig zusammengefügt sind. Das heißt, er sieht die verborgene Bedeutung in der Einheit ihrer lebendigen Verbindung nicht.

Es wird uns berichtet, daß das Epos Wolfram von Eschenbachs von Kyot inspiriert war, der seinerseits von Flegetanis, der um die Sternenweisheit wußte, unterrichtet worden war. Das Epos entstammt nicht einer irdischen Schrift; Wolfram schöpfte nicht aus einer irdischen Quelle (d. h. nicht aus bestehenden Chroniken und Traditionen), sondern aus einer Sternenschrift:

*Kyot, der berühmte Meister der Dichtkunst, fand in Toledo in einer unbeachteten arabischen Handschrift die Erstfassung dieser Erzählung. Zuvor mußte er das Abc erlernen, allerdings ohne die Kunst der schwarzen Magie.*

Und Wolfram selbst, der das Zeichen des Feigenblattes trägt (das Zeichen der Einweihung), behauptet, wie wir im ersten Kapitel dieses Buches sahen, daß er nicht lesen könne.

*... darf diese Geschichte keineswegs als gelehrtes Buch betrachten. Ich selbst kann nämlich weder lesen noch schreiben. Es gibt ihrer freilich viele, die Dichtung auf Bildung und Gelehrsamkeit gründen. Diese meine Geschichte fügt sich nicht den Grundsätzen gelehrter Schulweisheit. Ehe man sie für ein Buch solcher Art nähme, wollte ich lieber nackt und ohne Badetuch im Bad sitzen, wenn ich nur wenigstens das Feigenblatt zur Hand hätte!*

Wolfram beschreibt den Gral aus der Sicht der Sternenweisheit, aber dieses Mysterium ist bis jetzt von Parzival, der nur begreift, was durch imaginative Erkenntnis wahrgenommen werden kann, noch nicht enthüllt worden. Dies bedeutet, daß er noch nicht bis zum Lesen der Sternenschrift gelangen kann. Er vermag die Bedeutung der Farben, der Zahlen und der wechselnden Anordnungen innerhalb der Gralsprozession noch nicht zu begreifen. Er versteht die lebenden Verbindungen zwischen den himmlischen Hierarchien, die jenseits der Welt der Sinne an der Schöpfung weben, noch nicht.

Parzival macht eine Erfahrung außerhalb des Körpers. Er steht nun außerhalb des dreidimensionalen Kontinuums von Maß, Zahl und Gewicht. Er kann jedoch nur mit der stärksten Seelenfähigkeit höhere Dimensionen des Bewußtseins erreichen. Er muß Maß in imaginatives Wissen, Zahl in Inspiration und Gewicht in Intuition umwandeln. Aber die beiden letzten Schritte ist er bis jetzt unfähig zu tun. Inspiration hätte ihn in bezug auf Fähigkeiten, Anordnung und Tätigkeiten eines jeden der neun Grade himmlischer Hierarchien erleuchtet.

Nur durch wahre Intuition – das heißt, durch das Verständnis für den Gral selbst – könnte er jede Wesenheit innerhalb der himmlischen Hierarchien innerlich erfahren und sich selbst mit ihnen vereinigt haben. Der individuelle Geist Parzivals ist noch nicht völlig geboren. Das irdische Ego ist nur eine schattenhafte Widerspiegelung des höheren Egos; und somit erblickt Parzival bei dieser Gelegenheit den Gral nicht, sondern schaut nur die Gralsträgerin an und denkt lediglich, daß er ihren Mantel trägt.

Die Anordnung und die Art, wie sich die Edeldamen in der Gralsprozession bewegen, bedeuten ihm nichts. Er beachtet beispielsweise weder, daß acht Jungfrauen (vier mit der Jaspis-Tischplatte und vier mit langen Kerzen) einen achtzackigen Stern formten, ehe sie sich zurückziehen, um sich ihren Gefährtinnen anzuschließen, noch versteht er das Erscheinen des siebenzackigen Sternes, der durch die sechs Gefäßträgerinnen und durch die Trägerin des Grals geformt wird. In der Tat bleiben diese beiden Formen, welche das wahre Geheimnis der Bedeutung des menschlichen Schicksals beinhalten, völlig unbeachtet. Die schöpferisch rhythmische Bewegung der Hierarchien, die hinter den Sternen und den Planeten weben, bedeutet der Seele, die sich eines Tages erheben wird, um Gralskönig zu werden, noch nichts.

Es gibt einen Augenblick, wo die Personen in der Gralsprozession zwei gesonderte Kreise von je zwölf Edeldamen beschreiben – die Trägerin des Grals steht allein mit dem einen Kreis zu ihrer Linken und dem andern zu ihrer Rechten. In diesem Moment stellen die beiden Kreise den Baum der Erkenntnis und den Baum des Lebens dar. Sie entsprechen auch den zwei getrennten und unterschiedlichen Seiten des menschlichen Gehirns. Mit der linken Gehirnhemisphäre muß der Mensch über die Materie hinaus zum Geist gelangen, der in ihr lebt – das heißt, der Mensch muß die Phänomene bis zur Wahrnehmung der Archetypen durchdringen. Es geschieht durch die ganzheitliche rechte Gehirnhemisphäre, daß die Einheit der Zusammenhänge erkannt wird. Hier liegt das Zentrum der Inspiration, die Quelle des spirituellen Hörens, durch welche die Harmonien des Universums verstanden werden. Zwischen diesen beiden Säulen der Weisheit und Stärke (Joachim und Boas) steht der Gral der wahren Intuition als Eckpfeiler des Bogens.

Die endgültige Anordnung wird sichtbar, wenn Repanse de Schoye in der Mitte eines einzigen großen Kreises von vierundzwanzig Lichtern steht. Wolfram von Eschenbach legt so viel Gewicht auf diese Anordnung, daß es in der Tat töricht wäre, darauf zu bestehen, daß es sich dabei bloß um einen poetischen Einfall handle. Somit leuchtet der Gral weiterhin in einem Kreis von vierundzwanzig Lichtern. Diese repräsentieren die vierundzwanzig Amschaspands des Manichäismus oder die vierundzwanzig Ältesten mit Lilienkränzen, von denen Dante in seiner *Göttlichen Komödie* berichtet. Im Symbolismus des Mittelalters bedeuten sie außerdem die vierundzwanzig Bücher des Alten Testaments im Hinblick auf den Messias.

Die direkte spirituelle Vision nimmt diese als die drei höchsten Grade der himmlischen Hierarchien wahr – Cherubim, Seraphim und die Throne. Es sind die königlichen Wesen, welche die Kraft des Saturns führen, um die ganze Verflechtung des menschlichen Schicksals zu planen. Sie umgeben Christus, den Herrn des Schicksals, und erstrahlen in seiner Gegenwart, aber ihr Licht wird vom Gral überstrahlt, dem vollkommensten Strahl irdischer Gnade.

Bei diesem Zusammentreffen beschreibt der Dichter in zunehmender und großartiger Symbolik, wie die versammelte Gesellschaft durch den Gral selbst gespeist wird.

Parzival schaut sich in dem großen Saal um und sieht die anwesenden Ritter des Tempelordens; er versteht die geheiligte Art der Gelübde nicht, durch die sie dem Gral dienen.

An jedem der hundert Tische bedienen vier Knappen. Auf vier Wagen werden die goldenen Trinkbecher hereingebracht. Vier Ritter decken die Tische, und ein Haushofmeister folgt ihnen nach, um jene Gegenstände, die gebraucht worden waren, wieder in Verwahrung zu nehmen.

Hundert Knappen erhalten Brot vom Gral. Das Brot ist in schneeweißes Linnen eingewickelt, und die Knappen teilen es aus. Jedes Mitglied der versammelten Ritter kann vom Gral alles erhalten, was er wünscht, alles ist von köstlichster Güte: er gibt jedem einzelnen genau das, was er benötigt. Der Gral ist allumfassend; folglich ruht in ihm die Möglichkeit, alles und jedes zu beschaffen, und er gibt jedem genau das, was für ihn notwendig ist.

Somit wirkt der Gral als immerwährendes Wunder. Er gibt der Menschheit das Brot des Himmels. Christus bot von dieser Speise seinen Jüngern dar, und sie wurden dabei eine einzige Gemeinschaft. Jeder wurde Teil eines einzigen Wesens. So geschah dies auch mit dem Bund der Tempelritter.

Wolfram gibt eine Fülle von Einzelheiten, die alle eine tiefe Bedeutung in sich schließen. Er beschreibt sogar, wie die Ritter drei Sorten von Zutaten und drei verschiedene Getränke erhalten, die der Dreigliedrigkeit der menschlichen Natur entsprechen – eine Sache, in die wir uns noch mehr hineindenken müssen, wenn wir veranschaulichen, wie Parzival, Gawan und Feirefiz drei Aspekte eines einzelnen Wesens darstellen.

Siehe da, Parzival sitzt neben seinem Gastgeber inmitten all dieser Wunder – dem Allerheiligsten, dem von den himmlischen Hierarchien umgebenen Gral. Wenn er nur zu sich selbst hätte sagen können: »Ich habe die blutige Lanze gesehen, die den vier Wänden des Saales entlanggetragen worden ist, und das Leiden, das sie meinem Gastgeber inmitten des Wehklagens der versammelten Ritter verursacht hat. Ich habe gesehen, was Krankheit, Alter und Tod – die geheimnisvolle zerstörende Macht des Saturns – bringt. Aber ich habe auch die wiederaufbauenden Kräfte des Grals gesehen, welche die zerstörende Kraft des Saturns überwinden.«

Nun kommt der Moment, wo Parzival sichtbar zeigen muß, ob er Reife erlangt hat oder nicht. Ein Knappe nähert sich mit einem Schwert in einer kostbaren Scheide und überreicht es dem Burgherrn. Es wird uns erzählt, daß der Schwertgriff aus einem Rubin geschnitten und daß die Klinge voller Wunder sei. Der Burgherr überreicht es sodann Parzival und spricht: »Dieses Schwert kam mir oft in größter Not zu Hilfe, bis mir durch Gottes Wille eine so schwere Wunde zugefügt wurde. Nun gebe ich Euch das Schwert. Möge es Euch das bringen, was Ihr durch bloßes Zuschauen, was hier stattfindet, niemals erwerben könnt.«

nu sît dermit ergetzet,
ob man iuwer hie niht wol enpflege.
ir mugetz wol vüeren alle wege:
Swenne ir geprüevet sînen art,
ir sît gein strîte dermite bewart.*

Wenn Parzival die einmalige Art des Schwertes erkannt hätte, würde er gewußt haben, daß es sich um das Wort-Schwert handelt. Er würde darauf die eingeprägten zwölf Sternbilder erkannt und die Sternenschrift mit dem Glanz der zwölf feurigen Flammen, die ihn umgaben, in Verbindung gebracht haben. Das heißt, er hätte die volle Harmonie der *Weisheit* im Lichte der *Liebe* gesehen, und er würde die *Stärke* erlangt haben, die Frage zu stellen:

---

* Nehmt es als Entschädigung, wenn die Bewirtung nicht Euren Erwartungen entsprach. Führt es stets bei Euch; wenn Ihr es erproben müßt, wird es Euch im Kampf ein verläßlicher Beschützer sein.

ôwê daz er niht vrâgte dô!
des bin ich vür in noch unvrô.
wan do erz enpfience in sîne hant,
dô was er vrâgens mit ermant.*

Die entscheidende Frage lautet: *Bruder, was fehlt Euch?
Warum leidet Ihr?* Warum nützt Euch dieses Schwert nun
nicht mehr, das Euch einst diente, wenn Ihr in Not gewesen
seid? Warum habt Ihr die Macht des Schwertes verloren?
Wie habt Ihr die Macht des Schwertes verloren?

Der ganze lange und mühsame Weg des Zweifels und der
Trauer, den Parzival nun beschreiten muß, ehe er wieder zur
Gralsburg zurückkehrt, wird ihn lehren, daß er nicht nur die
Frage stellen, sondern die Antwort selbst erbringen muß.
»Ich selber bin schuld am Leiden der Menschheit; nur wenn
ich das höchste Ziel erreiche, nicht für mich selbst, sondern
im Dienste des Wortes, kann ich fortan Heil bringen.«

---

* Wehe über ihn, daß er auch jetzt nicht fragte! Das betrübt mich
noch heute – um seinetwillen! Als man nämlich das Schwert in
seine Hände legte, wollte man ihn zum Fragen ermuntern.

# 7
# Ihr seid ein Dummkopf!

Es war einmal ein Lattenzaun,
mit Zwischenraum, hindurchzuschaun.
Ein Architekt, der dieses sah,
stand eines Abends plötzlich da –
und nahm den Zwischenraum heraus
und baute draus ein großes Haus.
Der Zaun indessen stand ganz dumm,
mit Latten ohne was herum.
Ein Anblick gräßlich und gemein.
Drum zog ihn der Senat auch ein.
Der Architekt jedoch entfloh
nach Afri-od-Ameriko.

Christian Morgenstern ›*Der Lattenzaun*‹

Parzival erwacht am folgenden Morgen in der Gralsburg und findet sich allein. Im Kreuzgang außerhalb des Gemachs, in dem er schlief, findet er sein Pferd, seinen Schild und seine Lanze. All sein Rufen ist vergeblich, denn niemand ist da und die ganze Burg verlassen. Als er über den Hof reitet, sieht er die Erde und das Gras niedergetrampelt – eine Schar Ritter war vor seinem Erwachen davongeritten. Er folgt ihren Spuren bis zur Zugbrücke und reitet hinüber.

Plötzlich wird die Brücke hochgezogen. Parzival kann den Knappen, der die Zugbrücke betätigt, nicht sehen, doch geschieht das Hochschnellen der Brücke so unerwartet, daß sein Pferd strauchelt und beinahe stürzt. Der verborgene Knappe ruft ihm zu: »Ihr seid ein Dummkopf! Von nun an sollt Ihr die Sonne hassen. Oh, hättet Ihr Euch doch aufgerafft und die Frage gestellt!«

Als Parzival sich umdreht und eine Erklärung fordert, erhält er keine Antwort. Er versucht, den Hufspuren der Pferde durch den Wald zu folgen, aber bald verliert er auch diese. Die Burg verschwindet hinter ihm; sie ist nun zu einem Luftschloß geworden!

Dies geschieht mit den Uneingeweihten, wenn sie aus dem Schlaf erwachen. Beinahe jedermann hat beim Erwachen schon das Wegfallen einer Bilderwelt erfahren, die ein völlig verschiedenartiges Bewußtsein mit sich geführt hat. Unsere Frage muß somit lauten: Wie können wir dieses Bewußtsein über den Schlaf hinaus festhalten; das inspirierte Bewußtsein, in dem die Gralsburg zu finden ist? Die weitere Geschichte Parzivals gibt uns einen Fingerzeig, denn nun muß er noch einmal sein ganzes Leben erfahren – das er nun aber im umgekehrten Sinne, d. h. bis zu seinem Anfang durchlaufen muß. Wolfram beschreibt nur die Hauptereignisse dieser Lebensrückschau. Was er sagt, ist folgendes: Wer seine Seele klären will, muß sein Leben rückwärts erfahren. Dies ist der Weg zur Selbsterkenntnis. Es bedeutet auch den Schlüssel zur immerwährenden Erhaltung höheren Bewußtseins.

Die menschliche Seele auf der Suche nach dem Gral muß eine systematische und fortschreitende Technik anwenden, die ersonnen worden war, um eine starke Erfahrung in bezug auf die Umkehrung der Zeit zu erschaffen. Es ist bekannt, daß diese Technik von einigen der mehr im stillen tätigen und verborgenen Laienorden Europas, so von den Gottesfreunden und der Gemeinschaft des Geistlichen Lebens – anscheinend eher Okkultisten denn Mystiker – angewandt worden war; diese suchten einen Weg zur spirituellen Einweihung, aber sie waren gezwungen, ihre wahren Absichten geheimzuhalten, um dem stets wachsamen Auge der Inquisition zu entrinnen.

In einem der wenigen noch vorhandenen Dokumente der

Gottesfreunde, das seinen Ursprung im 14. Jahrhundert in Straßburg hatte, findet sich eine kurze Erwähnung über die Bedingungen der Jüngerschaft und die frühen Verhaltensweisen, die den Novizen beim Eintritt in den Orden gelehrt worden sind. Eines dieser beschriebenen Verfahren betrifft die tägliche Ausübung der Umkehrung der Zeit als eine psychologische und moralische Vorbereitung für transzendentale Erkenntnis. Wie wir später noch veranschaulichen werden, war Wolfram von Eschenbach über diese Technik einige Jahrhunderte früher recht gut unterrichtet, aber er verwendet sie, um einen Sinn für das Schicksal zu bekommen, und er bringt sie sogar mit einer Reihe von Sternbildern in Verbindung.

Die Zeitumkehrung erscheint in diesem Zusammenhang zuerst als eine derart einfache Betätigung, daß man geneigt ist, ihre Bedeutung als Katalysator zur Ausdehnung des Erinnerns zu unterschätzen. Wie einfach es anfänglich auch erscheinen mag, so ist es im Gegenteil recht schwierig, diese Umkehrung regelgetreu auszuführen. Beherrscht man sie jedoch einmal, so beweist die Zeitumkehrung, daß sie nicht nur das wichtigste einzelne Werkzeug zur Hebung von Qualität und Intensität des Bewußtseins sowie zur Enthüllung höherer Zeitdimensionen darstellt, sondern daß sie auch jene Selbsterkenntnis nährt, welche die Seele auf die Implosion der Bewußtheit vorbereitet und ihr die Aufgliederung der inneren Räume nahebringt. Das heißt, eine Vorbereitung auf jene inspirierte Teilnahme im Geiste, in der Parzival die Frage hätte stellen sollen: »Bruder, was fehlt Euch?« (wörtlich: »Bruder, an was leidest du?«).

Alles, was diese Technik unmittelbar erfordert, ist, daß man jeden Abend auf die persönlichen Tätigkeiten und die Ereignisse des vergangenen Tages zurückblickt, und zwar in umgekehrter Reihenfolge, als diese stattgefunden hatten.

Es bestehen gewisse unverkennbare technische Schwierigkeiten bei der Durchführung dieser Rückschau, weil es nicht möglich ist – es sei denn, man blickt in einen Spiegel –, sein eigenes Gesicht, seine Gebärden, seine Haltung und Eigenheiten zu erblicken. Hier ist etwas von dem künstlerischen Wahrnehmungsvermögen eines Malers nötig, um sich seine eigenen Erinnerungsbilder ins Gedächtnis zurückzurufen; um den besten äußeren Gesichtspunkt zu wählen, von dem aus man sich seine eigene Gestalt, seine Eigenschaften und Gesten vorstellt.

Es gilt noch ein weiteres Hindernis anderer Art zu überwinden: Das Widerstreben der Seele, ihre eigenen Gefühle und persönlichen Erfahrungen zu betrachten und einzuschätzen – in der Tat ihr ganzes Innenleben –, als ob dies alles zu jemand anderem gehören würde. Die Ansicht, die wir im allgemeinen von den Erfahrungen und Handlungen anderer Menschen hegen, unterscheidet sich von jener, die wir von uns selbst haben. Dies geschieht deshalb, weil wir Teil unserer eigenen Erfahrungen und Handlungen sind, während wir jene der anderen bloß beobachten. Sich selbst so zu sehen, wie andere uns sehen, ist das Ziel dieser Übung.

Die größten Irrtümer auf diesem Weg finden sich im Bereich des menschlichen Gewissens. Und zwar, weil solche Selbstbeobachtung erfordert, daß sowohl alle Gefühle von Schuld und Scham als auch alle persönliche Gegenbeschuldigung aus dem Weg geräumt werden. Das Aufrechterhalten jeglichen dogmatischen Glaubens, jeglicher vorgeschriebener moralischer Haltungen und vorgefaßter Ideen können nur einen nachteiligen Effekt haben. Es ist wesentlich, daß man einem völlig neuen Bereich von Gefühlen und moralischen Werten gestattet, als Ergebnis einer solch absolut objektiven Sicht der Vergangenheit spontan in Erscheinung zu treten.

Wenn solche regelmäßige Selbstbeobachtung mit gebührender Sorgfalt und großer Aufrichtigkeit der Gesinnung ausgeführt wird, hat dies eine äußerst heilsame Auswirkung auf das persönliche Leben und zeitigt rasch fruchtbare Ergebnisse. Sie wird im Verlauf des folgenden Tages eine neue Schärfe der Selbsterkenntnis schaffen, indem sie ein Erwekken der sozialen Verantwortung – insbesondere im Hinblick auf das gesprochene Wort –, einen erneuerten Sinn für die Entschlußfähigkeit und eine erhebliche Stärkung der Willenskraft verursacht.

Während einer solcher Selbstbeobachtung gewidmeten Zeitspanne entsteht eine neue Ruhe des Geistes und des Körpers; der Novize wird bald einer gesteigerten Konzentrationskraft gewahr. Der Ausübende wird bald entdecken, daß die natürliche Folge dieser Übung darin besteht, sich jeden Morgen gewisse Zeitspannen zu reservieren, um die Tätigkeiten und Ereignisse des neuen Tages zu planen und im voraus zu überdenken. Wenn diese am frühen Morgen ausgeführte Übung zur Gewohnheit geworden ist, wird ein erster kurzer Blick auf die Bedeutung des menschlichen Schicksals durch das Eindringen karmischer Ereignisse eröffnet, die man weder planen noch vorbereiten und sehr selten voraussehen kann.

Der ernsthafte Sucher nach dem Gral blickt auf sein ganzes Leben mit derselben anspruchsvollen und objektiven Selbstbeobachtung zurück, indem er sein Leben von der Gegenwart über all die vergangenen Jahre bis zur Kindheit zurückverfolgt. Er betrachtet sein Innenleben und sein bisheriges äußeres Verhalten mit gelassener Objektivität. Und er widmet dieser Tätigkeit die gesamte Energie, innere Wahrhaftigkeit und kompromißlose Offenheit, deren er fähig ist.

Jeder Gedanke, jedes Wort, jede Tat, jeder Entschluß und alle Freude, Trauer, Sorge, Erlebnisse und Interessen beginnt er letztendlich in einem neuen und aufschlußreichen Licht zu sehen. Das wahre Ausmaß des eigenen Egoismus und die tatsächliche Beschaffenheit seiner Beweggründe werden ihm offenbar. Es ist möglich, daß der Übende mit Erstaunen feststellen wird, welch lächerlicher, falscher Stolz und welche Arroganz ihm bis anhin verborgen geblieben sind. Nun, da er nicht länger in seine Illusionen über seine Vergangenheit verstrickt ist, ist er fähig, ohne Furcht, Schuld oder Scham das Wichtige vom Unwichtigen zu unterscheiden, die moralische Wirklichkeit von der bloß eingebildeten. Solche Selbsterkenntnis – wenn auch anfänglich mühsam – führt zu einem ungeheuren Freiwerden von Lebenskraft.

Allmählich erreicht der Novize bei seiner Selbstbeobachtung jenen Punkt, wo der individuelle menschliche Geist sich in ihm zu regen anfängt. Bald erkennt er, daß er die Geburt einer ewigen Wirklichkeit zu erleben beginnt, die Geburt eines höheren Ichs, das über die Grenzen von Leben und Tod hinausführt. Laßt ihn zur Überzeugung kommen, daß er auf dem rechten Weg ist, auf daß er auf seinem Pfad zur Selbsterkenntnis standhaft bleibe. Es wird bald zu den erstaunlichsten Ergebnissen führen.

Eine andere wichtige Entdeckung, die auf diesem Weg zu machen ist, ist das wahre Verhältnis zwischen Fühlen und Erkennen. Man neigt dazu, das Erkennen etwas unbekümmert als eine gesonderte, eigenständige Fähigkeit zu betrachten, die ohne unmittelbare Verbindung zu anderen Fähigkeiten innerhalb der Seele steht.

Allzuleicht kann man die Tatsache übersehen, daß es die Seele selbst ist, welche die Fähigkeit des Erkennens ausübt, und daß die menschlichen Gefühle der Seele das bedeuten, was Sonnenlicht und Wasser für einen Samen oder Nahrung für den Körper sind. Es ist leicht zu erkennen, daß der Körper hinfällig und schwach wird, wenn es ihm an Nahrung mangelt. Aber wie viele von uns neigen dazu, die Tatsache zu mißachten, daß die Gefühle des Staunens, der Zuneigung, der Achtung, Bewunderung und der Hingabe für die Seele Nahrung bedeuten, die ihr Gesundheit und Tatkraft bringen – ganz besonders ihrer Fähigkeit des Erkennens?

Das Gegenteil trifft ebenfalls zu. Mißachtung, Antipathie, feindliche Kritik, Unterschätzung, Verachtung und Haß üben auf die Art, wie wir die Welt um uns herum wahrnehmen, eine lähmende und vernichtende Wirkung aus.

Der Novize muß sich auf die Verfeinerung seiner Gefühle richtig einstellen und unverdrossen Ehrfurcht und Hingabe gegenüber allen guten, schönen und wahren Dingen pflegen, bis der letzte Winkel seiner Seele von einem geheiligten Feuer der Liebe erhellt ist; diese Liebe wird seinerseits jede sinnliche Erfahrung mit einer frischen und strahlenden Güte erfüllen. Durch die magische Kraft dieser Technik selbst wird die Seele Zeuge einer durch paradiesischen Glanz verwandelten Natur. Alle sichtbaren Eindrücke sind unermeßlich gesteigert, und das ganze Farbenerleben ist bedeutend erhöht. Das Gold des Sonnenlichtes, das Blau des Himmels und das Grün der Wiese werden mit neu erwachten Augen wahrgenommen. Etwas von einem immerwährenden Wesen wird sogar in der Vergänglichkeit wild wachsender Blumen, im reifenden Korn, im Gesang der Vögel verspürt. Die Seele lernt allmählich, zwischen der Ewigkeit und der Vergänglichkeit mit einem von Egoismus gereinigten Wahrnehmungsvermögen zu unterscheiden und sich an der Kreativität der Schöpfung zu erfreuen.

Des Novizen Rückschau auf sein Leben, die mittlerweile in einen Prozeß sittlicher Erinnerung – getreu dem platonischen Sinn des Wortes – umgewandelt worden ist, tritt in eine neue Phase, wenn er sich die Begebenheiten seiner Kindheit in lebendigen Bildern in das Gedächtnis zurückzurufen beginnt. Letztendlich erreicht er eine Schranke, über die hinaus er sich nicht mehr zu erinnern vermag; jenen Augenblick, in dem die erste Erfahrung seines ›Ichs‹ in ihm aufleuchtet – genau jener Punkt, an dem gewöhnlich physisches Erinnerungsvermögen einsetzt. Er gibt an diesem Punkt nicht auf, sondern setzt sein Ringen unerbittlich fort, noch härter darum bemüht, in noch frühere Jahre der Kindheit eintauchen zu können. Und er hat letztendlich Erfolg damit!

Die Offenbarung kann im Moment des Erwachens oder mitten im täglichen Wirken eintreten. Plötzlich entdeckt er, wie er auf ein kleines Kind hinunterschaut. Aber nun hat er nicht mehr nötig – gemäß der lange ausgeführten Technik –, seine Erinnerungsbilder der Kindheit sich ins Gedächtnis zurückzurufen. Er ist jetzt selbst mit dem Geiste vereint, mit seinem eigenen individuellen Geist; er schaut auf seinen eigenen kleinen Körper hinunter, wie er ihn in der Tat einst in seiner frühen Kindheit betrachtet hat.

Es ist genau die entgegengesetzte Erfahrung zu der Art, wie er als Erwachsener die Welt durch die Fenster seiner Sinne schaut, indem er den Verstand dazu benutzt, das Gesehene zu überdenken. Das heißt, er ist nicht länger ein Gefangener der dreidimensionalen Welt, sondern er befindet sich außerhalb derselben, indem er mit einem erhabenen Bewußtsein in der unmittelbaren Umgebung seiner Kindheit lebt.

Dieses sublime transzendente Bewußtsein arbeitet so, daß er es nur beschreiben kann, indem er sagt, daß er sich mit allem, was er wahrnimmt, vollkommen eins fühlt. Er erlebt sogar seine Mutter und seinen Vater, seine Schwestern und Brüder und seine Freunde der Kindheit vom Innern her, als ob er gänzlich mit ihnen eins wäre und sich mit ihnen identifizieren würde. Die Natur offenbart ihm alle ihre innersten Geheimnisse, wonach er sie auf gottähnliche Art und Weise von jedem Punkt der Peripherie aus überschaut – gleichzeitig die Gesamtheit der Lebensbeziehungen mühelos erfassend und alles mit der Unmittelbarkeit einer aus Liebe geborenen Intuition erfahrend.

Der wichtigste Aspekt dieser Erfahrung des Novizen betrifft das vor sich wahrgenommene Kind, in welchem seine eigene Bewußtheit des irdischen ›Ichs‹ auf Kosten des schwindenden Bewußtseins des Geistes zu einer weiteren kurzen Wahrnehmung der Sinneswelt gelangen wird. Nicht umsonst ist diese Erfahrung mit dem Sündenfall im Paradies, der schrecklichen Verstoßung aus dem Garten Eden verglichen worden.

Völlig bezaubert – denn er hat nun sein geläutertes irdisches ›Ich‹ in die Höhen des Geistes zurückgeführt –, weiß er, daß er noch nicht mit den Augen dieses Kindes sieht, das er in Kürze sein wird; weder hört er mit den Ohren eines

Kindes, noch bewegt er sich mit dessen Gliedmaßen oder greift er mit dessen winzigen Händen um sich. Er verweilt über diesem Körper, in dem er sich schließlich zu inkarnieren hat, um in geistiger Blindheit mit der irdischen Welt zu ringen.

Es braucht den Genius eines Dichters, um Worte zu finden, die eine solche Erfahrung beschreiben. Die wenig bekannten Zeilen von Thomas Traherne (1637–74), die zeigen, daß er fähig gewesen war, sich des vorgeburtlichen Ursprungs der Seele zu erinnern, schildern dieses Erlebnis. Aber wir müssen mit dem Zitieren der Verse aus *The Ode on Intimations of Immortality from Recollections of Early Childhood* von William Wordsworth beginnen, die in der westlichen Welt so vielen Menschen bekannt sind. Aber vielleicht werden manche das erstemal gewahr, daß es sich dabei um eine Beschreibung einer Realität handelt und nicht bloß um ein Stück dichterischer Fantasie:

> Geburt ist wie ein Traum und ein Vergessen:
> Die Seel' im Innern, unseres Daseins Stern,
>    anderwärts eingesessen,
>    sie kam hierher von fern:
>    nicht restlos des Erinnerns los
>    und auch nicht völlig nackt und bloß.
> Gleich hehren Ruhmeswolken gehn wir aus
>    von Gott, wo wir zu Haus:
> Himmel erfüllt uns noch im Kinderland!
> Des Kerkers Schatten mehr und mehr umhüllt
>    den Knaben mit der Zeit:
> Doch er bewahrt das Licht: woher es quillt,
>    schaut er voll Freudigkeit;
> Die Jugend bleibt, die täglich ihre Spur
> von Ost her zieht, ein Priester der Natur;
>    des Knaben lichtes Schauen
>    hilft seinen Weg erbauen; ...

… Es mag der Seel' in stillen Augenblicken,
wie weit wir auch im Land,
die Schau von jenes ew'gen Meeres Strand,
    von wo wir her sind, glücken:
    sie läßt sich augenblicks entrücken;
sieht, wie Kinder am Gestade tollen,
und hört die mächt'gen Wasser brandend rollen.

Es ist tragisch, daß Wordsworth in seinen späteren Jahren
nie über den Weg sprach, wie solches Bewußtsein zurückge-
wonnen wird. Aber Thomas Traherne bewahrte während
seines ganzen Lebens die Seelenbeschaffenheit seiner frühesten Jahre:

*Gewiß hatte Adam im Paradies keine angenehmeren und
merkwürdigeren Vorstellungen von der Welt, als ich sie
hatte, als ich ein Kind war. Alles erschien neu und zuerst
fremdartig, unaussprechlich außergewöhnlich, köstlich
und wundersam. Ich war ein kleiner Fremdling, und meine Ankunft war freudig begrüßt und mit Entzücken begleitet worden. Mein Wissen war göttlich. Ich wußte intuitiv
um jene Dinge, die ich seit meinem Abfall durch höchste
Einsicht wieder zu gewinnen hatte. Ich ergötzte mich wie
ein Engel an den Werken Gottes in ihrem Glanz und ihrer
Herrlichkeit, ich sah alles in paradiesischem Frieden;
Himmel und Erde lobpriesen meinen Schöpfer und konnten Adam nicht mehr bedeuten als mir. Immerdar war
Ewigkeit und immerwährender Sabbat. Ist es nicht seltsam, daß ein kleines Kind Erbe der ganzen Welt sein soll
und jene Mysterien wahrnimmt, welche die Bücher der
Gelehrten nie enthüllen?*

Dieselbe Erfahrung findet in poetischer Form in Trahernes
Gedicht *Wonder* ihren Ausdruck:

Als wie ein Engel trat ich ein:
  Wie licht ist alles hier!
Als ich aus seinen Werken trat herfür,
  wie krönte mich ihr Glorienschein!
Die Welt sah aus wie Seine Ewigkeit,
  wo meine Seele schritt;
was ich erschaute weit und breit,
  teilte sich mit.

Die folgenden Zeilen aus dem Gedicht *My Spirit* verleihen ein ausführliches Bild des Seelenzustandes vor dem Einsinken in die Sinneswahrnehmung des Körpers:

Mein Leib war leblos, Glieder unbekannt;
  eh ich der Augen Paar
  lebend Gestirn nahm wahr;
eh Zung und Wang mein eigen ich genannt,
  wußte, daß Hände mir gehören selbzweit,
das Band der Sehnen Glied an Glied mir reiht,
  als weder Nase, Fuß noch Ohr
erkennbar war noch sonstwie trat hervor,
  lag ich versteckt
in fremdem Haus; mit frischer Haut bedeckt.
Dann war mir Ein und All die Seele nur;
  ein Auge weit im Raum
  sah an des Himmels Saum
von dessen Kraft, Tun, Wesen eine Spur.

Der Novize hat sein Ziel, die Vereinigung mit dem Geiste, noch nicht völlig erreicht. Er muß mit der Zeitumkehrung standhaft fortfahren, die für ihn nun über alle Zweifel hinaus den einzig wirksamen Weg zur Erleuchtung darstellt. Er darf nicht bei der Freude und dem Vergnügen seiner neuen Wahrnehmung verweilen, sondern diese zur Erlangung weiterer Kraft für das stufenweise Zurückgehen bis zum Augenblick der Geburt verwenden. Und der Moment der Erleuchtung wird ihn tiefer beeindrucken als alles, was er sich je träumen ließ.

Eines Morgens, nach dem Erwachen (oder zu einer weniger geeigneten Tages- oder Nachtstunde), wird er feststellen, daß er auf seinen eigenen erwachsenen Körper hinunterblickt. Und nun, im Zustand eines unermeßlich erhöhten Bewußtseins, wird er Wirbel von spiralförmigem Licht erblicken, die explosionsartig zu einem Mosaik lebendiger Bilder übergehen; ein gewaltiges Schaubild, das sämtliche Ereignisse und Erfahrungen seines Lebens enthält.

Vielleicht wird er im ersten Moment einen Schock erleben. Neugierde und Interesse werden jedoch bald die Oberhand gewinnen, wenn er die beseelte, vielfarbige Vision beobachtet, die immer größer und größer wird, dennoch aber dieselben inneren Proportionen beibehält, als ob sie im Innern eines sich stets ausdehnenden Gewölbes gemalt wäre.

Er wird dieses Panorama seines Lebens mit nichts in Verbindung bringen, das auch nur im entferntesten irdischen Sinnen gleich ist, sondern mit einer neu erwachten Fähigkeit, die er noch nicht ganz verstehen kann. Sie wird ihm als eine Form der Erkenntnis erscheinen, in der die Imagination selbst ein tatsächliches Hilfsmittel zur Wahrnehmung wird, um das Bild zu betrachten, das er in seine eigene kontrollierte und gezielte Fantasie zu kleiden hat; so etwa wie ein Maler seine Entwürfe ausarbeitet, bevor er sie auf die Leinwand bringt.

Das Erinnerungsbild stellt keine dreidimensionale Einheit dar. Eher scheint es, daß eine vierte Dimension das Gedächtnis des Novizen von innen nach außen gekehrt hat, um dem Gedächtnis magische Wesenszüge zu verleihen, in dem der innere Widerhall zu den äußeren Ereignissen mittels der Ereignisse selbst veranschaulicht wird.

Dieses Panorama ist die Erfahrung einer neuen Dimension, weil die Ereignisse in dem sich entfaltenden Mosaik nicht nur eine räumliche Projektion von Erinnerungsbildern sind, die in der Reihenfolge erscheinen, wie sie ursprünglich stattgefunden hatten. Die Bilder sind in Gruppen von Ursache und Wirkung getrennt, die durch die verborgenen Gesetze des Karmas vorgeschrieben werden. Eine Begebenheit verstehen, heißt, sie mit all der Intensität erleben, mit der sie sich ursprünglich ereignet hat. Und obgleich man dazu fähig ist, jede Begebenheit gesondert zu erfahren, stellt das Bild eine Zeiteinheit dar, geradeso, wie aufeinanderfolgende Musiknoten in einer gewissen Intervallverbindung als Melodie erlebt werden.

Der Novize hat die Zeit vorher als Medium betrachtet, innerhalb desselben er die Ereignisse aufeinanderfolgend erlebte. Nun aber stellt er fest, wie die Zeit ein Teil seines eigenen Wesens ist, indem sie die Ereignisse seines Lebens zu einem ungebrochenen Ganzen zusammenfügt. Er begreift sich selbst nun als ein ›Zeitwesen‹ und erkennt das sich erweiternde Bild als einen ›Zeitorganismus‹.

Dann gelangt er zur Erkenntnis – er sieht den Zusammenhang dessen, was offensichtlich zu grotesken Schlußfolgerungen führt. Er stellt über den Widerspruch hinaus fest, daß ›Zeit‹ und ›Leben‹ so unzertrennlich sind wie die beiden Seiten einer Münze. Der sich erweiternde ›Zeitorganismus‹ war früher als sein eigener ›Lebensorganismus‹ tätig – ein Gefüge von Lebenskräften, die seinen physischen Körper gestaltet und entwickelt hatten und ihn während seines irdischen Daseins beseelten und unterstützten –, in der Tat gerade jene Lebenskräfte, die den Körper nun verlassen, um sich über die gesamte Geschichte seines Lebens zu ergießen.

Er weiß nun, daß der Mensch, der dort unten auf dem Bett liegt, tot ist! Das ganze Drama seines Menschseins, seiner Jugend, Kindheit und Säuglingszeit ist vor ihm ausgebreitet, wie ›der Stoff, aus dem die Träume sind‹. Und er blickt auf all seine Beweggründe, Gedanken, Gefühle, Worte und Taten zurück, mit der Unparteilichkeit, Objektivität und erhöhten moralischen Einsicht des Geistes.

Während er das Schaubild überblickt, versteht er unmittelbar, wie unbewußt er einen vorgegebenen Weg des individuellen Schicksals während seines Daseins auf Erden gelebt hatte; verborgene Gesetze, die aus einer früheren Inkarnation wirksam sind, haben die Form und die Abfolge der Ereignisse in seinem Leben vorgeschrieben; ebenso die Menschen, mit denen er sein Dasein teilen sollte.

Er kann nun in dem Schaubild eine ganz neue Dimension der Bedeutung erkennen, die ihm nicht länger nur als ein Muster von Begebenheiten erscheint, sondern auch als ein Netzwerk menschlicher Verbindungen, in denen er das spirituelle Wachstum anderer zur Selbsterkenntnis unterstützt oder gehindert hatte. Es wird ihm nun klar, daß moralische Gesetze das Schicksal der Menschheit bestimmen. Und von einer gesteigerten Wahrnehmung dieser Gesetze aus, wie sie vom Standpunkt des Geistes aus stattfindet, ist er nun gezwungen, den moralischen Wert seines Lebens einzuschätzen und über sich selbst zu richten.

Es gibt einen Aspekt dieser läuternden Erfahrung, der ihn sehr verwirrt und für den er zuerst keine befriedigende Erklärung finden kann. Das Panorama seines Lebens scheint Ereignisse jenseits des gegenwärtigen Augenblickes miteinzubeziehen und weiter in die Zukunft zu führen. Nur langsam begreift er, daß er letzten Endes doch nicht tot ist, sondern eine vorgegebene geistige Erleuchtung erlebt. Sowie diese Gewißheit an Stärke zunimmt, überschreitet das Bild den Augenblick der Geburt und geht durch den Schoß der Schöpfung in die ursprünglich selige Unschuld des makrokosmischen Lebens vor der Empfängnis zurück. Nun weiß er, daß er ein Geist unter Geistwesen ist. Und darüber hinaus ist er sich bewußt, ein Sonnengeist zu sein:

> Ich war ein innerlicher Kreis des Lichts,
> ein Aug' unnennbar, fähig des Gesichts,
> weit über jenem, das den Tag erschafft,
> ein' Lebenssonn' von starker Strahlungskraft,
>     voll Leben, voller Sinn,
> ein bloßes, reines, einfaches ›Ich bin‹.

# 8
# Die Gralsbotin

gein der helle ir sît benant
ze himele vor der hôhsten hant:
als sît ir ûf der erden,
versinnend sich die werden.
ir heiles ban, ir saelden vluoch,
des ganzen prîses reht unruoch!
ir sît manlîcher êren schiech,
und an der werdekeit sô siech,
kein arzet mag iuch des ernern.*

Das Genie Wolfram von Eschenbachs als Dichter und Adept
wird in der Wahl des Erlebnisses, das Parzival unmittelbar
beim Verlassen der ausgestorbenen Gralsburg widerfährt,
äußerst deutlich.

Es handelt sich dabei um den Anblick der Jungfrau mit
ihrem Geliebten in den Armen. Hier sehen wir das wahre
Symbol des Heiligen Grals – die Weltenseele, welche die
sonnendurchdrungene Mondes-Hostie hält. Es war genau
diese Imagination, die Michelangelo dazu inspirierte, seine
zweite und schönste Pietà zu schaffen. Der greise Mann im
Hintergrund repräsentiert in diesem herrlichen Kunstwerk
den Einsiedler Trevrizent, den Lehrer Parzivals. Alle drei
Gestalten scheinen auf eine Art und Weise aus dem Marmor

---

\* Gott hat Euch schon verworfen und für die Hölle bestimmt, und
auch auf Erden wird man Euch zur Hölle wünschen, wenn die
Edelleute Euch erst durchschaut haben. Ihr Gefährder des Heils,
Fluch des Glücks, Verächter wahren Ruhms! Eure Mannesehre
schwindet, und Euer Ansehen ist so hinfällig, daß kein Arzt mehr
helfen kann.

hervorzutreten, die an eine Neubelebung des dahinschwindenden Erdendaseins denken läßt.

Die über den toten Ritter gebeugte wehklagende Frau ist Sigune, keusche Jungfrau und nahe Freundin Herzeloydes, der Mutter Parzivals. Der Ritter heißt Schionatulander, Schildknappe und Freund Gachmurets, dem Vater Parzivals. Er kämpfte um die Rückgabe der Ländereien Parzivals mit Herzog Orilus, wurde aber letztendlich anstelle Parzivals getötet, als er versuchte, wieder in den Besitz der Sternenschrift auf dem Halsband des Hündchens Gardevias zu kommen.

»Eine Meile von hier steht eine vornehme Burg. Ich habe sie soeben verlassen«, spricht Parzival.

»Dies kann nicht wahr sein«, entgegnet Sigune. »Im Umkreis von dreißig Meilen findet sich kein einziges Haus. Aber dreißig Meilen von hier steht bestimmt eine Burg. Wer danach forscht, kann sie nicht finden. Sie offenbart sich nur demjenigen, der sie nicht sucht. Es kann nicht sein, daß Ihr sie kennt. Munsalwäsche wird sie genannt. Ach! Wenn Ihr nur dort gewesen wäret, so wäret Ihr fähig gewesen, den Burgherrn zu erlösen.«

»Ich war dort«, erwidert Parzival. »Ich sah die Wunder. Ich bestaunte die Edeldamen.« In diesem Augenblick erkennt ihn Sigune an seiner Stimme, denn bis zu diesem Moment blieb seine wahre Identität durch seine Rüstung verborgen.

»Du bist Parzival«, sagt sie. »Hast du den Burgherrn gesehen?«

lâ hoeren liebiu maere.
ob wendec ist sîn vreise,
wol dich der saelden reise!
wan swaz die lüfte hânt beslagen,
dar ob muostu hoehe tragen ...*

---

* Laß mich die frohe Botschaft vernehmen! Heil dir zu deiner glückbringenden Fahrt, wenn er endlich von furchtbaren Qualen erlöst ist! Du wirst nun über alle Geschöpfe dieser Erde erhoben!

Nun erkennt auch Parzival Sigune. Ihr Äußeres hat sich kläglich verändert, sie sieht dünn und sterbensbleich aus. Er bittet sie, ihr beim Begräbnis des toten Ritters helfen zu dürfen. Er bemerkt nicht, daß das Schicksal ihn mit einer äußeren Erfahrung konfrontiert, durch die er eine innere Erfahrung erringen soll. Hier vor ihm findet sich die Lösung zur Frage, die er in der Burg beim Ansehen des Leidens des Burgherrn hätte stellen sollen.

Sigune weiß genau, was Parzival an spiritueller Einsicht mangelt, daher zieht sie seine Aufmerksamkeit auf das Gralsschwert, das er von Anfortas zum Geschenk erhielt und nun in seiner Hand hält. »Weißt du über sein Geschenk Bescheid?« fragt sie. Und dann verrät sie ihm das Geheimnis des Schwertes:

> daz schwert gestêt ganz einen slac,
> am andern ez zevellet gar:
> wilt du ez dan wider bringen dar,
> ez wirt ganz von des wazzers trân.
> du muost des urspringes hân,
> underm velse, ê in beschine der tac.*

Sigune spricht von der Kraft der Inspiration – von der Kraft des Lebensgeistes –, denn Parzival ist sich der Tatsache noch nicht bewußt, daß er zwei Schwerter in einem in den Händen hält. Das heißt, er realisiert noch nicht, daß er beides ist: ein Ritter des Schwertes und ein Ritter des Wortes. Und das Wort-Schwert wird bald zerbrochen sein und zerbrochen bleiben, wenn er nicht erlernt, es ständig zu erneuern. Wer das geistige Wort nicht erneuern kann, dort, wo der spiritu-

---

* Beim ersten entscheidenden Schlag bleibt das Schwert unversehrt, doch beim zweiten zerspringt es. Bringst du es dann zu diesem Brunnen, so fügt es sein Wasserstrahl wieder zusammen. Du mußt aber noch vor Tagesanbruch zum Quell Lac gehen, wo er aus der Felswand springt.

elle Strom fließt, wo die helle Sonne des Tageslichtes nicht scheint, wer das geistige Wort nur in Bruchstücken durch Überlieferung empfängt, kann nicht Gralsritter werden. Zweifellos kann er zum Gral gelangen, aber er ist gezwungen, ihn wieder zu verlassen. Und dies ist es, was Parzival nun lernen muß. Er muß die über die Himmel ausgebreiteten Imaginationen deuten lernen. Er muß die Sternenschrift lesen.

Als Antwort auf Sigunes Fragen erzählt ihr Parzival, was er in der Gralsburg tatsächlich erlebt hatte und wie er dieselbe verlassen vorfand, als er am Morgen erwachte.

Er sprach: »ich hân gevrâget niht.«*

Sigune wehklagt, als sie dies hört. Sie nennt ihn entehrt und verflucht:

ir lebt, und sît an saelden tôt.**

Und nun geschieht, was jedes menschliche Wesen erfahren muß, das diesen Weg betritt und dessen Schicksal auf diese Weise zur Selbsterkenntnis führt. Die Bilder sprechen nicht mehr – das bildhafte Bewußtsein schmilzt völlig zusammen:

iren vindet nu deheinen wîs
deheine geinrede an mir.***

Seine Erfahrung muß nun zu Vergangenem zurückkehren; das ist unvermeidlich. Was er nun wiedergutzumachen hat, setzt an die Stelle des bildhaften Bewußtseins eine Abfolge von Ereignissen. Seine vergangenen Irrtümer erscheinen erneut im Karma zukünftiger Ereignisse, die unerbittlich auf

---

*     Er aber sagte: »Ich habe nicht gefragt!«
**    Zwar lebt Ihr, doch Euer Lebensglück ist tot!
***   Von nun an hört Ihr von mir kein einziges Wort mehr.

ihn zukommen. Von nun an schildert der Dichter nicht bloß innere Erfahrungen, sondern auch wirkliche Ereignisse.

Für das Schicksal des Gralssuchers ist es charakteristisch, daß er dasselbe Bild für die innere und äußere Erfahrung vor sich hat. Auf diese Art und Weise erfährt er sein eigenes Schicksal. Schritt für Schritt beschreitet er einen Weg der Buße, und nur wenn er die Bedeutung seines eigenen Schicksalsmusters begreift, wird er sein letztendliches Ziel erreichen: den Gral.

Aus diesem Grunde muß beispielsweise Parzival beim Verlassen Sigunes unmittelbar mit Jeschute zusammentreffen. In aller Unschuld hatte er es ihr gegenüber an Respekt fehlen lassen. Nun ist es unvermeidlich, daß er sie erneut trifft, um jene Fehler wiedergutzumachen, die er unwissentlich begangen hatte.

Wolfram gibt uns eine entsetzliche Beschreibung vom Erscheinen Jeschutes, wobei er darauf beharrt, daß dies das Ergebnis von Parzivals früherer Einfalt sei. Den Launen ihres Gatten ausgesetzt, reitet sie nun den armseligsten Gaul und ist in Lumpen gehüllt. Das Pferd ist so dürr und klapprig, daß seine Rippen unter der Haut sichtbar sind.

Als Jeschute Parzival erblickt, erkennt sie ihn sofort wieder. Und sie errötet vor Scham, denn er ist ein sehr schöner Mann, und sie erinnert sich ihrer früheren Begegnung mit ihm, als er sie küßte. Er versichert ihr, daß er nicht mehr die leiseste Absicht habe, sie zu beschämen, und daß er über ihre Not zutiefst betrübt sei. Sie weint und gibt ihm zu erkennen, daß er sie verlassen soll. Aber er reitet ihr nach und spricht:

> »vrouwe, nemt durch got
> ûf rehten dienst sunder spot
> an iuwern lîp mîn cursît.«*

---

\* »Edle Frau, nehmt doch um Gottes willen und als Zeichen meiner aufrichtigen Hilfsbereitschaft meinen Umhang und legt ihn um!«

Nur allzuleicht wird diese Stelle übersehen, aber es ist äußerst wichtig, daß dies nicht geschieht. Denn was nun Parzival Jeschute anbietet, ist der Purpurmantel der Gralsträgerin. Es handelt sich dabei um kein unbedeutendes Geschenk, das er ihr um die Schultern zu legen versucht. Indem der Mensch seine Schuld sühnt, muß er darauf vorbereitet sein, alles zu geben, auch dann, wenn es sich um das Höchste handelt, das er anzubieten hat. Jeschute jedoch weist das Geschenk zurück, weil sie fürchtet, daß ihr Gatte sie im Mantel eines fremden Ritters erblicken würde. Und in der Tat ist es für Parzival gut, daß dies geschieht.

Ihr Gatte Orilus reitet in einiger Entfernung vor ihr her, aber nun dreht er sich um und sieht sie zusammen sprechen. Voll Zorn wendet er und greift mit erhobener Lanze an.

Die Lanze, welche nun auf das Herz Parzivals gerichtet ist, gehörte einst dem Roten Ritter Ither von Gaheviez. Die Erwähnung dieser Tatsache könnte als ein unwesentliches Detail übersehen werden. In Wirklichkeit stellt sie eine wesentliche Facette eines tiefsinnigen Prinzips dar. Denn Parzival tötete Ither von Gaheviez mit derselben Lanze, die ihn nun bedroht. An dieser Stelle berichtet uns der Dichter über die erbarmungslose Erfüllung des Schicksals.

Parzival hatte die Frage nicht gestellt, wie er es hätte tun müssen, als der Burgherr ihm das von Trebuchet geschmiedete Schwert anbot. Und Parzival bemerkt nun, daß Orilus eine Rüstung trägt, die von demselben Trebuchet geschmiedet worden war. Was will uns Wolfram von Eschenbach mit solcher Symbolik sagen? Was ist nun gegen Parzival gerichtet? Womit muß er jetzt kämpfen? *Es ist seine eigene Schuld, die sich in einer fremden Seele widerspiegelt!*

Wolfram ist sicher, daß wir die Bedeutung dieser Symbolik nicht verfehlen werden, falls wir uns selbst auf dem Weg zum Gral befinden. Er schildert die Einzelheiten der einzigartigen Rüstung des Orilus: Eine Schlange ziert seinen Schild; ein Drache ist seine Helmzier; seine Rüstung ist zudem mit aus Gold und Edelsteinen gearbeiteten Drachen geschmückt.

Zweifellos stellt Orilus in diesem Kampf eine Art Drachengestalt dar, die sich aus allen Fehlern, die Parzival im Verlauf seines Lebens begangen hat, zusammensetzt. Es handelt sich dabei um die Erscheinung des verdichteten Karmas, das er sich selbst aufgehäuft hat. Und nun steht er ihm an einem Punkt gegenüber, bei dem es um Leben und Tod geht.

> prîs gedient hie Parzivâl,
> daz er sich alsus weren kan
> wol hundert trachen und eines man.*

Der Dichter schildert ausführlich, wie Parzival den an der Helmzier des Orilus befestigten Drachen verwundet. Denn es ist dieser Drache, der Orilus zum Gefecht antreibt, im Glauben, daß er dem Mann gegenübersteht, der seine Gattin entehrt hat. Der Kampf erreicht seinen Höhepunkt, und Parzival ist der Sieger. Er fordert nun von Orilus, er möge seiner Gattin verzeihen:

> »jâ lâze ich dich vil gerne leben,
> ob du wilt geben
> dirre vrouwen dîne hulde.«**

Aber Orilus weigert sich. Statt dessen bietet er Parzival zwei seiner Länder an, wovon eines von seinem Bruder Lähelin regiert wird. Einmal mehr spricht das Schicksal, denn es handelt sich um die beiden Reiche, die Orilus Parzival geraubt hat. Unser Held weist dieses Angebot zurück. Statt dessen fordert er, daß Orilus in die Bretagne reisen soll, wo

---

* Parzival gebührt alles Lob, daß er sich gegen einen Ritter und etwa hundert Drachen wacker verteidigte.
** »Ich lasse dich gern am Leben, aber du mußt dieser Frau wieder deine Neigung schenken!«

er auf eine Jungfrau treffen wird, die wegen Parzival gezüchtigt worden ist. Und dieser Jungfrau muß er Grüße überbringen. Falls er sich nun weigern sollte, diesem Begehren nachzukommen, muß er auf der Stelle sterben.

Parzival hat keine Ahnung, daß Cunneware die Schwester des Orilus ist. Wie gern ist Orilus einverstanden, zu ihr zu reiten! Das Schicksal ist immer gütig, wie hart es auch scheinen mag – und nun ist Versöhnung in Sicht. Parzival ist fähig gewesen, seine Fehler wiedergutzumachen. Er erwidert: »Aber zuerst will ich sehen, daß Ihr Euch mir Eurer Gemahlin versöhnt!« Und er sagt, daß er zu schwören bereit sei, daß Jeschute unschuldig ist. Orilus freut sich aufrichtig über diese Worte.

Die drei reiten nun gemeinsam zu einer Klause, die zu Arlesheim aus einem Felsen gehauen worden war, wo Parzival einen Reliquienschrein erblickt. Er weiß nicht, daß der Altarstein darunter ein Geschenk seines Vaters an den Einsiedler Trevrizent war, dessen Klause diese dürftige Unterkunft ist. Auf die Reliquie schwört Parzival, daß Jeschute unschuldig ist:

> ich was ein tôre und niht ein man,
> gewahsen niht bî witzen.
> vil weinens, dâ bî switzen
> mit jâmer dolte vil ir lîp.
> si ist benamen ein unschuldic wîp.
> dâne scheide ich ûz niht mêre:
> des sî pfant mîn saelde und êre.*

Mit diesen Worten gibt Parzival Jeschute den Ring zurück, den er ihr entwendet hatte. Gemäß Scharfenberg reitet nun

---

* Als ich das tat, war ich kein Ritter, sondern ein Narr, in dumpfer Ungewißheit aufgewachsen. Sie weinte damals aus lauter Verzweiflung heiße Tränen! Ich versichere Euch, sie ist völlig schuldlos! Dafür setze ich mein Glück und meine Ehre zum Pfande.

Orilus mit seiner versöhnten Herzogin zu König Artus und seiner Tafelrunde, um dort mit seiner Schwester Cunneware zusammenzutreffen. Er findet Cunneware einen Brunnen bewachend, und auf diesem Brunnen ist eine Schlange zu sehen, die mit ihren Klauen einen Apfel umklammert. Ein Drache schwebt über dem Brunnen, als ob er fliegen würde, er ist jedoch mit vier Stricken angebunden. Der Herzog erkennt diese Drachenfigur als dieselbe, die sein Schild ziert. Auf diese Weise erkennt er seine Schwester. Seine Gattin heißt in dieser Version ›Jeschute von Karnant‹, weil ihr Vater König Lac von Karnant war und sich der Brunnen, in dem das Wortschwert erneuert worden war, in seinem Königreich befand. Die Hüterin dieses Brunnens ist Cunneware, der Parzival nun alle Ritter schickt, die er besiegt hat. So geschieht es, daß das Geschick Jeschutes eine glückliche Wende findet.

Parzival reitet neuen Abenteuern entgegen, eine bunte Lanze mit sich tragend, die er in der Klause des Einsiedlers gefunden hatte. Es ist dies die Lanze von Troyes, die Dodines Bruder, der wilde Taurian, dort irrtümlicherweise vergessen hatte. Und sie ist es, die nun zur Ursache für Parzivals Begegnung mit den Rittern der Tafelrunde wird.

Parzival wird am Hofe König Artus' freudig willkommengeheißen. Cunneware, die Hüterin der Quelle, in der das Gralsschwert erneuert wird, ist über seine Ankunft besonders erfreut. König Artus ist gewillt, ihm all seine früheren Fehler zu verzeihen – selbst den Mord an Ither, und er ist bereit, ihn als Ritter der Tafelrunde aufzunehmen. Aber falls Parzival darauf einginge, würde er der gesamten Bedeutung seines Schicksals verlustiggehen. Er wäre nie mehr dazu fähig, zur Gralsburg zurückzukehren, und er würde nie Gralskönig werden. Aber hier vergißt ihn seine göttliche Führung nicht. Der am wenigsten erwartete Retter nähert sich.

Welch seltsames Wesen ist der Mensch! Er ist geneigt, sich dann über die harten Schicksalsschläge, denen er begegnet, zu beklagen, wenn diese eigentlich zu seinem Besten bestimmt sind. So geschieht es mit Parzival. Er hätte eigent-

lich erkennen sollen, daß sich ihm sein guter Engel nähert,
aber er konnte Cundrys Verkleidung nicht durchschauen:

hie kom von der ich sprechen wil,
ein magt gein triuwen wol gelobt,
wan daz ir zuht was vertobt.
ir maere tet vil liuten leit.
nu hoert wie diu juncvrouwe reit.
ein mûl hôch als ein kastelân,
val, und dennoch sus getân,
nassnitec unt verbrant,
als ungerschiu marc erkant.
ir zuom und ir gereite
was geworht mit arbeite,
tiure unde rîche.
ir mûl gienc volleclîche.
si was niht vrouwenlîch gevar.
wê waz solte ir komen dar?
si kom iedoch: daz muose et sîn.
Artûses her si brâhte pîn.
   der meide ir kunst des verjach,
alle sprâche sî wol sprach,
latîn, heidensch, franzoys.
si was der witze curtoys,
dîaletike und jêometrî:
ir wâren ouch die liste bî
von astronomîe.
sie hiez Cundrîe.*

---

* Hier nahte schon, von der ich erzählen will. Es war eine Jungfrau
  von rühmenswerter Treue, doch im Zorn kannte sie keine Grenzen und sollte mit ihren Worten so manchen betrüben. Hört, in
  welchem Aufzug sie herantritt: Sie saß auf einem Maulesel, hoch-
  beinig wie ein Kastilianer, dürr, schlitznasig, von Brandmalen ver-
  unstaltet, einem ungarischen Klepper gleich. Zaum und Reitzeug
  waren dagegen kunstvoll gearbeitet und kostbar, auch am Gang

Nun wird Cundry in weiteren erschreckenden Einzelheiten beschrieben. Sie trägt einen blauen Mantel und einen Hut aus Pfauenfedern. Über ihren Hut hat sie ihren Zopf geschlungen, schwarz und dick und nahezu so geschmeidig wie die Haare eines Hunderückens. Ihre Nase ähnelt ebenfalls der eines Hundes. Und zwei Hauer ragen spannenlang aus ihrem Munde. Ihre Augenbrauen sind zu langen Zöpfen geflochten. Ihre Ohren sind wie die eines Bären geformt. Die abstoßende Häßlichkeit ihres Gesichtes erregt nicht unbedingt zärtliches Verlangen. In ihrer Hand trägt sie eine aus vielen Schnüren verknotete Peitsche, deren Knauf aus einem riesigen Rubin besteht. Ihre Haut hat die Farbe eines Affen, und anstelle von Nägeln besitzt sie Löwenklauen.

Man kann diese Jungfrau kaum als schön bezeichnen; dies darum, weil sie jenes Bild verkörpert, das der Mensch in sich trägt, wenn er das Begehren nicht überwinden kann. Trotzdem stellt diese Erscheinung die Gralsbotin dar. Nur derjenige wird sich darüber wundern, der nicht begreift, wie schön das Häßliche werden kann, wenn es umgewandelt wird. Die verabscheuungswürdigste Sucht braucht nur in ihr Gegenteil umgewandelt zu werden, um sich als herrliche Kraft für das Gute zu erweisen. Dies begreift Parzival jedoch nicht. So ist er gezwungen, Cundrys ›Fluch‹ am eigenen Leib zu erfahren. Er erfaßt nicht, daß Cundry sein eigener Schicksalsgeist ist, der in dieser Gestalt erscheint, um ihn davor zu bewahren, ein Ritter der Tafelrunde zu werden. Er hört sie folgende Worte sprechen:

---

des Maultieres war nichts auszusetzen. Seine Reiterin aber war nicht gekleidet wie eine Frau von Stand. Ach was hatte sie dort zu suchen! Doch sie war nun einmal da, daran ließ sich nichts ändern, und ihre Ankunft sollte dem Heer des Artus wenig Freude bringen. Die Jungfrau war so gelehrt, daß sie alle Sprachen – Latein, Arabisch, Französisch – fehlerlos beherrschte. Auch in Dialektik, Geometrie und Astronomie war sie bewandert. Sie hieß Cundry ...

>fil li roy Utpandragûn,
dich selben und manegen Bertûn
hât dîn gewerp alhie geschant.
die besten über elliu lant
saezen hie mit werdekeit,
wan daz ein galle ir prîs versneit.
tavelrunder ist entnihtet:
der valsch hât dran gepflihtet.«*

Hinter der äußeren Bedeutung dieser Worte sagt Cundry:
»Ein Ehrloser ist hier, denn der Gral ist sein wahres
Schicksal und nicht der Becher der vergnügungssüchtigen
Ritter König Artus'. Dieser Ritter muß sich selbst aus den
Tiefen zu den Höhen erheben.« Es ist bezeichnend, daß
die Gralsburg auf dem Berggipfel steht, wo die Adler ihr
Nest bauen, während sich das Zelt Artus' in der Ebene be-
findet, im Tal nahe den Flußverbindungen. Da hört Parzi-
val, wie er verflucht wird: »Oh, Ihr falscher und treuloser
Gast!« Und nun wirft ihm Cundry seinen Mangel an Mitgefühl für die Leiden seines Gastgebers Anfortas in der Gralsburg vor:

gein der helle ir sît benant
ze himele vor der hôhsten hant:
als sît ir ûf der erden,
versinnent sich die werden.
ir heiles ban, ir saelden vluoch,
des ganzen prîses reht unruoch!
ir sît manlîcher êren schiech,

---

* »Sohn König Utepandraguns! Was du hier getan, hat dich und
alle Bretonen mit Schande bedeckt. Hier sind die berühmtesten
Edelleute aus allen Ländern versammelt, und sie säßen in Würde
und Ehre beisammen, wäre nicht ein Ehrloser unter ihnen. Das
Ansehen der Tafelrunde ist zunichte, denn Falschheit hat teil an
ihr.«

140

kein arzet mag iuch des ernern.
ich wil ûf iuwerem houbte swern,
gît mir iemen des den eit,
daz groezer valsch nie wart bereit
deheinem alsô schoenem man ....
ir sît der hellehirten spil.
gunêrter lîp, hêr Parzivâl!
ir sâht ouch vür iuch tragen den grâl,
und snîdende silber und bluotic sper.
ir vröuden letze, ir trûrens wer!*

Nun ermahnt ihn Cundry, daß er wirklich die bedeutsame
Frage hätte stellen müssen – nicht nur um Anfortas, sondern
auch um Feirefiz zu erlösen. Wenn er die Frage gestellt hätte,
sagt sie, hätte er von einer Stadt in einem weit entfernten
heißen Land namens Tabronit vernommen, die jeden
Wunsch erfüllt. Des weitern hätte er von dem schwarz-weiß
gefleckten Feirefiz aus dem Geschlechte Anschau gehört,
der die Hand der Königin des besagten Landes gewonnen
hatte.

In ihrer Funktion als Gralsbotin muß Cundry Parzival in
Erinnerung rufen, daß er einen Bruder hat; jedes menschliche Wesen hat seinen Bruder, seinen Menschenbruder. Dies
ist der strikte Grundsatz des Grals. »Wenn Ihr Euch dem

---

* Gott hat Euch schon verworfen und für die Hölle bestimmt, und
auch auf Erden wird man Euch zur Hölle wünschen, wenn die
Edelleute Euch erst durchschaut haben. Ihr Gefährder des Heils,
Fluch des Glücks, Verächter wahren Ruhms! Eure Mannesehre
schwindet, und Euer Ansehen ist so hinfällig, daß kein Arzt mehr
helfen kann. Wenn mir jemand den Eid abnimmt, so schwöre ich
auf Eurem Haupte, daß sich bei keinem Manne je so viel Schönheit und so viel Falschheit fanden wie bei Euch... Ein Spielzeug
der Teufel seid Ihr, abscheulicher Herr Parzival! Gleichgültig
saht Ihr zu, wie man den Gral, die silbernen Klingen und die blutige Lanze vor Euch trug! Ihr laßt die Freude welken und den
Jammer blühen!

141

Gral nähern wollt, sollt Ihr nicht alleine kommen, Euer Menschenbruder soll Euch begleiten. Ihr sollt nicht nur nach eigener Entwicklung streben, Ihr sollt auch um der anderen Menschen willen danach trachten. Und Ihr sollt nicht nur jene mitbringen, welche die Fähigkeit besitzen, den Gral zu schauen, die schon das weiße Gewand tragen, sondern Ihr müßt auch jene zum Gral führen, die noch schwarz-weiß erscheinen, in denen sowohl Himmel als auch Hölle ihren Teil haben. Sie können den Gral nicht schauen, aber sie vermögen den Gralsträger zu sehen – das heißt, sie können die geistigen Welten nicht wahrnehmen, aber sie können nachempfinden, wie derjenige, der diese Vision hat, sich im täglichen Leben verhält.« Somit ist Parzival ermahnt, daß der bedeutsame Punkt beim Erreichen des Grals in der eigenen Lebensführung liegt.

Ehe Parzival den Hof Artus' verläßt, muß er ein weiteres Stück Schicksal erfüllen. Durch seine Heirat mit Condwiramurs brachte er Leid über König Clamides, der die Hand Condwiramurs zu gewinnen gehofft hatte. Er muß dies ausgleichen, indem er es veranlaßt, daß nun Cunneware Clamides heiratet. Zukünftig wird er ihr keine Ritter mehr schikken, da sie einen anderen Helden geehelicht hat. Indessen, weil Parzival einen weiteren Teil seiner Schuld gesühnt hat, wird er nun auf seiner Suche nach dem Gral weitergeführt.

Ekuba von Janfuse, die Tochter der Schwester Gachmurets, erzählt nun Parzival, daß Feirefiz sein Halbbruder sei und daß sie denselben Vater haben. Diese Nachricht erweist sich als von größter Bedeutung, wenn Parzival Feirefiz im Kampf trifft und seinen Bruder nur deshalb erkennt, weil man ihm von dessen Existenz erzählt hatte. Er dankt Ekuba für diese Aufklärung und für ihre Trostversuche.

Für Parzival ist es an der Zeit, die Gemeinschaft der Tafelrunde zu verlassen. »Der Friede hat mich verlassen«, spricht er. »Ich muß den Gral wiederfinden. Wie kann ich mein Versäumnis, die Frage zu stellen, wiedergutmachen? Und was hält mich hier zurück? Ich muß fort von hier!« So reitet

Parzival davon. Gawan bedauert es, ihn fortziehen zu sehen. Er umarmt ihn zum Abschied und spricht folgende Worte:

>>ich weiz wol, vriunt, daz dîn vart
gein strîtes reise ist ungespart.
dâ geb dir got gelücke zuo,
und helfe ouch mir daz ich getuo
dir noch den dienst als ich kan gern.
des müeze mich sîn craft gewern.<<*

Da aber bricht es aus Parzival heraus, und er verleugnet Gott:

>>... wê waz ist got?
waer der gewaldes, sölhen spot
hat er uns bêden niht gegeben,
kunde got mi creften leben.
ich was im dienstes undertân,
sît ich genâden mich versan.
nu wil ich im dienst widersagen:
hât er haz, den wil ich tragen.<<**

---

* »Ich bin sicher, du wirst auf deiner Fahrt viele Kämpfe bestehen. Gott gebe dir Glück! Ich wünsche mir von ihm, er möge *mir* dank seiner Allmacht bald die Gelegenheit geben, dir nach Kräften beizustehen!«

** »Ach, wer ist Gott? Wäre er wirklich allmächtig und könnte er seine Allmacht offenbaren, so hätte er uns beiden nicht solche Schmach angetan. Ich war ihm stets ergeben und zu Diensten und ich hoffte auf seinen Lohn. Doch jetzt kündige ich ihm den Dienst! Ist er mir feind, so will ich's tragen!«

# 9
# Der Weg des Herzens

Gâwân mich die nennent.
iu dient mîn lîp und der name ...*

Diese bedeutungsvollen Worte werden von Gawan an Parzival gerichtet, als er ihn wieder zur Besinnung zurückruft, indem er die Blutstropfen auf dem Schnee mit einem Seidentuch bedeckt. Die Bedeutung dieser Zeilen sollte nicht übergangen werden. Sie stellt nämlich einen wesentlichen Schlüssel zum Verständnis des gesamten Epos dar. Wolfram von Eschenbach erklärt ausdrücklich, daß Gawan seinen eigenen Namen Parzival zur Verfügung stellt. Von diesem Augenblick an müssen wir uns stets gewahr sein, daß sich hinter den Abenteuern Gawans – die beiden langen Gawan-Episoden im Gedicht – Parzival selbst verbirgt. Weil Parzival von Zweifel und Dunkelheit beherrscht wird, weiß er noch nichts von seiner wahren Beziehung zu Gawan – daß Gawan einen Teil seiner selbst darstellt und daß er durch innere Erfahrung verwirklichen muß, was ihm von außen durch Gawan begegnet.

Hier stoßen wir auf eine verborgene Beziehung zwischen Parzival, Gawan und Feirefiz, die eines der großen Geheimnisse dieses mittelalterlichen Meisterwerkes darstellt. Es wird uns nicht möglich sein, dieses Rätsel zu lösen, außer wir rufen uns genau in Erinnerung, über wen das Epos geschrieben worden ist und wie die Zeitabschnitte ausgesehen

---

* Wer mich kennt, nennt mich Gawan. Ihr könnt über mich verfügen ...

haben, in denen diese Menschen lebten. Ich habe bereits in einer kurzen Beschreibung den historischen Hintergrund des Epos umrissen und dargelegt, daß die der Wirklichkeit entsprechenden Personen hinter den rätselhaften Rittern im 9. Jahrhundert gelebt hatten. Und es war im 9. Jahrhundert – 869 n. Chr., um genau zu sein –, als das achte ökumenische Kirchenkonzil stattfand, auf welchem die ursprüngliche Entelechie des Menschen – Geist, Seele und Leib – verneint worden ist. Als Papst Nikolaus das Dekret erließ, daß der Mensch aus Seele und Leib bestehe, verwies er den individuellen menschlichen Geist auf die niedrigere Stufe einer intellektuellen Eigenschaft der Seele. Mit diesem Tun verweigerte er zukünftigen Generationen den Zugang zur Erkenntnis höherer Bewußtseinsstufen sowie zu weiteren Dimensionen der Zeit. Das heißt, der menschliche Geist, der den Menschen zum Erkennen des Geistes im Universum führt, wurde völlig abgetan. In Wolfram von Eschenbachs *Parzival* wird nochmals die ursprüngliche Dreieinigkeit von Geist, Seele und Leib beteuert, die von der römischen Kirche nunmehr als Häresie bezeichnet wurde. Doch Wolfram tut dies auf so versteckte Art, daß er den Zorn der Inquisition nicht herausforderte.

Parzival, Gawan und Feirefiz verkörpern die ursprüngliche Entelechie des Menschen: *der denkende Geist, die fühlende Seele und der dem Willen zugeordnete Leib.* Sie stellen eine menschliche Trinität dar – drei in einem und einer in dreien. Sie leben getrennt auf Erden, aber sie entsprechen insgeheim der Offenbarung eines einzigen Organismus – das heißt, sie sind in den geistigen Welten als unteilbare Einheit vorhanden.

Parzival muß somit sein Denken entpersonalisieren und objektivieren, auf daß es zum Träger des Heiligen Geistes werde. Gawan hat sein Herz zu läutern, damit Christus darin einziehen kann. Feirefiz muß die Kräfte seines Willens zügeln und jede seiner Taten in den Dienst Gottes des Vaters stellen.

Parzival obliegt die Aufgabe, Begierde in Wunsch umzuwandeln, um die Fähigkeit der imaginativen Wahrnehmung zu entfalten – jenes bildhafte Bewußtsein des Geistes selbst, das die himmlischen Hierarchien in die Form der menschlichen Vision einkleiden. Gawan muß sein Grundverhalten zu einem reinen und stets wachsamen Vorhaben umgestalten, um jene Inspiration zu bewirken, durch welche das Geistleben der Hierarchien und deren Verbindungen zum Menschen enthüllt werden. Feirefiz hat die Schlußaufgabe, den Instinkt in einen echten Entschluß umzuwandeln, um die Kraft der Intuition zu erreichen – die Liebe, durch welche der spirituelle Mensch an der Einheit des Kosmos teilhaben kann und durch die er sich selbst eins mit der gesamten Schöpfung weiß.

Zwei Szenen finden in schneller Folge am Hofe der Tafelrunde statt; beide sind hinsichtlich der Begegnung zwischen Parzival und Gawan äußerst aufschlußreich. Die erste dieser bedeutsamen Szenen spielt sich zwischen der Gralsbotin Cundry und Parzival ab – die andere zwischen dem Boten eines völlig anderen Königreiches und Gawan. Beide, Gawan und Parzival, werden verflucht, weil ihr persönliches Schicksal so eng miteinander verbunden ist. Wir haben bereits ausführlich vom Fluch der Cundry gehört. Nun wollen wir die Geschichte vom Gesichtspunkt Gawans aus betrachten:

> Cundrîe was ir trûrens wer.
> diu reit enwec: nu reit dort her
> ein ritter, der truoc hôhen muot.*

Der Dichter ermahnt uns ausdrücklich, der Verbindung zwischen Cundry und dem obenerwähnten Ritter größte Aufmerksamkeit zu schenken. Als Cundry davonreitet, nähert

---

\* Cundry, die Ursache dieses Kummers, war kaum davongeritten, als ein stolzer Ritter nahte.

sich der Ritter. Sein Name lautet Kingrimursel. Er erzählt, daß sein Herr Kingrisin von Gawan unter dem Vorwand, daß dieser ihn begrüßen wolle, heimtückisch erschlagen worden sei. Daher fordert er Gawan nun zum Zweikampf heraus. Er verlangt, daß ihm dieser in vierzig Tagen vor dem König von Ascalun in der Hauptstadt von Schanpfanzun gegenübertrete. Er behauptet, daß die Tafelrunde entehrt sei, weil ein treuloser Ritter an ihr Platz gefunden habe.

Parzivals seelische Aufgabe besteht darin anzuerkennen, daß die abscheuliche Erscheinung der Gralsbotin durch seine eigene Unvollkommenheit hervorgerufen worden ist. Er muß das Äußere auf das Innere übertragen lernen. Gawans Weg entspricht genau dem Gegenteil. Er muß sich nicht – wie Parzival – äußerlich in einem anderen wahrnehmen. Aber die Taten der anderen werden ihm stets als Bürde auferlegt, und er hat zu lernen, damit zu leben.

Zu einem viel späteren Zeitpunkt erfahren wir, daß Gawan am Meuchelmord des Kingrisin keine Schuld trägt; der schuldige Teil ist ein gewisser Echkunacht. Dieser war vorher im Rahmen der Erzählung als jener Mann in Erscheinung getreten, der seiner Geliebten den Hund Gardevias als ›lebenden Brief‹ gesandt hatte. Echkunacht ist der Bruder von Mahoude, der Mutter Schionatulanders. Folglich ist er mit jener Gestalt verwandt, der wir bereits eine unmittelbare Verbindung mit der Sternenschrift zugeschrieben haben.

Wir werden nun noch klarer sehen können, wie die beiden Schicksale Parzivals und Gawans eine wunderbare Ähnlichkeit aufweisen und dennoch völlig verschieden sind. Desgleichen werden wir eingehend darüber berichten, wie Parzival, der dem Pfad der Erkenntnis folgt, durch furchtbare Zweifel geführt wird. Aber Gawan begibt sich nicht auf den Weg der Erkenntnis; *er wählt den Weg des Herzens.* Er wird kein Zweifler, sondern zum Objekt des Zweifels selbst: er wird verleumdet. Und was wir nun erfahren – die falsche Beschuldigung Gawans – ist nur die erste einer langen Reihe

147

von Anklagen, die unaufhörlich gegen Gawan erhoben werden.

Der Dichter beschreibt in den Persönlichkeiten Parzivals und Gawans zwei genau entgegengesetzte Seiten menschlicher Charaktere. Wer sich auf die Suche nach dem Gral begibt, wird die Entdeckung selbst machen. Es ist nicht möglich, den Weg der Erkenntnis einseitig zu beschreiten. Es reicht nicht aus, bloß in die Gralsburg Munsalwäsche einzudringen: Man muß auch den Weg des Herzens gehen, so wie Gawan es tut. Das heißt, daß außerdem noch die Abenteuer in der Zauberburg zu bestehen sind. Wir werden verstehen, wie später beim gegenseitigen Kampf von Parzival und Gawan jeder das Gefühl hat, mit sich selbst gekämpft zu haben.

Parzival durchläuft drei Stadien: Dumpfheit, Zweifel und Glückseligkeit. Nun eröffnet sich ihm die Erfahrung der zweiten Stufe. Das Epos begann im Zeichen der Zwillinge. Parzival hat sämtliche Tierkreiszeichen in einem Zustand der Dumpfheit durchschritten. Nun, wo der Zweifel seine Seele gefangennimmt, steht das Epos wiederum im Zeichen der Zwillinge. Ein zweites Mal betritt Parzival den Weg des Sonnenhelden – nun auf einer höheren Stufe und mit Zweifel im Herzen.

Nicht mehr einer, sondern zwei Helden stehen uns nunmehr gegenüber. Zwei Helden – Parzival und Gawan –, die von zwei wesentlichen Seiten des menschlichen Charakters zeugen. Das Epos wird vollständig sein, wenn sich ihnen noch ein dritter zugesellt – Feirefiz.

Parzival reitet mit Entsagung, Kummer und Zweifel im Herzen davon, und diese fest verwurzelten Gefühle begleiten ihn während seiner Abenteuer. Gleichwohl sagt der Dichter zu dieser Szene etwas sehr Bedeutsames:

hin reit Gahmuretes kint.
swaz âventiure gesprochen sint,
die endarf hie niemen mezzen zuo,
irn hoert alrêrst waz er nu tuo,

war er kêre und war er var.
swer den lîp gein ritterschefte spar,
der endenk die wîle niht an in ...*

Der Dichter will mit diesen Zeilen sagen: Derjenige, der das Epos oberflächlich liest, mag denken, daß das, was nun berichtet wird, nicht viel mit Parzival zu tun habe. Wer mit einem tieferen Verständnis liest, wird indes entdecken, daß sich die sogenannte Gawan-Episode auch mit Parzival befaßt.

Wolfram erzählt uns, was für eine Art Pferd Gawan reitet, als er zu seinen Abenteuern aufbricht. Es handelt sich um kein unwichtiges Detail, sondern um etwas, das wir näher betrachten müssen. Die Pferde, wie sie von Parzival und Gawan geritten werden, dienen als Schlüssel zu gewissen Seelenkräften und deren Austausch zwischen den beiden Helden. Gawan, so wird uns berichtet, reitet ein Gralspferd. Lähelin hatte es am See Brumbane erbeutet – es gehörte offenbar einem Gralsritter, den er erschlagen hatte. Dieses Pferd hat rote Ohren, und sein Name ist Gringuljete. Gawan besitzt zahlreiche Pferde, doch ist uns nur noch der Name eines anderen bekannt: Ingliart mit den kurzen Ohren. Es ist Ingliart, das später Gawan davonläuft und Parzivals Pferd wird. Gringuljete jedoch, das Pferd, welches Gawan in diesem Abenteuer reitet, hat ebenfalls ein besonderes Schicksal. Wir werden sehen, wie Gawan es verliert und wie Gringuljete genau zum richtigen Zeitpunkt zu ihm zurückkehrt.

Für Gawan beginnt nun ein Abenteuer, in dessen Verlauf er an der Abwehr der Belagerung von Bearosche teilnimmt. Bearosche ist eine Festung, die im Rahmen des Epos das menschliche Herz versinnbildlicht.

---

* Dann ritt Gachmurets Sohn davon. Was bisher von wunderbaren Abenteuern berichtet wurde, ist mit dem Folgenden nicht zu vergleichen. Hört erst einmal, was für Taten er vollbringt, wohin ihn seine Reise überall führt! Wer allerdings von Rittertaten nicht viel hält, soll seine Gedanken auf andere Dinge richten ...

Wir beschrieben im ersten Kapitel, wie sich hinter der Schlacht von Patelamunt das Vorhandensein eines mit den Schilddrüsen verbundenen *Chakras* verbirgt und wie dieses Zentrum durch Meisterung der Disziplinen des achtfachen Pfades entwickelt wird. Die Belagerung von Bearosche versinnbildlicht das Vorhandensein und die Entwicklung einer zwölfblättrigen, mit der Thymusdrüse verbundenen Lotusblume, deren Erfüllung im Erreichen von sechs – durch Blütenblätter symbolisierte – Eigenschaften liegt. Die anderen sechs Blütenblätter haben ihren Ursprung in den atavistischen Kräften, die sich von alleine zu regen beginnen.

Während sich der achtfache Pfad mit der *Überwachung* des Geistes (Mind) befaßt, betreffen die hier erforderlichen Eigenschaften dessen sechsfache *Anordnung*. Das heißt, die ersten drei Eigenschaften werden durch richtige Abfolge erlangt – richtige Folge der Gedanken, richtige Folge der Worte, richtige Folge der Taten. Das Ordnen der Geisteshaltung an und für sich ist hier wichtiger als die Methode. Die anderen drei Eigenschaften betreffen ganz bestimmte Geisteshaltungen: Die Erlangung echter *Unparteilichkeit;* das stufenweise Entwickeln wahrer *Toleranz;* die Erlangung vollkommenen *Gleichmuts* der Seele.

Indessen steht dieses besondere *Chakra* nicht allein. Es stellt einen wesentlichen Teil des vierfachen spirituellen Organes dar, das unmittelbar mit dem Herzen verbunden ist (siehe Darstellung). Außer deren Unabdingbarkeit zur vollständigen Entfaltung dieses *Chakras* obliegt den anderen drei Eigenschaften zur Bildung dieses vierfachen Herzzentrums folgende Aufgabe: Unterscheidung zwischen der vernunftmäßigen Wirklichkeit und Unwirklichkeit; Unterscheidung zwischen Ewigkeit und Vergänglichkeit und eine alles überragende Liebe zur inneren Freiheit.

Gawan, der zu diesem Abenteuer ausreitet, trifft auf ein Heer. König Meljanz von Liz führt dieses Heer gegen Lippaut, seinen Vasallen, an, der für viele Jahre sein Erzieher und Vormund gewesen war. Sie sind unterwegs zur Belage-

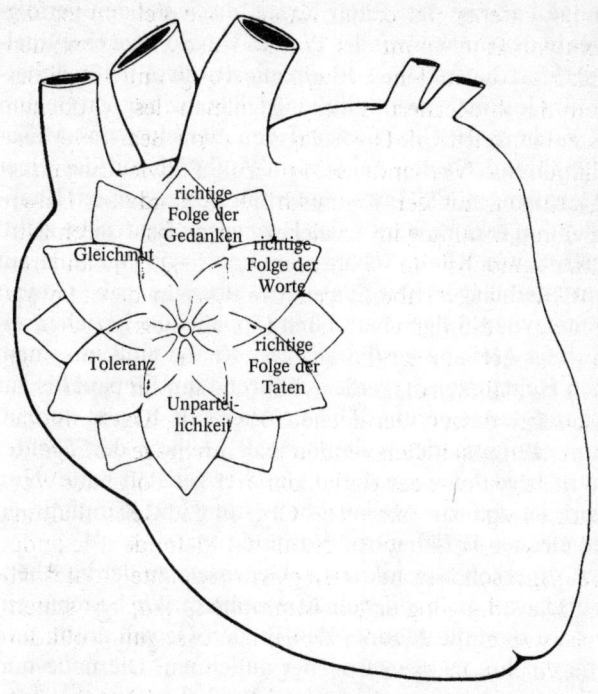

richtige
Folge der
Gedanken

Gleichmut

richtige
Folge der
Worte

richtige
Folge der
Taten

Toleranz

Unpartei-
lichkeit

rung der Festung Bearosche. Lippauts Tochter, die schöne
Obie, hat Meljanz ihre Liebe verweigert. Eigentlich liebt sie
ihn, doch widersetzt sie sich einer Ehe mit ihm, denn er hält
um ihre Hand an, weil sie die Tochter seines Vasallen ist. In
dieser Hinsicht schätzt Obie ihre Freiheit höher als die allgemein gebilligte Tradition, wonach die Vasallen ihre Töchter
ihren Lehnsherrn auf Wunsch zu übergeben haben.

Neben König Meljanz reitet König Poydiconjunz von
Gors, der Vater eines Ritters namens Meljakanz. Meljakanz
ist nicht neu in dieser Geschichte. Er wird ganz am Anfang
dieses Epos erwähnt. Wir fassen kurz zusammen, was vor
der Gawan-Episode – allerdings auf einer anderen Bewußtseinsstufe – vorgefallen ist. Der Leser wird sich erinnern, wie

151

der junge Parzival drei Ritter antraf, die jemanden verfolgten, der in der Einsamkeit des Waldes von Soltane eine Edelfrau entführt hatte. Diese Ritter, die Parzival irrtümlicherweise für Gott hielt, waren hinter Meljakanz her. Zu Beginn der Erzählung trifft Parzival auf den Verfolger des Meljakanz, während Gawan bei seinem Aufbruch auf das Heer von Meljakanz stößt. Gawan unterhält sich mit einem Knappen, der ihm erklärt, warum das Heer gegen Bearosche zieht. Er erfährt, wie König Schaut, der Vater von Meljanz, auf seinem Sterbelager bestimmte Anweisungen gab. Gawan vernimmt, wie König Schaut Fürst Lippaut zum Erzieher seines Sohnes Meljanz bestimmte. Der Knabe muß in seinem eigenen Heim erzogen werden, während ihn Lippaut bis zur Erlangung des regierungsfähigen Alters als Regent vertritt. Gawan vernimmt des weiteren, daß Meljanz der Tochter Lippauts begegnete, um deren Hand er gebeten hatte. Nun belagert der erzürnte Meljanz die Festung und kämpft gegen seinen eigenen Erzieher und Vormund.

Wir bemerken hier sofort den Gegensatz zu der im Abenteuer Parzivals vorhandenen Atmosphäre. Wir betreten ein Gebiet, in dem die Männer den Frauen Gewalt antun und sich gegen ihre eigenen Erzieher auflehnen. Die neue und seltsame Stimmung weist darauf hin, daß wir uns – wenn auch langsam – der Zauberburg nähern. Und Gawan wird deutlich zur Prüfung in dieses Gebiet geführt, auf daß er beweise, ob er dieselbe rein und edel durchstehen kann. Gawan reitet mitten durch das Heer und auf die belagerte Festung Bearosche zu, um die dort herrschenden Verhältnisse selber zu erkunden. Es scheint, daß in diesem Falle das moralische Recht klar auf ihrer Seite liegt, doch will er die Sache selbst in Augenschein nehmen, ehe er entscheidet, für welchen Teil er sich einsetzen solle. Somit reitet Gawan auf die befestigte Stadt zu:

er dâhte »sol ich kipper wesen,
ich mac vor vlüste baz genesen

dort in der stat dan hie bî in.
ichne kêr mich an dehein gewin,
wan wie ich daz mîn behalde
sô deis gelücke walde.«*

In gewisser Weise denkt Gawan wie ein Kaufmann an Gewinn und Verlust. Doch unterscheidet er sich von diesem,
wenn er ausdrücklich erwähnt, daß er nicht nach Gewinn
trachte. Über ihm, auf den Festungsmauern der Burg, stehen
die beiden Töchter Lippauts. Die ältere heißt Obie, während
die jüngere, die noch ein Kind ist, Obilot genannt wird.

Obie spricht zu ihrer Mutter: »Schau, Mutter, hier kommt
ein Kaufmann!« Das stimmt natürlich nicht. Gawan ist kein
Kaufmann, er ist ein Ritter. Dennoch enthält ihre Aussage
etwas Wahres, denn Gawan hat tatsächlich an Gewinn und
Verlust gedacht. Aber selbst in dieser Beziehung war er kein
Kaufmann, weil er keinen Gewinn begehrte. Aber so ist es
mit allen Verleumdungen – obwohl sie zunächst auf Un-
wahrheit beruhen, ist dennoch etwas in der Seele des Ver-
leumders damit verbunden. Und das ist genau jene Erfahrung, die Gawan im Bearosche-Abenteuer machen muß.

Die jüngere Tochter Obilot rühmt Gawan:

»... er gewan nie koufmannes namen.
er ist sô minneclîch getân,
ich will in ze eime ritter hân ...«**

Die ältere Tochter jedoch bringt stets neue Verleumdungen
vor.

---

\* Gawan dachte bei sich: »Kann ich nur Zuschauer sein, dann bin
ich in der Stadt vor Schaden sicherer als draußen. Um Beute ist's
mir nicht zu tun, doch wenn's das Glück will, möchte ich wenigstens das Meinige behalten.«

\*\* »... Das ist kein Kaufmann! Er sieht vielmehr so herrlich aus, daß
ich ihn zu meinem Ritter machen werde ...«

»... sin vuore ist mir unmaere.
dort sitzt ein wehselaere:
des market muoz hie werden guot.
sîn soumschrîn sint sô behuot,
dîns ritters, toerschiu swester mîn:
er will ir selbe goumel sîn.«*

Gawan, der sich auf seinem Streitroß am Fuße der Festungsmauern befindet, muß diese Worte wohl oder übel vernehmen. Der Dichter erzählt uns nun, wie es um die Stadt steht,
in der alle Vorbereitungen getroffen werden, sich der Belagerung zu widersetzen. Dann aber wendet sich seine Aufmerksamkeit erneut Obie zu, die einen Boten zu dem Burggrafen
Scherules gesandt hatte, um ihm mitzuteilen, daß ein betrü-
gerischer Kaufmann die Stadt betreten habe:

»ich sol vor triegn uns bewarn«,
sprach Scherules, »ich wil dar varn.«**

Als Scherules auf Gawan trifft, ist er von dessen Erscheinung und leuchtendem Antlitz entzückt, und aufgrund seiner moralischen Einschätzung kommt er zur Entscheidung,
daß Gawan nicht bloß ein guter Mensch, sondern eine au-
ßergewöhnliche Persönlichkeit sei. »Herr«, spricht er, »es
war falsch, Euch nicht schon längst mit Ehren empfangen
zu haben.« Obie jedoch ist immer noch nicht zufriedenge-
stellt, und sie überzeugt ihren Vater, daß da ein Falschmün-
zer, ein Betrüger in der Stadt sei. Der Dichter sagt uns ausdrücklich:

---

* »... Mir ist es gleichgültig, wie er auftritt! Dort unten hockt jeden-
falls ein Krämer, und er wird hier sicher gute Geschäfte machen!
Die Saumlasten deines Ritters, du närrische Schwester, sind je-
denfalls gut bewacht, denn er spielt selbst den Aufpasser!«
** »Es ist meine Pflicht, Betrügereien zu unterbinden«, sprach
Scherules, »und so will ich mich an Ort und Stelle begeben.«

unschuldec was hêr Gâwân:
ezen hete niht wan diu ors getân,
und ander daz er vourte.*

Wir erkennen nun, daß Obies Verleumdung das Erbeuten
von Gawans Besitztümern bezweckt. Zunächst scheint dies
eine unwahrscheinliche Situation zu sein, da Obie aus einer
reichen Familie stammt und gewiß über genügend Pferde
verfügt. Aber wir dürfen nicht vergessen, daß Gawan ein
Gralspferd reitet und daß alle Verleumdungen darauf gerichtet sind, dasselbe zu erbeuten. Scherules jedoch verneint die
verleumderischen Worte und erwidert:

»... hêrre, ir sît betrogen:
swerz iu saget, er hât gelogen,
ez sî maget, man oder wîp ...«**

Somit bekommen wir ein Bild von der Art der Prüfungen,
die Gawan überstehen muß. Obilot bittet Gawan, in ihrem
Namen auf der Seite der Belagerten zu kämpfen. Gawan antwortet, daß er darüber nachdenken müsse. Als sie ihn ein
zweites Mal bittet, erwidert Gawan, daß er später mit ihr
darüber sprechen werde. Jedoch nach dem dritten Ersuchen
Obilots willigt Gawan ein, in ihrem Namen zu kämpfen. An
dieser Stelle ist die Abfolge des Gedankens, des Wortes und
der Tat wichtig. Gawan spricht nun:

»... doch lât mich dienst unde sinne
kêren gegen iuwerre minne:
ê daz ir minne megt gegeben,
ir müezet vünf jâr ê leben:

---

* Herr Gawan war natürlich unschuldig. Nur seine Pferde und
Saumlasten hatten ihn in diesen Verdacht gebracht.
** »... Herr, man hat Euch betrogen. Wer das behauptet – Frau,
Jungfrau oder Mann –, hat gelogen.«

deist iuwerre minne zît ein zal.«
nu dâhte er des, wie Parzivâl
wîben bez getrûwet dan gote:
sîn bevelhen dirre magde bote
was Gâwân in daz herze sîn.
dô lobte er dem vröuwelîn,
er wolde durch si wâpen tragen.*

Einst, als Parzival Gott abschwor, wandte er sich mit folgenden Worten an Gawan:

»… vriunt, an dînes kampfes zît
dâ neme ein wîp vür dich den strît:
diu müeze ziehen dîne hant;
an der du kiusche hâst bekant
unt wîplîche güete:
ir minne dich dâ behüete …«**

Während Gawan zwischen den ewigen und den vergängli-
chen Werken unterscheidet, wirken Parzivals Worte als Inspiration auf sein Gewissen. Er beschließt, Obilots Ritter zu
werden. Und nun erhebt sich die Frage, welches Pfand die
kleine Obilot Gawan geben soll, denn sie ist immer noch in
einem Alter, in dem sie mit ihren Puppen spielt. An dieser

---

* »… Doch wollte ich auch mit Ritterdienst und allen Gedanken
nach Eurer Liebe streben, so müßtet Ihr erst fünf Jahre älter werden, ehe Ihr sie verschenken könnt. Die Rechnung mit dem Lie-
beslohn geht also nicht auf.« In diesem Augenblick fiel ihm ein,
daß Parzival den Frauen mehr vertraute als Gott, und die Erinnerung daran wurde zum Boten des Mädchens, der den Weg zu
Gawans Herz fand. Er versprach also dem Edelfräulein, ihretwe-
gen die Rüstung anzulegen.

** »… Freund, ziehst du in den Kampf, vertraue nicht auf Gott! Ver-
traue lieber auf eine Frau, wenn du ihrer Reinheit und fraulichen
Güte sicher bist. Ihre Liebe sei dein Schutz und Schirm im
Kampf! …«

Stelle läßt der Dichter folgende bemerkenswerte Zeilen ein-
fließen:

> der vürste Lippaut kom geriten
> an dem berge enmitten.
> Obylôt und Clauditten
> sach er vor im ûf hin gên:
> er bat si bêde stille stên.*

Clauditte, des Burggrafen Tochter, begleitet Obilot. Ist es nur
ein Zufall, daß Clauditte denselben Namen wie die Geliebte
Echkunachts trägt, für dessen böse Tat – den Mord an Kingrisin – Gawan zur Rechenschaft gezogen wird? Obilot berichtet nun ihrem Vater, daß Gawan für sie kämpfen wird,
und sie sendet ihm einen Ärmel ihres Kleides als Pfand und
Kennzeichen für seinen Schild.

Nun bringt Wolfram von Eschenbach mit gewohnter Ge-
nialität etwas ganz Bemerkenswertes in die Dichtung. Ein
unbezwingbarer mutiger Held taucht mitten im Belagerungsheer von Bearosche auf, und wo immer er kämpft, ist ihm
der Sieg gewiß:

> den burgaern mange tjost dâ bôt
> ein ritter allenthalben rôt:
> der hiez der ungenante,
> wande in niemen dâ bekante.**

Und der Dichter setzt seine Erzählung fort:

---

* Auf halber Höhe des Burgberges kam Fürst Lippaut geritten. Er
  sah, wie Obilot und Clauditte vor ihm bergan stiegen und hielt sie
  an.
** Wiederholt hatte sie ein Ritter in roter Rüstung angegriffen, und
  da ihn niemand kannte, sprach man von ihm als dem »Unge-
  nannten«.

inrehalp wart ez dâ guot getân
durch die jungen Obilôt,
und ûzerhalb ein ritter rôt,
die zwêne behielten dâ den prîs,
vür si niemen keinen wîs.*

Wie leicht hätte es geschehen können, daß Parzival und Gawan, ohne sich zu erkennen, gegeneinander kämpften. Doch
das Schicksal verhütete dies. Es ist sehr seltsam, daß der
Rote Ritter im äußeren Heer auf der Seite der Übeltäter
kämpft, während Gawan aus sittlichem Entschluß für das
innere Heer streitet. Obgleich Gawan durch seinen Dienst
am Kinde Obilot mit der inneren Armee verbunden ist, hat
er dies als Ergebnis einer prophetischen Inspiration Parzivals getan. So sehen wir, daß Parzival den Ritter bekämpft,
den er selbst in diese mißliche Lage gebracht hat. Später
müssen wir für diesen bemerkenswerten Umstand eine Erklärung suchen.

Parzival seinerseits vollbringt große Taten. Er macht viele
Gefangene und sendet sie in die Stadt zurück, um sie gegen
Gawans Gefangenen, Meljanz, auszutauschen. Parzival erklärt seinen Gefangenen die Bedingungen, unter denen er
sie vor dem Tode bewahren will:

Meljanzen er si loesen bat,
oder daz sie erwurben im den grâl.
sine kunden im ze keinem mâl
niht gesagen wâ der was,
wan sîn pflaege ein künec hiez Anfortas.
dô diu rede von in geschach,
der rôte ritter aber sprach

---

* Im Heer der Belagerten hatte sich Gawan im Dienst der jungen
  Obilot besonders ausgezeichnet, im Belagerungsheer traf dies auf
  den Roten Ritter zu. Beide hatten höchsten, unübertrefflichen
  Heldenruhm errungen.

»ob mîner bete niht ergêt,
sô vart dâ Pelrapeire stêt.
bringt der künigîn iuwer sicherheit ...«*

Parzival sendet die von ihm besiegten Ritter nicht länger
Cunneware, sondern Condwiramurs. Er befiehlt ihnen aus-
zurichten, daß er sich heftigen Kummer um den Gral mache,
gleichzeitig aber nach Condwiramurs Liebe verlange. Als die
Ritter davonreiten, um Parzivals Auftrag zu erfüllen, ruft er
einen Knappen herbei und sagt ihm: »Ich wünsche keine
Beute aus dieser Schlacht. Doch benötige ich etwas – und
zwar ein Pferd, denn das meinige ist verwundet.« Er erhält
jenes Pferd, das Gawan davongelaufen war – Ingliart mit den
kurzen Ohren. Somit reitet nun Parzival Gawans Roß. Andererseits wird Gawan dazu geführt, den Gral für Parzival zu
suchen. Die Helden tauschen bestimmte Kräfte aus, die sowohl in dem Pferd als auch in der Aufgabe versinnbildlicht
werden. Gawan hat Parzival jene Kraft des mitfühlenden
Herzens zu geben, die das Denken erwärmt und die Zweifel
des kalten Intellekts zerstreut. Der denkende Geist jedoch
kann niemals dem Herzen untergeordnet werden, da dies zu
einer verschwommenen Form von Mystizismus führen würde. Es ist das Denken und das Wahrnehmungsvermögen des
Menschen, welche die Bewußtheit erzeugen, aus der die Gefühle hervorgehen.

Gawan überreicht Clauditte den von seinem Schild gelö-
sten Ärmel, den sie Obilot zurückgeben wird. Und jetzt erhält Gawan von den in der Stadt eintreffenden Gefangenen

---

* Danach sollten sie entweder Meljanz auslösen oder für ihn den
Gral erringen. Niemand konnte ihm aber sagen, wo er zu finden
sei; nur soviel wüßten sie, daß ihn ein König Anfortas behüte.
Nach dieser Erklärung nahm der Rote Ritter erneut das Wort:
»Gut, wird meine Forderung in der Stadt nicht erfüllt, dann zieht
nach Pelrapeire, leistet vor der Königin des Landes Euer
Unterwerfungsgelöbnis ...«

Nachricht vom Roten Ritter. Er vernimmt, daß dieser Ritter um Hilfe auf der Suche nach dem Gral gebeten hatte. So erkennt Gawan, daß der Rote Ritter Parzival ist:

> sîn nîgen er gein himel gap,
> daz got ir strîtes gegenniet
> des tages von ein ander schiet.
> des was ir helendiu zuht ein pfant,
> daz ir neweder wart genant.
> sine erkande ouch niemen dâ:
> daz tet man aber anderswâ.*

Gawan sendet seinen Gefangenen, König Meljanz, zur kleinen Obilot. Diese wiederum schickt ihn zu ihrer älteren Schwester Obie. Und auf solche Weise findet der Streit ein Ende, nachdem sich Obie und Meljanz versöhnt haben:

> dâ meistert Vrou Minne
> mit ir crefteclîchem sinne,
> und herzenlîchiu triuwe,
> der zweier liebe al niuwe.**

Obilot ist untröstlich, als Gawan ihr erklärt, daß er fortreiten müsse. Sie bittet ihn, sie mitzunehmen:

> Obilôt des weinde vil:
> si sprach »nu vüert mich mit iu hin«.
> dô wart der jungen süezen magt

---

* Er dankte dem Himmel, daß Gott an diesem Tag einen Kampf zwischen ihm und Parzival verhindert hatte. Da sich beide, Parzival und Gawan, in edler Bescheidenheit nicht zu erkennen gegeben hatten, blieben sie unbekannt, wenngleich sie andernorts bekannt genug waren.

** Da zeigte Frau Liebe ihre Macht und ihre Herzenstreue: sie ließ das Liebesglück der beiden neu erblühen.

diu bete von Gâwâne versagt:
ir mouter si kûm von im gebrach.*

Dieses Gawan-Abenteuer scheint voller Rätsel zu sein, bis wir erkennen, daß es sich dabei um den Bereich des menschlichen Herzens handelt. Im Herzen findet der Kampf zwischen Licht und Finsternis statt. Ebenfalls im Herzen gebietet die Liebe, ob die menschliche Seele dem Guten oder dem Bösen dienen soll.

Zwei Heere liegen im Streit, denn bis Gleichmut erreicht ist, dauert der Konflikt im menschlichen Herzen an – die Gegenüberstellung von Gewissen und moralischer Verblendung.

Gawan tritt dem inneren Heer bei, das für Wahrheit, Gerechtigkeit und Tugend kämpft. Aber überraschenderweise verbindet sich Parzival mit dem äußeren Heer, wo Illusion, Ungerechtigkeit und Unbill vorherrschen. Die Frage, die es zu beantworten gilt, lautet: Warum kämpft Parzival auf der falschen Seite? An erster Stelle muß es mit der Tatsache zu tun haben, daß Parzival die Welt der Begierde erfahren muß; doch er hat einen anderen Weg als Gawan zu wählen.

Gawan ist immer noch ein Ritter des Schwertes – ein Artusritter –, und er wird dies bleiben, bis er die Aufgabe Parzivals übernimmt und in der Zauberburg nach dem Gral sucht. Folglich steht Gawan dem Bösen gegenüber und muß dagegen kämpfen. Er darf sich nicht mit dem Bösen verbünden und bringt es sicherlich nicht übers Herz, auf der Seite des Bösen zu stehen. Er kann das Gute lediglich durch eine direkte Gegenüberstellung mit dessen Widersacher erreichen. Parzival hingegen hat den schwersten Weg zu nehmen; er muß sich mit dem Bösen auf manichäische Art und Weise verbinden.

---

* Laut weinend rief Obilot: »So nehmt mich doch mit!« Gawan mußte dem lieblichen Mädchen diese Bitte natürlich abschlagen, doch ihre Mutter konnte sie kaum von ihm losreißen.

Mani, der große christliche Adept des dritten Jahrhunderts n. Chr., lehrte, daß es zwei Wege gäbe, durch die man das Böse überwinden könne. Man kann es durch äußerliches Ringen bekämpfen. Oder es kann überwunden werden, indem man ihm das Gute zu verschlingen gestattet, auf daß dieses sein Licht in der Dunkelheit entfalte und das Böse von innen her erleuchte. Dies bildet das Motiv des wahren Manichäismus. Wenn wir uns mit dem physischen Kampf gegen das Böse zu verbinden trachten, können wir dies bloß mittels des Bösen tun. Falls wir – wie auch immer – zulassen, daß die Welt des Lichts durch die Welt der Finsternis verschlungen wird, erfährt der Drache der Finsternis Erleuchtung und Wandlung durch das Wiederentflammen des Lichts in ihm. Dies scheint der Weg Parzivals im Bearosche-Abenteuer zu sein, und das Verhalten Gawans bestätigt es. Wenn er sich entscheidet, für das innere Heer zu kämpfen, ist er durch die prophetischen Worte Parzivals inspiriert, die zur Findung der moralischen Wirklichkeit aufrufen. Die Prüfung Gawans besteht in der Wahl, ob er dem inspirierten Ratschlag Parzivals Gehör schenken will oder ob er sich von äußeren Erscheinungen motivieren läßt – von denselben Erscheinungen, die Parzival auf die Gegenseite verwiesen hatten. Diese Prüfung wird ihm aber dadurch erleichtert, daß er erst später erfährt, daß Parzival auf der anderen Seite kämpft. Parzival nimmt an allen Abenteuern Gawans teil, jedoch auf verborgene Art und Weise. Daher kann die Gawan-Episode fraglos nicht als bloße Einschiebung betrachtet werden, wie es in der Tat das heutige Gelehrtentum zu tun geneigt ist.

# 10
## Der Kelch des Schicksals

Ez ist hiute der karvrîtac,
daz man vür wâr dâ warten mac,
ein tûbe von himel swinget:
ûf den stein diu bringet
ein cleine wîze oblât.*

Ohne das Wissen um die Geheimnisse der Zeit – des Chronos – kommt niemand zum Gral. Und es ist Saturn, der diese Geheimnisse lehrt.

Am Tage des Saturns trifft Parzival zuerst auf Sigune. Danach reitet er auf einem Gralspferd mancherlei neuen Abenteuern entgegen. Nun schaltet sich erneut Saturn ein. Plötzlich wird es kalt; Parzival setzt seinen Weg, durchgefroren bis auf die Knochen, in seiner schweren Rüstung fort. Er begegnet einem Ritter, der sich überrascht darüber zeigt, daß Parzival zu einer so heiligen Zeit überhaupt zu Pferde sitzt. Dieser antwortet dem Ritter auf eine Art und Weise, die darauf hinweist, daß er nicht weiß, welche Jahreszeit gerade herrscht. Wolfram von Eschenbach sagt uns indirekt, daß sein Sonnenheld noch nicht um die Geheimnisse der Zeit weiß:

»… hêr, ich erkenne sus noch sô
wie des jâres urhap gestêt

---

\* Heute haben wir Karfreitag, und an diesem Tag kann man sehen, wie eine Taube vom Himmel herabfliegt und eine kleine weiße Oblate zum Stein trägt.

oder wie der wochen zal gêt.
swie die tage sint genant,
daz ist mir allez unbekannt.
ich diende eim der heizet got,
ê daz sô lasterlîchen spot
sîn gunst über mich erhancte:
mîn sin im nie gewancte,
von dem mir helfe was gesagt:
nu ist sîn helfe an mir verzagt.«*

Entsetzliche Betrübnis erfaßt Parzival, und in diesem Augenblick geschieht etwas äußerst Bemerkenswertes. Die Zügel entfallen seinen Händen, als er diese voller Verzweiflung ringt und aus der Einsamkeit seines Herzens Gott anruft. Er betet, und sein Gebet endet mit den Worten: »Wenn Karfreitag sein Tag der Erlösung ist, so möge er mir helfen, falls er kann!«

In diesem Augenblick, als dieser Sohn des Herzeleids (Herzeloyde) die Betrübnis im vollsten Ausmaße verspürt, geschieht als Antwort auf sein Gebet etwas recht Sonderbares. Sein Pferd setzt sich in Trab. Keine Zügel halten es zurück. Es handelt sich um ein Gralspferd – wir haben darüber ausführlich gesprochen –, und es führt Parzival zur Einsiedelei des betagten und weisen Trevrizent, wo er die Geheimnisse der Zeit erfahren und Heilung für seine Seele finden wird.

Genau zu diesem Zeitpunkt, als Parzival durch die Gnade an diesen Ort geführt wird, wo er die Geheimnisse des Grals erfahren soll, entschließt sich Wolfram von Eschenbach, einige Geheimnisse seiner eigenen Quellen zu enthüllen. Und

---

\* »Herr, ich weiß nicht, wann das Jahr begonnen hat, in welcher Woche wir leben und welchen Wochentag wir haben. Einst diente ich dem, den man Gott nennt, bis er es zuließ, daß ich schändlich verhöhnt wurde. Vorher habe ich nie an ihm gezweifelt, denn man hat mir versichert, er sei hilfreich. Ich habe aber keine Hilfe erfahren.«

nun macht er uns klar, daß er mit dem Begriff ›Abenteuer‹ in Wirklichkeit ›Initiation‹ meint.

> Swer mich dervon ê vrâgte
> unt drumbe mit mir bâgte,
> ob ichs im niht sagte,
> unprîs der dran bejagte.
> mich bat ez helen Kyôt,
> wand im diu âventiure gebôt
> daz es immer man gedaehte,
> ê ez diu âventiure braehte
> mit worten an der maere gruoz
> daz man dervon doch sprechen muoz.*

Wolfram von Eschenbach spricht an diesem Punkt aus einem anderen Beweggrund von seiner Quelle. Wir befinden uns nun in der Gesellschaft des weisen Einsiedlers, und der betagte Trevrizent selbst hat auf seinen früheren Reisen einen ähnlichen Pfad zu Kyot, dem persönlichen Lehrer des Dichters, beschrieben:

> und dô ich vür den Rohas
> durch âventiure gestrichen was,
> dâ kom ein werdiu windisch diet
> ûz durch tjoste gegenbiet.
> ich vuor von Sibilje
> daz mer alumb gein Zilje,
> durch Frîûl ûz vür Aglei.
> ôwê unde heiâ hei
> daz ich dînen vater ie gesach,

---

\* Wer mich vorher danach fragte und mich schalt, weil ich es ihm nicht sagte, hat sich selbst in eine peinliche Lage gebracht. Kyot bat mich, Stillschweigen zu bewahren, denn die Aventüre gebot ihm, nichts darüber verlauten zu lassen, bis der Gang der Erzählung näheren Aufschluß erforderlich machte.

der mir ze sehen aldâ geschach.
do ich ze Sibilje zogte în ...*

Wir müssen Kyot irgendwo entlang der Verbindungsstrecke zwischen der Steiermark, dem Frankenland und Sevilla suchen. Meister Kyot ist im spanischen Toledo auf ein Buch in arabischer Schrift gestoßen, das die Geschichte des Grals enthielt. Es wäre ein Fehler, ohne weiteres anzunehmen, daß es sich bei dem, was Kyot entdeckte, um ein Epos oder gar um eine Romanze handelte. Kyot war ein Christ, während das, was er gefunden hatte, keineswegs christlich war:

ein heiden Flegetânîs
bejagte an künste hôhen prîs.
ser selbe fisîôn
was geborn von Salmôn,
ûz israhêlscher sippe erzilt
von alter her, unz unser schilt
der touf wart vürz helleviur.
der schreip von des grâles âventiur.
Er war ein heiden vaterhalp,
Flegetânîs, der an ein kalp
bette als ob ez waer sîn got.**

---

* Als ich auf Abenteuersuche vor den Rohas zog, stellte sich mir eine Schar tapferer wendischer Ritter in den Weg. Ein anderes Mal segelte ich von Sevilla übers Meer und gelangte über Cilli und Friaul nach Aquileja. Ach, daß ich deinem Vater je begegnen mußte! Das geschah bei meinem Einzug in Sevilla ...

** Einst lebte ein Heide mit Namen Flegetanis, der für seine Gelehrsamkeit hoch berühmt war. Dieser Naturforscher stammte von Salomo ab und war aus altem israelitischem Geschlecht. Seine Abstammung läßt sich zurückverfolgen bis in die Zeit vor der Menschwerdung Christi, als die Taufe unser Schutz vor dem Höllenfeuer wurde. Dieser Mann zeichnete die Geschichte des Grals auf. Väterlicherseits war Flegetanis ein Heide und erwies einem Kalb göttliche Ehre.

An diesem Punkt der Erzählung erhebt sich die Frage: Wer ist Flegetanis? Flegetanis ist kein Eigenname, sondern eher ein persisches Wort, das ›eine Person, die mit den Sternen vertraut ist‹ bedeutet. Flegetanis war ein Astronom – nicht das, was wir uns heutzutage unter einem Astronomen vorstellen, sondern jemand, dessen Vorstellungskräfte Einblick in die Himmel gewähren. Das heißt, ein Mensch, der mit hellseherischen Kräften, der sogenannten Clairvoyance, zu den Sternen aufschaut. Im Alten Testament werden zwei unterschiedliche Methoden zur Erlangung von Clairvoyance erwähnt; entweder durch das Zeichen des Propheten Jonas, das den Weg des ›Einweihungsschlafes‹ darstellt, wie er in einem früheren Kapitel erwähnt wurde, oder durch das Zeichen Salomos, das heißt, durch Vererbung atavistischen Hellsehertums. Die erwähnte Stelle bezieht sich klar auf die Bedeutung vererbten Hellsehertums, denn die nachfolgende Zeile besagt: ›Von israelitischem Geschlecht stammt er ab.‹

Ein Heide, befähigt, astronomische Kenntnisse durch Visionen zu erlangen, hat diese Kraft durch sein Geburtsrecht erworben. Er ist der erste, der schriftlich festhalten sollte, was in diesen Visionen offenbart wird – die Botschaft des Grals. Folglich handelt es sich bei dem betreffenden Buch um ein astrologisches Werk.

Es wird uns auch berichtet, daß Flegetanis ein Kalb anbetete, als ob es ein Gott wäre, und daß er väterlicherseits ein Heide, mütterlicherseits jedoch ein Jude gewesen war. Weitere Aufschlüsse über dieselbe Persönlichkeit finden sich in Wolfram von Eschenbachs Epos *Der Sängerkrieg auf der Wartburg*, ein Werk, das gleichfalls tiefste okkulte Weisheit enthält. Der Dichter bezieht sich auf das apokryphe Buch Zebulon und äußert sich wie folgt:

Und als das Buch geschrieben ward
Von einem Meister, der immer noch ein Kalb anbetete,
Er war ein Jude mütterlicherseits,
Väterlicherseits ein Heide,

Und der Erste, der Sternenkunde wagte
(Weil ich die Wahrheit kenne, ertrage ich euren Zorn),
Sah er eines Nachts in den Sternen,
Wie nach dem Verlauf von tausendzweihundert Jahren
Ein Kind geboren wird,
Das an Ruhm alle Juden übertrifft.

Hier wird mit anderen Worten, jedoch mit größter Klarheit, dieselbe Geschichte erzählt, die in Wolframs *Parzival* zu finden ist. Wenn wir die beiden Stellen vergleichen, ersehen wir, daß in beiden von der Sternenvision die Rede ist und daß die erste Botschaft des Grals die Nachricht von einem Kinde war, das in tausendzweihundert Jahren geboren wird. Dieses Kind muß Jesus sein. *Jesus ist der Gral.* Er ist das Gefäß, in welches sich das Blut Gottes ergießt.

Wir haben die Frage hinsichtlich der Identität von Flegetanis immer noch nicht beantwortet. Der Hinweis auf die Abstammung seiner Eltern deutet auf Hieram von Tyrus, den Erbauer des Tempels. Wie dem auch sei; andere Quellen wiederum, die darüber berichten, daß Flegetanis die Geburt Jesu tausendzweihundert Jahre vor seiner Ankunft vorhergesagt hat, weisen auf Bileam, dessen Geschichte uns im vierten Buch Mose überliefert wird.

Obgleich Bileam von den Feinden Israels aufgefordert wird, dasselbe zu verfluchen, beschützt er es statt dessen. Ein göttliches Wesen, das Israel zu retten beabsichtigt, spricht aus seinem Munde. Aber wer verkörpert in diesem Falle die Inspiration Bileams? Wer beschützt Israel, wenn es dazu bestimmt ist, unterzugehen? Um diese Frage zu beantworten, müssen wir die Geschichte Israels um 1200 v. Chr. studieren.

Zu diesem Zeitpunkt in der Geschichte des Alten Testaments ist es Mose, der die Kinder Israels aus dem Gebiet des Sinai gegen Kanaan hinausführt. Er predigt dem Volk vom Mond *Elohim*, Jehova, doch kennt er den Sonnengott nicht, Christus, der am Tage als Wolke und des Nachts als Feuersäule vor ihm herschreitet. Wenn Mose auf den Fels schlägt, erkennt er Christus nicht, den Sonnengott, der seinem Volke zu trinken gibt. Dies ist der Grund, warum Mose durch Josua (Jehosua) – ursprünglich wurde er Hosua, Hosea (Kapitel 13: 16) genannt – abgelöst wurde. Mose fügt seinem Namen den göttlichen Namen bei. Doch Josua versinnbildlicht dasselbe Wort wie Jesus. Wenn Josua die Führung übernimmt, findet der Übergang von Jehova in Jesus statt.

Das Alte Testament berichtet uns, daß zehn der von Mose in das Gelobte Land ausgesandten Späher mit der Ankündigung zurückkehrten, daß das Land wertlos sei. Josua jedoch pries dasselbe und brachte einen großen Büschel Trauben zurück, um den Wert des Landes zu beweisen. Christus, der später von sich selbst als dem wahren Wein spricht, wird hier vorausgeahnt. Somit erkennen wir in Mose den Führer des Mondes der Juden. Josua jedoch gebietet über beide, über Sonne und Mond.

Wir werden später sehen, wie der Sonnenheld Cyrus (Kyros) – der in diesem Gedicht als Sonnenheld von Anschau bezeichnet wird – dieselbe Bedeutung in bezug auf das Sonnen- und Mondelement besitzt wie Josua. Es handelt sich dabei um den Perserkönig Cyrus, der die Juden aus der babylonischen Gefangenschaft befreit und sie auf den Berg Morija zu Jerusalem sendet, wo sie ihren Tempel wieder aufbauen sollen. Und in der Tat ist er sowohl die Reinkarnation Josuas als auch des früheren Jakob.

Es ist die Sonnenkraft, die jene unsichtbare Scheibe durchdringt, die von der Sichel des Halbmondes umfangen wird; dies ist das Zeichen des Heiligen Grals. In dieser Zeit des Überganges von der Monden- zur Sonnen-Führerschaft der Israeliten findet sich die Prophezeiung Christi:

> ... ich erschaue ihn,
> doch nicht schon nah:
> es geht auf ein Stern aus Jakob,
> ein Zepter erhebt sich aus Israel;

er zerschmettert die Schläfen Moabs,
den Scheitel aller Söhne Seths.      (4. Mose 24, 17)

Bileam, der die Israeliten verfluchen sollte, beschützt sie statt dessen und sagt ihnen die Ankunft Christi voraus. Der Sonnen-Erzengel, später Michael, der Erzengel des Grals genannt, erscheint Bileam. Es ist die Eselin, jenes Tier, welches dazu bestimmt ist, einst Christus im Triumph zu tragen, die den Erzengel zuerst erblickt und auf die Knie sinkt. Danach sieht ihn auch Bileam, und unwillkürlich entströmen seinem Munde Worte der Offenbarung. An diesem Punkt beginnt die Sonnen-Führerschaft. Aber Bileam läßt sich seine Weissagungen mit Gold belohnen; seine Gabe als Seher wird zu seinem eigenen Nutzen eingesetzt, daher erschlägt ihn Pinehas mit einem Speer – der Speer entspricht dem Symbol der jüdischen Abstammung, das bei der Kreuzigung auftritt.

Es ist Pinehas, der, übereinstimmend mit der jüdischen geheimen Lehre, als Elia wiedergeboren wird. Wer aber spricht durch Bileam? Es ist Hosea-Josua, der Träger des Namens Jesu, der nun zwischen Mose und Elia als Vorahnung der Umgestaltung sichtbar wird.

Hieram von Tyrus wird später dem jüdischen Volk den Sonnenimpuls bringen, und er wird den Gralskelch durch die Hand der Königin von Saba Salomo überreichen lassen; auf ähnliche Weise sendet jetzt Hosea-Josua den Israeliten seine Sonnenweihe. Er ist es, der durch den Mund Bileams als erster vom Gral verkündet – das heißt, von der Ausgießung des Göttlichen in ein irdisches Gefäß, in den Leib Jesu, in den Tempel Gottes.

Somit hat die Gestalt des Flegetanis ihren Ursprung im Alten Testament und insbesondere in der althebräischen Weisheit. Das Verständnis der alten Sternenweisheit liegt in der Genealogie der Juden verborgen. Kyot, ein Verwandter Wolfram von Eschenbachs, hat sein Wissen um diese Sternenweisheit aus östlichen Quellen geschöpft. Auch er besitzt das Geheimnis der Sternenschrift und versteht die Verbindung zwischen der Geschlechterfolge und den Sternen. Er möchte in der Zeit nach Christus das tun, was Flegetanis in der vorchristlichen Ära vollbracht hatte. Es verlangt ihn danach, durch das Studium der Chroniken Europas, seiner eigenen Heimat, zu entdecken, ob er eine genealogische Verbindung finden kann, die jene Sternenschrift widerspiegelt, die er zu lesen gelernt hatte:

> Flegetânîs der heiden
> kunde uns wol bescheiden
> ieslîches sternen hinganc
> unt sîner künfte widerwanc;
> wi lange ieslîcher umbe gêt,
> ê er wider an sîn zil gestêt.
> mit der sternen umbereise vart
> ist gepüfel aller menschlîch art.
> Flegetânîs der heiden sach, …*

Dieses Wissen um den Einklang zwischen dem Pfad der Seele und der Reihenfolge der Geschlechter wird ihm durch das Beobachten des Mondes und dessen, was in der Mondsichel als Sonnen-Hostie ruht, zuteil.

> … dâ von er blûweclîche sprach,
> im gestirn mit sînen ougen
> verholenbaeriu tougen.
> er jach, ez hiez ein dinc der grâl:
> des namen las er sunder twâl
> inme gestirne, wie der hiez.**

---

* Der Heide Flegetanis besaß Kenntnisse über die Bahnen der Sterne und ihre Umlaufzeit. Mit dem Kreislauf der Sterne ist aber das Geschick der Menschen eng verbunden. So entdeckte der Heide Flegetanis …

** … in der Konstellation der Gestirne verborgene Geheimnisse, von denen er selbst nur mit Scheu erzählte. Er erklärte, es gäbe ein Ding, das »der Gral« hieße; diesen Namen las er klar und unzweideutig in den Sternen.

In den Sternen steht der Name ›Parzival‹ – ›Perce-val‹. Das physische Licht wird durch den Mond reflektiert, das geistige Licht jedoch dringt durch ihn hindurch. Es ist das spirituelle Licht, das den Namen ›Parzival‹ in okkulter Schrift in die Sterne schreibt:

> »ein schar in ûf der erden liez:
> diu vuor ûf über die sterne hôch.
> ob die ir unschult wider zôch,
> sît muoz sîn pflegen getouftiu vruht
> mit alsô kiuschlîcher zuht:
> diu menscheit ist immer wert,
> der zuo dem grâle wirt gegert.«
> Sus schreip dervon Flegetânîs.*

Es ist bezeichnend, daß Flegetanis ausschließlich von den Sternen spricht und nur auf die Geburt eines Wesens anspielt, in dem der Sonnengeist wohnen wird. Kyot obliegt eine andere Aufgabe. Er ist in Toledo durch das Studieren der althebräischen Geheimlehre auf den großen Übergang von der Monden-Führerschaft zur Sonnen-Führerschaft gestoßen. Er weiß auch, daß die Weisheit, welche durch Bileam sprach, erneuert werden muß. Es ist natürlich nicht Bileams Weisheit, die es zu beleben gilt, denn diese war selbstbezogen und vererbbar, sondern vielmehr jene Weisheit, die Bileam als ihr Instrument benutzte. Kyot erkennt, daß sich in seiner Zeit der Christusimpuls selbst einen Träger geschaffen hat. Und nach diesem neuen Träger hält er Ausschau.

---

\* »Eine Schar von Engeln ließ ihn auf der Erde zurück, bevor sie hoch über die Sterne emporschwebte und vielleicht, von ihrer Schuld befreit, wieder in den Himmel gelangte. Seither müssen ihn Christen mit ebenso reinem Herzen hüten. Wer zum Gral berufen wird, besitzt höchste menschliche Würde.« Dies schrieb Flegetanis darüber.

Kyot der meister wîs
diz maere begunde suochen
in latînschen buochen,
wâ gewesen waere
ein volc dâ zuo gebaere
daz ez des grâles pflaege
unt der kiusche sich bewaege.*

Kyot sucht nicht nach einem einzelnen Menschen, in welchem der kosmische Impuls des Sonnengeistes verkörpert werden kann. Dies hat sich nur einmal ereignet – in Jesus von Nazareth. Nun hält Kyot nach einem Volk Ausschau, nach einer Völkergemeinschaft, die bereit ist, ihre Blutsverwandtschaft zu opfern, um zum Träger eines kosmopolitischen Impulses zu werden:

er las der lande chrônicâ
ze Britâne unt anderwâ,
ze Francrîche unt in Yrlant:
ze Anschouwe er diu maere vant.
er las von Mazadâne
mit wârheit sunder wâne:
umb alles sîn geslehte ...**

Mazadan bedeutet Adamssohn, also Sohn des Adam. Der Sohn Adams war Kain. Kyot liest folglich von den Kindern Kains. Aber er verfolgt ihre Spur nicht nur bis ins Alte Testa-

---

* Kyot, der gelehrte Meister, suchte nun überall in lateinischen Büchern nach Hinweisen, wo es ein Volk gegeben habe, das dank seiner Reinheit zum Schutz des Grals berufen wurde.
** Er durchforschte die Chroniken von Britannien, Frankreich, Irland und anderen Ländern. Schließlich fand er die gesuchte Kunde in Anjou (Anschau). Er las die authentische und ausführliche Geschichte von Mazadan und den Schicksalen seines Geschlechts.

ment, er spürt auch ihrem Schicksal bis zu der Zeit nach, die von Bileam geweissagt worden ist: Ein Stern wird aufgehen aus Jakob, der die Fürsten der Moabiter zerschmettern und die Kinder Seths vernichten wird. All dies verfolgt er, wie es sich in Erfüllung der Weissagung von der Abstammungslinie des Sonnenkönigs David bis zur Geburt Jesu ereignete. Und die Geschichte nimmt ihren Lauf in die christliche Epoche hinein:

… stuont dâ geschriben rehte,
unt anderhalp wie Tyturel
unt des sun Frimutel
den grâl braehte ûf Amfortas,
des swester Herzeloyde was,
bî der Gahmuret ein kint
gewan, des disiu maere sint.*

Dies bedeutet, daß er dem Schicksal dessen nachspürt, der, lange Zeit, nachdem der Tempel zerstört worden war, denselben wieder errichtet, wie es die Engel prophezeit hatten.

Der Heilige Geist senkte sich in den dreißig Jahre alten Christus ein, und den Leib, in den sich der Heilige Geist einsenkte, bezeichnete Christus selbst als den Tempel Gottes. Dieser Tempel war zerstört. In drei Tagen errichtete er ihn erneut durch die Auferstehung. Das, was *dreißig* Jahre für den Bau beanspruchte, das was er während *drei* Jahren bewohnte, errichtete er erneut innerhalb von *drei* Tagen.

Auch Titurel erbaute den Tempel in dreißig Jahren. Dieser Tempel jedoch war auf Erden nicht mehr sichtbar. Er wurde jetzt so gebaut, daß er zweiundsiebzig Altarräume, entsprechend den zweiundsiebzig Völkern der Erde, umfaßte. Gerade so, wie das Christentum zur Zeit der Umwandlung der

---

* Auch las er, daß Titurel und sein Sohn Frimutel den Gral Anfortas vererbten und daß Herzeloyde seine Schwester war. Sie schenkte Gachmuret einen Sohn, den Helden dieser Erzählung.

Erde durch Christus den einzelnen Menschen erreichte, so würde es fortan zu den Völkern kommen, zu den Gemeinschaften der Menschen. In ihnen sollte Christus eine neue Leiblichkeit erlangen.

Der Sittlichkeit des einzelnen Menschen mußte die Moralität der Gemeinschaften hinzugefügt werden. Als Christus Jesus geboren wurde, war Friede für alle Menschen guten Willens verkündet worden. Nun fand diese Botschaft eine Erneuerung – nicht für den einzelnen Menschen, sondern für die Gemeinschaft der Menschen aller Völker. Die zweiundsiebzig Altarräume der Völker dienten dazu, sich um den Altar des Heiligen Geistes zu versammeln. Und wie Christus zur Osterzeit den verwesenden Leib des Lazarus wiedererweckte, so mußte der Körper der Menschheit, der dem Verderben anheimgefallen war, durch ein neues Eindringen des Christusimpulses im Zusammenhang zwischen den Völkern wiedererweckt werden.

Titurel war der erste, dem dies offenbart wurde. Der Tempel des Grals ist nicht auf eine mittelalterliche Saga beschränkt. Es wird ununterbrochen an ihm gebaut, und die Grals-Saga selbst – weit davon entfernt, beendet zu sein – entwickelt sich stets weiter.

Gegen Ende dieses Jahrhunderts wird der Orden der Tempelritter erneut in Erscheinung treten, um das gesamte gesellschaftliche Gefüge zu verändern. Dies wird in jenem Zeitabschnitt stattfinden, der unmittelbar auf die Weltkatastrophen folgt, die im Jahre 1982 beginnen und sich in drei schrecklichen Wellen der Zerstörung apokalyptischen Ausmaßes bis ins Jahr 2001 fortsetzen. Während des Ringens um den Wiederaufbau der zivilisierten Welt werden der Antichrist und der große Monarch sich der Weltherrschaft zu bemächtigen suchen. Ihre Gegner werden die wiedergeborenen Templer und jene Seelen sein, die letztere aussuchen werden, um gemeinsam eine neue Weltordnung aufzubauen, in der die Freiheit des individuellen Geistes ihren wahren Platz finden wird. Während dieses gesamten Zeitabschnittes

wird der mächtige Geist hinter der Gestalt Parzivals ihr hel-
denhafter und geliebter Führer sein.

Der Einsiedler Trevrizent empfängt Parzival mit inniger
Herzlichkeit und bittet ihn, seine Rüstung abzulegen und
sich ans Feuer zu setzen. Parzival wird des einsamen Daseins dieses Einsiedlers gewahr, und er beginnt, etwas von
dessen schlichtem, reinem und geistig eingeweihtem Leben
zu erkennen. Als er den einfachen Altar erblickt, erinnert er
sich, daß er kürzlich diesen Platz aufgesucht und hier seinen
Eid auf die Unschuld Jeschutes, der Gattin Herzog Orilus',
geschworen hatte. Es war bei diesem vorgängigen Besuch
gewesen, wo er die buntbemalte Lanze, die neben dem Altar
lag, an sich genommen hatte:

> ein gemâlt sper derbî ich vant:
> hêr, daz nam al hie mîn hant:
> dâ mit ich prîs bejagte,
> als man mir sider sagte.
> ich verdâht mich an mîn selbes wîp
> sô daz von witzen kom mîn lîp.
> zwuo rîche tjoste dermit ich reit:
> unwizzende ich die bêde streit.*

Parzival erinnert sich der drei Blutstropfen im Schnee und
wie er sich beim Anblick des roten Blutes auf dem jungfräulich reinen Schnee in Sehnsucht nach seiner jungen Gattin
Condwiramurs verlor. Er hatte bis anhin in einer Art zeitlo-
sem Zustand der Sehnsucht nach ihr gelebt. Nun wird er
sich einmal mehr der Zeit bewußt. Er fragt Trevrizent: »Wieviel Zeit ist verflossen, seit ich die Lanze mit mir nahm?«:

---

\* Daneben fand ich eine bemalte Lanze, Herr, und nahm sie mit.
Wie ich später erfuhr, hat sie mir zu Siegesruhm verholfen. Einst
war ich nämlich so tief in Gedanken an meine Frau verloren, daß
ich nichts um mich wahrnahm. In diesem Zustand trug ich zwei
harte Kämpfe aus, ohne daß ich davon wußte.

dô sprach aber der guote man
»des vergaz mîn vriunt Taurîan
hie: er kom mirs sît in clage.
vünfthalp jâr unt drî tage
ist daz irz im nâmet hie«.*

Das immerwährende physische Begehren *(samskara)* hat Parzival der Wirkung der Bewußtheit und jeglicher Möglichkeit der Selbstverwirklichung beraubt. In diesem Zustand war er mit vermindertem Bewußtsein viereinhalb Jahre lang durch die Welt gezogen. Nun hat er diese harte Schulung des Chronos (Saturn) überwunden. Alles, was in seiner Liebe irdisch und egoistisch war, ist in der Feuerprobe des Saturn verzehrt worden.

Trevrizent erzählt Parzival, daß er, ohne Priester zu sein, dennoch große Erfahrung in Angelegenheiten der Seele habe. Parzival berichtet von dem schrecklichen Konflikt, der sich in seinem Innern abspielt. Er erzählt dem Einsiedler von seiner Hoffnungslosigkeit und von den Irrtümern, denen er erlegen war. Er hat keine Kirche mehr betreten, noch hat er einen Priester aufgesucht, um seine Sünden zu beichten. Er gesteht nun, daß er in seinem Herzen Haß und Zorn gegen Gott hege, weil er sich mit seinem eigenen Schicksal nicht aussöhnen könne. Er schildert nun, wie es zu diesem entsetzlichen Seelenkonflikt gekommen ist.

Der Einsiedler warnt Parzival vor dessen fehlendem Glauben und versichert ihm, daß Gott selber die Treue sei. Gott ist auch die Wahrheit, und deshalb sollte die menschliche Seele in Gedanken niemals zaudern. Nichts kann von Gott durch Zorn erreicht werden.

Der Eremit belehrt nun Parzival über die geistigen Mächte des Bösen, die den Menschen in Versuchung führen. Er be-

---

* Da sprach der fromme Mann: »Mein Freund Taurian hat sie vergessen: später klagte er mir den Verlust. Viereinhalb Jahre und drei Tage sind es her, seit Ihr die Lanze mit Euch nahmt.«

richtet über Luzifer, der einst ein Engel des Lichts gewesen war, ehe er sich gegen Gott auflehnte. Er schildert, wie die menschliche Seele selbst durch die Auflehnung der Hierarchien Luzifers und deren Vertreibung aus den himmlischen Höhen beeinflußt worden war. Denn in jenem Augenblick, da Luzifer zur Hölle fuhr, nahm der Mensch seinen Anfang. Gott schuf aus Erde Adam, und aus Adams Rippe schuf er Eva, die Gott nicht gehorchte. Von ihnen stammen Kain und Abel. Die Sünde Kains besteht darin, daß er seine Ahnin, die Erde, der Jungfräulichkeit beraubte, indem er sie mit dem Blut des ermordeten Abel benetzte. Trevrizent belehrt hier Parzival über die Ursprünge des Bösen, aber er stellt seine Auffassung des Bösen auf eine solche Art und Weise dar, daß seine Gedanken völlig auf das Schicksal der Erde selbst gelenkt sind.

diu erde Adâmes muoter was:
von erde vruht Adâm genas.
dannoch was diu erde ein magt:
noch hân ich iu niht gesagt
wer ir den magetuom benam.
Kâins vater was Adâm:
der sluoc Abeln umb crankez guot.
dô ûfdie reinen erden daz bluot
viel, ir magetuom was vervarn:
den nam ir Adâmes barn.
dô huop sich êrst der menschen nît:
alsô wert er immer sît.*

---

* Die Erde war Adams Mutter, und von den Früchten der Erde nährte er sich. Bis dahin war die Erde jungfräulich. Und nun sollt Ihr erfahren, wer ihr die jungfräuliche Unschuld raubte: Adam war der Vater Kains, und Kain erschlug geringen Vorteils wegen seinen Bruder Abel. Als das Blut die jungfräuliche Erde netzte, war ihre Unschuld dahin. Adams Sohn Kain hat sie ihr geraubt, und seither herrscht Unfriede unter den Menschen.

Kain sündigte gegen die Erde, doch blieb er mit der Erde vereint. Nun mußte er sich mit der Erde wieder aussöhnen.

> nu prüevet wie rein die meide sint:
> got was selbe der meide kint.
> von meiden sint zwei mennisch komen.
> got selbe antlütze hât genomen
> nâch der êrsten meide vruht:
> dasz was sîner hôhen art ein zuht.*

An dieser Stelle findet sich das größte aller Mysterien. Obwohl die Grals-Saga nicht darauf hinweist, ist es Jesus selbst, der den wiedergeborenen Kain verkörpert. Christus übernimmt das karmische Schicksal Kains, wenn er zur Taufe im Jordan auf die Erde herabsteigt. »Dies ist mein geliebter Sohn, an diesem Tage habe ich ihn gezeugt!« Und es ist Christus, der den Leib und das Blut Jesu läutert, und indem er dies tut, hinterläßt er der Erde die geläuterte Hostie, durch welche die Erde erneut ihre ursprüngliche jungfräuliche Reinheit zurückerlangt. Dies stellt nur für jene eine Ketzerei dar, die bis anhin noch unfähig sind, zwischen Christus, dem Wort (Logos), und dem Menschen Jesus zu unterscheiden.

Der Einsiedler berichtet Parzival weiterhin, wie vom Geschlechte Adams an sowohl das Böse als auch das Heil zum Schicksal des Menschen wurden. Durch Adam sind die Menschen mit dem Göttlichen verbunden, sind aber zugleich auch in die Tiefen der Sünde hinuntergestoßen worden. Jesus Christus stieg in diese Tiefen hinab, und durch seine Barmherzigkeit und Güte wurde er zu unserem Erlöser. Trevrizent empfiehlt Parzival, hierüber nachzuden-

---

\* Urteilt selbst: Gott war das Kind einer Jungfrau, also stammen insgesamt zwei Menschen von Jungfrauen ab, denn Gott nahm nach Adams Bilde Menschengestalt an. Das war bei seiner Größe ein Ausdruck demütiger Selbstbescheidung.

ken, auf daß sein Zorn und seine Bitterkeit vertrieben würden.

An diesem Punkt des Zwiegesprächs zwischen dem Ritter und dem Eremiten werden Plato und die Sibyllen erwähnt. Trevrizent verweist auf das Werk *Die Republik*, in dem Plato das letztendliche Schicksal des vollends Gerechten in den Händen einer feindlichen Menschheit voraussagt:

*Sie werden dir sagen, daß im beschriebenen Falle der rechtschaffene Mensch gegeißelt, gefoltert, gebunden werden wird; seine Augen ausgebrannt; schließlich jede Art von Bösem erleidend, er gepfählt werden wird.*

Platos Schilderung prophezeite die Kreuzigung Christi, doch statt daß man diesem die Augen blendete, setzte man ihm eine Dornenkrone aufs Haupt. Der weise Heide, der vierhundert Jahre vor Christus lebte, wußte wohl um das Leben und Leiden eines vollkommen tugendsamen Menschen.

Der Erlöser, dessen Kommen in dieser merkwürdigen Form geweissagt worden war, brachte der Menschheit die wahre Liebe, die göttliche Liebe. Plato spricht in seinem Werk *Symposion* vom Unterschied zwischen irdischer und göttlicher Liebe. Es war Christus, der die göttliche Liebe auf Erden verkörperte.

> der pareliure Plâtô
> sprach bî sînen zîten dô,
> unt Sibill diu prophêtisse,
> sunder fâlierens misse
> si sagten dâ vor manec jâr,
> uns solde komen al vür wâr
> vür die hôhsten schulde pfant.
> zer helle uns nam diu hôhste hant
> mit der gotlîchen minne:
> die unkiuschen liez er dinne.

Von dem wâren minnaere
sagent disiu süezen maere.
der ist ein durchliuhtec lieht,
und wenket sîner minne niht.*

Die Seele kann für sich Gottes Liebe oder Gottes Haß erlangen. Der Sünder flieht die göttliche Güte. Die Seele jedoch, die ihre Vergehen wiedergutzumachen wünscht, gewinnt die Gunst des Allmächtigen. Gott durchdringt die Gedanken der Menschheit. Die Strahlen der Sonne können die menschlichen Gedanken nicht erhellen. Dem göttlichen Licht jedoch sind sie offenbar. Das wahre spirituelle Licht scheint in die Dunkelheit des menschlichen Herzens. Ehe solche Gedanken sich aus dem Herzen, wo sie geboren wurden, offenbaren, hat sie die Gottheit bereits erforscht. Falls er die Gedanken als rein erachtet, stellt er sie unter seinen Schutz. Wenn Gott somit die Gedanken erkennen kann, muß der Übeltäter ihn fürchten. Jene Seele, die Gottes Schutz durch eine böse Tat verliert, ist unglücklich. Derjenige aber, der Gott anklagt, geht der Erlösung verlustig. Hegt daher keinen Hader gegen Gott, sondern ändert Eure Gesinnung.

Parzival begreift nun, warum er in einem Zustand endloser Trauer lebt: Er sieht das Wirken des Göttlichen im menschlichen Schicksal nicht. Der Einsiedler erkundigt sich nun bei dem jungen Ritter nach der Ursache dessen Trauer.

Parzival erklärt, daß zwei völlig verschiedene Dinge seinen Kummer verursacht hätten. Die tiefste Trauer in seinem

---

* Der Prophet Plato verkündete sie zu seiner Zeit ebenso wie die Prophetin Sibylle. Sie weissagten schon vor vielen Jahren, daß wir von unsrer großen Sündenschuld erlöst würden. Aus dem Abgrund der Hölle rettete uns in göttlicher Liebe die Hand des Allerhöchsten, und nur die Gottlosen ließ er zurück. Diese herrlichen Verheißungen künden von dem wahrhaft Liebenden. Er ist ein durchdringend strahlendes Licht, unwandelbar in seiner Liebe.

Herzen entstand durch seine vergebliche Suche nach dem Gral. Der andere Grund seiner Hoffnungslosigkeit liegt in der Tatsache, daß er schon so lange von seiner Gattin getrennt ist. Er gesteht, daß er sich nach beiden sehne.

Die Erwiderung des Einsiedlers bekräftigt die Lehre Gautama Buddhas bezüglich der Ursache des Leidens. »Ihr habt recht, wenn Ihr Euch grämt, daß Ihr von der Person getrennt seid, die Ihr liebt. Dies ist ein echter Grund des Leidens. Aber Ihr tut unrecht, wenn Ihr den Wunsch nach dem Erlangen des Grals hegt. Das ist ein Hauptirrtum.«:

> jane mac den grâl nieman bejagen,
> wan der ze himel ist sô bekant
> daz er zem grâle sî benant.*

Der Einsiedler erzählt Parzival, daß es völlig sinnlos sei, sich auf die Suche nach dem Gral zu begeben. Alles, was der menschlichen Seele offensteht, ist, die Anforderungen des Grals mit Begeisterung zu erfüllen und ernsthaft an der Selbstentfaltung zu arbeiten, um der Welt besser dienen zu können. Ob man den Gral findet oder nicht, ruht nicht in Menschenhand, sondern in der Hand Gottes. Es ist dies eine Sache der Gnade – der Gnade Gottes. Die Worte Trevrizents werden für Parzival von größerer Bedeutung, als der greise Eremit erwähnt, daß er selbst den Gral gesehen hat. »Wart Ihr selber dort?« fragt Parzival erstaunt. Doch Parzival fehlt es an Mut zu gestehen, daß auch er die Burg zu Munsalwäsche besucht hatte und daß er ebenfalls den Gral gesehen hatte, der in den großen Saal getragen worden war.

»Wohl weiß ich«, sagte der Einsiedler, »daß eine Schar mutiger Ritter in Munsalwäsche lebt, wo der Gral behütet wird. Diese Tempelritter reiten auf Abenteuersuche aus. Die Absicht all ihrer Reisen – ob deren Lohn nun Niederlage

---

* Den Gral kann allein erringen, wer im Himmel bekannt genug ist, zum Gral berufen zu werden.

oder Sieg sei – besteht in der Erfüllung der Forderungen des Schicksals. Ich will Euch erzählen, wie diese heldenhaften Ritter in der Gralsburg gestärkt werden. Sie nähren sich von der Kraft eines Steines von reinster Art. Ich werde Euch seinen Namen nennen. Er heißt *Lapis exillis*. Die Wunderkraft dieses Steines läßt den Phönix zu Asche verbrennen, aus der er zu neuem Leben hervorgeht. Auf diese Weise mausert sich der Phönix und wechselt sein Gefieder, das danach so leuchtend und glänzend, so schön wie zuvor ist. Ein Mensch mag noch so krank sein, wenn er den Stein erblickt, wird er innerhalb der nächsten sieben Tage nicht sterben. Und indem er ihn erblickt, altert er nicht. Sein Aussehen bleibt unverändert – ob Jungfrau oder Mann –, wie an jenem Tag, an dem er den Stein erblickte; so, als ob die besten Jahre seines Lebens gerade begonnen hätten. Selbst wenn er den Stein zweihundert Jahre lang schaute – es würde sich dabei nichts ändern, außer daß sein Haar vielleicht ergraute. Der Stein verleiht einem Menschen eine solche Lebenskraft, daß der Körper augenblicklich seine Jugendfrische wieder erlangt. Dieser Stein wird auch der Gral genannt.«

Der Begriff ›*Lapis exillis*‹ wird von ›*Lapis exilii*‹ abgeleitet. Das Wort ›exilium‹ hat drei verschiedene Bedeutungen: *dissipatio, destructio* und *peregrinatio*. Somit kann *Lapis exilii* als ›Stein der Auflösung‹, ›Stein der Zerstörung‹ oder ›Stein des Todes‹ gedeutet werden. Die Bedeutung ist indessen unterschiedlich, je nachdem, wie und wo der Stein wahrgenommen wird. Deshalb kann er – von einem anderen Gesichtspunkt aus gesehen – auch ›Stein des Lichtes‹ genannt werden.

Der im 16. Jahrhundert lebende Alchimist Basilius Valentinus spricht im vierten Abschnitt seiner ›Zwölf Schlüssel‹ ausdrücklich von dem Stein, der aus dem Feuer hervorging:

*Wenn Asche und Sand in genau richtigem Zeitmaß gründlich gebrannt werden, formt der Meister daraus ein Glas, das hinfort dem Feuer immer widerstehen wird. In den*

*Farben sieht es einem durchsichtigen Stein ähnlich, der nicht mehr als Asche erkannt werden kann. Für die Unwissenden bedeutet dies eine große und geheimnisvolle Kunst, nicht aber für den Gelehrten, denn durch Wissen und wiederholte Erfahrung wird es zum Handwerk ...*

*Beim Jüngsten Gericht wird die Welt durch Feuer gerichtet werden – demselben Feuer, das vom Meister aus dem Nichts erschaffen wurde –, denn die Welt muß wiederum durch Feuer zu Asche werden; aus dieser Asche wird schließlich der Phönix wiederum seine Jungen hervorbringen. Denn in dieser Asche ist wahrlich der wahre Tartarus verborgen, der aufgelöst werden muß, und aus dessen einer (Auf-)Lösung die feste Burg wahrnehmbar ist, in welcher der König wohnt.*

Nun wird man verstehen, warum im Kapitel sieben so ausführlich die Erfahrung der Lebensrückschau beschrieben worden ist – jene Retrospektive bis hin zur Geburt, mit dem Ziel, ein ›Bild des Lebens‹ wahrnehmen zu können: Der Novize macht zuerst die Erfahrung eines außerleiblichen Zustandes, in dem er seine eigene physische Existenz von außen wahrnimmt, bis er schließlich jenen Zustand erreicht, in dem seine eigenen Lebenskräfte ausschwärmen, um das Panorama seines Lebens zu erschaffen, das als Zeitorganismus bezeichnet wird. In Kapitel sechs wird auch die Vision des – als Baum des Lebens bezeichneten – Lebensorganismus innerhalb des Körpers beschrieben und dabei geschildert, wie der physische Körper nicht länger eine Ergänzung, sondern lediglich eine monströse Karikatur dieses Lebensorganismus darstellt. Wir erreichen nun eine weitere Stufe in diesem fortschreitenden Einweihungsprozeß. Denn wenn die menschliche Seele in dieser – dem Tode verwandten – Initiationserfahrung frei vom Körper wird, steht sie einem einmaligen Erlebnis gegenüber: Das menschliche Skelett wird in der aus der Einbildungskraft geborenen Schau als ein bloßer Hohlraum wahrgenommen.

Dies bedeutet, daß der Raum, den die Knochen im menschlichen Organismus einnehmen, als Raum ohne Substanz wahrgenommen wird – so, als ob er unausgefüllt wäre.

Wir befassen uns hier nicht mit der Tätigkeit des physischen Körpers und ebensowenig mit dem Lebensorganismus, der den physischen Leib erzeugt, erfüllt und erhält, sondern mit dem Seelenleib oder dem Raumorganismus (der von einigen als Astralleib bezeichnet wird). Normalerweise sind wir uns der Knochen unseres Skelettes nicht bewußt, es sei denn unter pathologischen Umständen, oder falls wir uns einen Knochen verstauchen oder brechen. Aber als Ergebnis der okkulten Entwicklung beginnen wir, uns in die Knochen selbst ›einzufühlen‹. Und mit zunehmendem Inkarnationsprozeß werden wir der Kraftlinien innerhalb unseres Knochensystems gewahr, das heißt, wir beginnen das Gefühl einer inneren Herrschaft über unsere Knochen zu entwickeln, so wie wir sie über unsere Muskeln besitzen. Dann werden wir uns des feinen netzartigen Gewebes innerhalb unserer Knochen bewußt. Diese Erfahrung entspricht einer Bewußtheit in bezug auf die *Asche* in uns; eine Erfahrung, die – wenn auch nur indirekt – in der Literatur zahlreicher Völker der Geschichte erwähnt wird. Plato bezeichnet sie als ›das Pulsieren im Zahnfleisch‹. Dieses Gefühl wird besonders intensiv in der Zahnregion erfahren, und die Bibel spricht von der Asche, welche die Toten in ihren Mündern haben. Die nächste Stufe auf diesem Pfad des inneren Wissens um den menschlichen Organismus besteht darin, daß wir über die Erfahrung der Knochenstruktur hinaus des Entstehungsprozesses der Blutzellen im Knochenmark gewahr werden. Und wenn dies stattfindet, beginnen die Knochen selbst für unsere Vision Lichtkräfte zu entfalten. Wolfram von Eschenbach, ein Meister der Geheimlehre, beschreibt dies folgendermaßen:

von des steines craft der fênîs
verbrinnet, daz er ze aschen wirt:

185

diu asche im aber leben birt.
sus rêrt der fênîs mûze sîn
unt gît dar nâch vil liehten schîn,
daz er schoene wirt als ê.*

Wolfram von Eschenbach schildert genau, was in einem früheren Kapitel dieses Buches beschrieben wurde: Das Austreten aus dem Körper, die körperfreie Erfahrung. Wir verglichen dies mit dem Tod, aber hier ist nicht der Tod gemeint, der das physische Dasein beendet, sondern der Eintritt der Seele in die geistige Welt. Der Dichter macht auch verständlich, daß es sich hier um ein Ereignis auf dem Pfad der Einweihung handelt, indem er betont, daß Krankheit nicht dem Tod, sondern der Verherrlichung des Göttlichen im Menschen dient:

ouch wart nie menschen sô wê,
swelhes tages ez den stein gesiht,
die wochen mac ez sterben niht,
diu aller schierest dar nâch gestêt.
sîn varwe im nimmer ouch zergêt:
man mouz im sölher varwe jehen,
dâ mit ez hât den stein gesehen,
ez sî maget oder man ...**

Wenn ein Mensch – ob Jungfrau oder Jüngling – dies erfährt, erinnert er sich, daß er diese Erfahrung wie ein Kind durchlebt hat; mit einer Art unmittelbar teilnehmendem, vom Kör-

---

\* Die Wunderkraft des Steines läßt den Phönix zu Asche verbrennen, aus der er zu neuem Leben hervorgeht. Das ist die Mauser des Phönix, und er erstrahlt danach ebensoschön wie zuvor.

\*\* Erblickt ein todkranker Mensch diesen Stein, dann kann ihm in der folgenden Woche der Tod nichts anhaben. Er altert auch nicht, sondern sein Leib bleibt wie zu der Zeit, da er den Stein erblickt. Ob Jungfrau oder Mann ...

per losgelöstem Bewußtsein. Der Dichter Traherne bezeichnet dieses Bewußtsein so genial als ›ein bloßes, reines, einfaches Ich bin‹. Doch ein kleines Kind kann die Bedeutung dessen, was der Erwachsene wahrnimmt, nicht begreifen. Um dies zu verstehen, ist die Schule des Lebens erforderlich. Wolfram jedoch – genial wie immer – versteht auch dies und erwähnt es auf getarnte Weise:

> ... als dô sîn bestiu zît huop an,
> saeh ez den stein zweihundert jâr,
> im enwurde denne grâ sîn hâr.
> selhe craft dem menschen gît der stein,
> daz im vleisch undte bein
> jugent empfaehet al sunder twâl.
> der stein ist ouch genant der grâl.*

Im Augenblick des vom Körper losgelösten Bewußtseins, dann, wenn ein Mensch den Tod erfährt, jedoch nicht stirbt, wird er der Geburt der Lichtkräfte innerhalb seines Skelettes gewahr, und sein ganzer Körper wird von neuer Kraft durchdrungen. *Daher wird der Stein Gral genannt.* Er symbolisiert das Gefäß und die darin enthaltene Substanz; das Skelett und das darin vorhandene blutdurchsetzte Mark.

Für Chrétien de Troyes stellt nicht der Stein, sondern der Kelch das Symbol des Grals dar; Chrétien schließt sich der anerkannten Überlieferung an, daß Joseph von Arimathia bei der Kreuzigung das heilige Blut im Kelch auffing.

Dieser Kelch wird erstmals im Alten Testament erwähnt, wenn Melchisedek Abraham Brot und Wein entgegenträgt. Melchisedek, der Hohepriester des Sonnenorakels auf dem Berge Zion, überreicht den Kelch Abraham, als er das zu-

---

* ... wenn sie, in der Blüte ihres Lebens stehend, den Stein zweihundert Jahre lang ansähen, ergraut lediglich ihr Haar. Der Stein verleiht den Menschen solche Lebenskraft, daß der Körper seine Jugendfrische bewahrt. Diesen Stein nennt man auch den Gral.

künftige Schicksal der Israeliten prophezeit: »Dein Same soll sich mehren wie die Sterne am Himmel.« Daraus ersehen wir, daß der Kelch seit Anbeginn mit der Sternenweisheit verbunden war, die später die Suche nach dem Gral kennzeichnet.

Obwohl die Sternbilder, die sich in allen anderen Religionen jener Zeit finden, im Alten Testament nicht offenkundig erhalten sind, stellt letzteres ein Werk von tiefstem eugenischem Okkultismus dar; die Nachkommen Abrahams werden durch die Sterne dazu geführt, einen Leib zu erschaffen, der zum Gefäß des Messias werden soll. Wenn wir uns die zwölf Stämme in Erinnerung rufen, welche die zwölf Sternbilder widerspiegeln, sowie die sechsmal sieben Generationen, die mit den Finsternissen der Planeten übereinstimmen, so verstehen wir, wie der Leib des Messias tatsächlich dem gesamten Kosmos entspricht. Wir begreifen nun auch, warum Christus mit seinen zwölf Jüngern das letzte Abendmahl im oberen Gemach des *Coeniculums* einnahm, das unmittelbar über der Sonnenhöhle des Melchisedek auf dem Berge Zion errichtet worden war. Dort teilte Jesus Christus die Sakramente Brot und Wein aus, wobei er jenen Kelch benutzte, der über alle Generationen hinweg bei den Propheten und Königen der Israeliten zu finden war – denselben Kelch, mit dem Joseph von Arimathia das heilige Blut einsammelte und den er – laut Überlieferung – nach Glastonbury mitnahm, wo er zum Symbol des Heiligen Grals wurde.

Außer dem Silberkelch von Melchisedek war beim letzten Abendmahl noch eine andere Schale vorhanden. Diese mit Edelsteinen verzierte Jaspisschale war Salomo vom Tempelerbauer Hieram von Tyrus geschenkt worden. Während der Silberkelch von jenen Königen weitervererbt wurde, deren Stammbaum sich im Matthäus-Evangelium findet, war die Jaspisschale über Generationen im Besitz der Hohenpriester Israels, die im Lukas-Evangelium beschrieben werden.

Es scheint, daß diese beiden kostbaren Reliquien die zwei Hälften des menschlichen Gehirns verkörpern, wobei der

Kelch als Symbol des Grals zweifellos den menschlichen Kopf versinnbildlicht. Die darin befindliche geheiligte Hostie stellt sowohl das Gehirn als auch die Zirbeldrüse dar.

Das äußerliche Symbol des Grals ist eine Taube, die von der Sonne zu der unsichtbaren Scheibe fliegt, die in der Sichel des Halbmondes ruht. In diesem Falle verkörpert die Taube die geläuterten Gefühle des Herzens, die auftauchen, um das kalte intellektuelle Denken des Gehirns zu durchdringen und zu vergeistigen. Dieser Prozeß ist von den Alchimisten des Mittelalters ›die Ätherisierung des Blutes‹ genannt worden, weil sie durch spirituelle Vision wahrnahmen, wie dem Blut im menschlichen Herzen ein ätherisches rosiges Licht entsprang, um im Gehirn eine alchimistische Umwandlung hervorzurufen, insbesondere in der Zirbeldrüse. Letztere durchläuft einen Prozeß, der den sieben Mondphasen entspricht, um zum höchsten Organ clairvoyanter Wahrnehmung zu werden – zum dritten Auge. Und laut Chrétien de Troyes beruht es auf einer solchen Fähigkeit, daß Parzival seinen Namen auf dem Rand des Kelchs als König des Grals eingeschrieben sieht.

Wenn die menschliche Seele zu einem lebenden Gefäß der Christuswesenheit wird, findet in ihm die Geburt des Geistes statt. Und es ist der individuelle Geist, der die Seele in ihren früheren Erdenleben stets begleitet hatte – einem goldenen Faden vergleichbar, auf dem die einzelnen Perlen aufgereiht sind.

Die Vision des auf dem Rand des funkelnden Silberkelches eingeprägten Namens in der Gralsburg kennzeichnet den Augenblick der Geburt eines höheren Erinnerungsvermögens. Jeder Buchstabe, der auf dem Rand des Kelchs erscheint, versinnbildlicht ein früheres Erdenleben. Zusammen ergeben diese Buchstaben, so, wie sie erschienen, die gesamte spirituelle Biographie der Seele, wie sie innerhalb der Entwicklung des Bewußtseins von Leben zu Leben strebt; von Dumpfheit über die Qual des Zweifels zur Glückseligkeit.

Vielleicht geschieht es in diesem Augenblick, daß Parzival sich seiner früheren Erdenleben erinnert: Als Mani, der Prophet des Sonnengottes; als Jüngling zu Nain, den Christus vom Tod erweckte; als Cyrus, der Sonnenkönig; als Josua, der das auserwählte Volk in das Land führte, wo Milch und Honig fließt, und als Jakob, der mit dem Engel des Herrn gerungen hatte. Und möglicherweise konnte er sein zukünftiges Schicksal wahrnehmen: Rembrandt, der an jenen Selbstporträts arbeitet, die zu den größten Kunstwerken aller Zeiten zählen.

Der Weg zum Gral ist der Weg zum wahren Selbst. Und das bedeutungsvollste Symbol des Grals ist der Kelch des Schicksals.

dâ vand er solh wunder grôz,
des in ze sehen niht verdrôz.
in dûhte daz im al diu lant
in der grôzen siule waeren bekant,
unt daz diu lant um giengen,
unt daz mit hurte enpfiengen
die grôzen berge ein ander.
in der siule vand er
lute rîten unde gên,
disen loufen, jenen stên.
in ein venster er gesaz,
er wolt das wunder prüeven baz.*

In diesem Abenteuer betritt Gawan das Reich des Zauberers Clinschor. Anders als Parzival erklimmt er nicht die Höhen des Geistes, auf denen der Adler des Denkens seinen Horst baut. Statt dessen begibt er sich in die Tiefen, wo ungehindert der Drache der Begierde wütet.

Es ist nicht unsere Aufgabe, Gawans Gang durch die Zauberburg in Einzelheit zu schildern, sondern vielmehr die wichtigsten Ereignisse darzustellen und ihre Bedeutung für

---

\* Er fand ein solches Wunderwerk, daß er nicht müde wurde, es anzusehen. Ihm schien, als sähe er auf der großen Säule alle Länder der Erde kreisen, so daß die großen Berge einander in rascher Folge ablösten. Er sah auf der Säule Menschen reiten und gehen, diesen laufen und jenen stehen. Schließlich setzte er sich in eine Fensternische, um das Wunderwerk genauer zu betrachten.

die Gralssuche aufzuzeigen. Gleichzeitig werden wir feststellen, daß Gawan im Verlauf dieses Abenteuers Erfahrungen macht, die das Schicksal Parzivals widerspiegeln.

Parzivals Bestimmungsort ist die Gralsburg, deren Zugang schmal, gefährlich und äußerst schwer zu finden ist. Vor allem ist es schwierig, dort Eingang zu erlangen. Gawans Ziel ist die Zauberburg, die man sehr leicht betreten, aber kaum mehr verlassen kann. Dies ist der Unterschied.

Beim Verlassen der Gralsburg erblickt Parzival den toten Ritter in den Armen der Jungfrau. Vor dem Betreten der Zauberburg entdeckt Gawan einen verwundeten Ritter in den Armen einer Frau und heilt ihn.

Parzival trifft Condwiramurs an einem friedvollen, ruhigen Ort, wo seine Liebe für sie zunächst rein geistiger Art war. Gawan jedoch trifft Orgeluse von Logroys mitten in einer üppigen halbtropischen Landschaft, die auf heftige körperliche Leidenschaft deutet. »Nur die Schönheit Condwiramurs konnte mit der ihrigen verglichen werden«, teilt uns der Dichter über Orgeluse mit. Gawan bietet Orgeluse, als er sie erblickt, sofort seine Liebe an, sie aber weist ihn hochmütig zurück. In der Tat ist ihr ganzes Verhalten ablehnend, und sie setzt ihn einer ganzen Reihe von Prüfungen aus, die sein Leben in Gefahr bringen. Während Parzival, der zur Suche nach dem Gral aufbricht, für eine gewisse Zeit Condwiramurs entsagen muß, treibt Orgeluse Gawan zur Erfüllung seines Schicksals in der Zauberburg an, wo er König werden wird.

Parzival begegnet Cundry an Artus' Tafelrunde, wo sie ihn verflucht. Gawan trifft auf ihren älteren Bruder, ein Monster namens Malcreatüre:

… Cundrîe la surziere
was sîn swester wol getân:
er muose ir antlütze hân
gar, wan daz er was ein man.
im stuont ouch ietweder zan

als einem eber wilde,
unglîch menschen bilde.
im was daz hâr ouch niht sô lanc
als ez Cundrîen ûf den mûl dort swanc:
kurz, scharf als igels hût ez was.
bî dem wazzer Ganjas
ime lant zu Trîbalibôt
wahsent liute alsus durch nôt.*

Wir erfahren, daß Königin Secundille sowohl Cundry als auch Malcreatüre zu König Anfortas gesandt hat, um Selbsterkenntnis zu erlangen. Anfortas jedoch schickte Malcreatüre seiner geliebten Orgeluse. Die arme Kreatur reitet eine erbärmliche Mähre, die auf allen vier Beinen lahmt. Selbst die edle Frau Jeschute hatte in ihren schlimmsten Tagen ein besseres Roß geritten.

Malcreatüre warnt nun Gawan vor weiteren Abenteuern. Falls er seine Suche fortsetzt, wird er wie ein Fußknecht behandelt werden. Gawan, von plötzlichem Zorn gepackt, ergreift den scheußlichen Zwerg und stößt ihn von seinem Gaul. Dabei zerschneidet er sich an den Schweineborsten auf Malcreatüres Haut die Hände. Orgeluse scheint über diese Szene über alle Maßen erfreut und fährt mit der ihr vorbestimmten Aufgabe fort, Gawan weiter in jene Abenteuer hineinzutreiben, vor denen ihn alle anderen warnen.

Wenn wir den Weg unserer beiden Helden vergleichen, bemerken wir folgendes: Als Parzival vor der Gralsburg vom

---

* ... und die Zauberin Cundry war seine liebreizende Schwester. Er sah ihr zum Verwechseln ähnlich, nur daß er ein Mann war. Auch bei ihm ragten die Eckzähne hervor wie bei einem wilden Eber, so daß er kaum wie ein Mensch wirkte. Seine Haare waren allerdings nicht so lang wie die seiner Schwester, die ja bis auf den Maultierrücken hinabhingen. Sie waren vielmehr kurz und spitz wie Igelstacheln. Im Lande Tribalibot, das am Flusse Ganges liegt, wachsen solche Menschen auf.

Pferd steigt, tritt ein junger Knappe vor, um ihm das Pferd zu halten, während Gawan von einem betagten Ritter empfangen wird, der ihn eher warnt denn willkommen heißt. Nach seinem Mißerfolg in der Gralsburg nimmt Parzival Abschied, wobei ihm die Worte ›du Dummkopf‹ im Ohr klingen. Orgeluse begrüßt Gawan bei seinem Näherkommen mit den Worten: »Seid mir willkommen, Ihr Dummkopf!«

> »... west willekomen, ir gans.
> nie man sô grôze tumpheit dans,
> ob ir mich dienstes welt gewern.
> ôwê wie gerne irz möht verbern!«
> er sprach »ist iu nu zornes gâch,
> dâ hoert iedoch genâde nâch.
> sît ir strâfet mich sô sêre,
> ir habt ergetzens êre.
> die wîl mîn hant iu dienst tuot,
> unz ir gewinnet lônes muot.«*

Als Gawan Orgeluse anbietet, sie auf sein Pferd zu heben, weist diese ihn zurück und setzt sich mit einem behenden Sprung auf den Rücken des Pferdes. Sie fordert von Gawan, nicht vor ihr, sondern hinter ihr herzureiten. An dieser Stelle ermahnt uns der Dichter, Orgeluse nicht zu tadeln. Er weist darauf hin, daß der Leser deren wahren Charakter noch nicht kennt und daß er sich hüten möge, voreilig über diese Beziehung zu urteilen, solange er nicht wirklich erkannt hat, was in ihrem Herzen vorgeht.

---

* »... Seid mir willkommen, Ihr Dummkopf! Wenn Ihr in meinen Dienst tretet, seid Ihr der größte Narr auf der ganzen Welt. Ach, laßt ab davon!« Er aber erwiderte: »Wenn Ihr jetzt zornig seid, müßt Ihr mich um so gewisser erhören, denn nach heftigen Worten kann's Euch nur ehren, mich dafür zu entschädigen. Ich werde Euch so lange dienen, bis Ihr Euch dazu entschließt, mich zu belohnen.«

Gawan, hinter Orgeluse herreitend, erblickt die Burg, aus deren Fenstern vierhundert gefangene, auf Freilassung hoffende Damen hinausschauen. In demselben Augenblick begegnen sie einem geheimnisvollen Ritter namens Lischoys Gwelljus. Orgeluse dreht sich nach Gawan um und sagt: »Von Anfang an habe ich Euch gewarnt, daß Ihr hier nur Schmach erleiden werdet; darauf habe ich geschworen und werde diesem Schwur treu bleiben. Schützt Euren Rücken und kehrt um, so lange es Euch noch möglich ist!«

Nun erscheint ein Fährmann, und Herzogin Orgeluse springt in sein Boot; aber der Fährmann erlaubt Gawan nicht, Orgeluse zu begleiten. Diese spricht: »Wenn Ihr diesen Ritter besiegt, werdet Ihr mich wiedersehen. Aber es ist sinnlos, darauf zu zählen.« Und so fährt sie davon.

Nun kämpfen Gawan und Lischoys Gwelljus miteinander, und Gawan ist Sieger. Er überlegt, ob er den Ritter, der zu seinen Füßen liegt, töten soll, aber er entschließt sich, ihm das Leben zu schenken, ungeachtet der Tatsache, daß der besiegte Held der Fehde nicht abschwören will. Aber dann kommt Gawan der Gedanke, sich des Ritters Pferd zu bemächtigen – und er schwingt sich auf dessen Rücken. Doch – o Wunder – kaum sitzt er im Sattel, erkennt er, daß es sich um Gringuljete, sein eigenes Pferd, handelt. Hier gibt uns der Dichter ein Rätsel auf, denn offensichtlich war Lischoys Gwelljus auf sonderbare Weise in den Besitz Gringuljetes gekommen. Gawan ist durch die Niedertracht Urians, des betagten Ritters, den er als ersten in diesem Reiche traf, seines Pferdes beraubt worden. Wie es Lischoy Gwelljus in seinen Besitz gebracht hat, bleibt für uns eine offene Frage.

Nun kämpfen die beiden erneut, und wiederum bleibt Gawan Sieger. Aber diesmal ist er nahe daran, seinen Gegner umzubringen. Er läßt erst nach langem Erwägen Gnade walten. Er scheint zu sich selbst folgendes zu sagen: »Wenn ich jetzt diesen Helden töte, der im Dienste Orgeluses kämpft, werde ich als Ergebnis ihre Liebe verlieren. Um ihr zu gefallen, will ich ihn am Leben lassen.« So schließen sie

Frieden und setzen sich – jeder für sich allein –, um auf die Rückkehr des Fährmanns zu warten.

Der Fährmann erscheint, einen einjährigen Falken bei sich tragend, und spricht: »Es ist hier Sitte, daß das Pferd des Besiegten mir gehören soll!«

Gawan ist erzürnt und erwidert gereizt: »Bin ich irgendein Händler, daß ich Zoll bezahlen soll?« Doch der Fährmann beharrt auf seinem Recht. In einem wahrhaft ritterlichen Zweikampf hat Gawan das Streitroß errungen, und er ist durchaus nicht geneigt, es dem Bootsmann auszuhändigen. Trotzdem befindet er sich in einer mißlichen Lage, ist es doch sein eigenes Pferd, das er fortgeben muß, obwohl er der Sieger ist.

Plötzlich begreifen wir, welch wichtige Persönlichkeit der Fährmann in Wirklichkeit ist, wenn dieser die folgenden weisen und bedeutsamen Worte zu Gawan spricht:

> ... wand iuwer hant in nider stach,
> dem al diu werlt ie prîses jach
> mit wârheit unz an disen tac.*

Diese Worte können sich nur auf Parzival beziehen. Denn seit Parzival der niemals lächelnden Cunneware ein Lachen entlockte, ist er als Ritter bekannt, der den höchsten Preis gewonnen hat. Hat Gawan Parzival besiegt? Lischoys Gwelljus ist eine in Fleisch und Blut vorhandene Gestalt. In der Tat handelt es sich um den Gatten von Gawans Schwester. Dennoch scheint es, daß uns der Dichter glauben machen wollte, daß sich Parzival selbst hinter der Maske dieses Ritters verberge – Parzival hat sich sozusagen der Seele des Ritters selbst einverleibt. So verstehen wir die Freude des Fährmanns, als Gawan vorschlägt, ihm anstelle des Gralspferdes den besiegten Ritter zu überlassen:

---

* Ihr habt einen Ritter niedergestochen, der hier bis heute als der berühmteste Held galt.

dô vröute sich der schifman.
mit lachendem munde er sprach
»sô rîche gâbe ich nie gesach,
swem si rehte waere
ze enpfâhen gebaere.
doch, hêrre, welt irs sîn mîn wer,
übergolten ist mîn ger.«*

Der Fährmann fordert, daß Gawan den Ritter über den Fluß führen und ihn in sein Haus bringen möge. Gawan erwidert:

... »beidiu drîn unt dervür,
unz innerhalp iuwer tür,
antwurte ich in iu gevangen.«**

»Heute Nacht sollt Ihr mein Gast sein«, spricht der Fährmann. Wir erinnern uns, wie der Fischer Parzival in die Gralsburg eingeladen hatte, wo er zu seinem Gastgeber wurde. Und nun ist es Gawan, der im Reiche der Zauberburg zum Gast des Fährmanns wird, der ihn in sein Haus mitnimmt.

Jene, denen Goethes *Märchen von der grünen Schlange und der schönen Lilie* bekannt ist, werden die Ähnlichkeit dieses Motivs mit jenem Märchen sofort erkennen. Auch dort muß ein Fährmann von jenen bezahlt werden, die über den Fluß – das heißt, hinüber zu einer höheren Bewußtseinsstufe – geführt sein wollen. Was Goethe schildert, ist ein Teil vom Abenteuer der Zauberburg. Goethe waren die

---

* Der Fährmann freute sich über das Angebot und rief lachend: »Solch reiches Geschenk erhielt ich nie! Ich weiß nur nicht recht, ob ich es annehmen kann. Herr, wenn Ihr Euch allerdings dafür verbürgt, dann ist meine Forderung mehr als erfüllt.«
** »Ich liefere ihn Euch als Euern Gefangenen aufs Schiff und wieder hinaus bis in Euer Haus!«

Erfahrungen in dieser Region vertraut, und in mancher Hinsicht folgte er demselben Pfad wie Gawan. Von diesem Gesichtspunkt aus kann ein großer Teil des Geheimnisses um Goethes tiefe okkulte Einsichten verstanden werden.

Beinahe widerwillig wohnt Gawan beim Fährmann, er leidet aber unmäßige Qualen der Leidenschaft für die bezaubernde Orgeluse. Der Fährmann tröstet ihn jedoch, indem er ihm sagt, daß er sich nun im Reiche Clinschors befinde, wo man ›heute traurig und morgen fröhlich‹ ist. Man beachte, daß sich hier keine Spur von jener Art ›Standhaftigkeit‹ findet, wie sie von Parzival auf seiner Suche nach dem Gral gefordert wird. In der Tat schickt der Fährmann seine eigene Tochter in Gawans Zimmer, auf daß sie für ihn sorge:

> Gâwân al eine, ist mir gesagt,
> beleip aldâ, mit im diu magt.
> hete er iht hin ze ir gegert,
> ich waen si hete es in gewert.
> er sol ouch slâfen, ob er mac.
> got hüete sîn, sô kom der tac.*

Als Gawan erwacht, sieht er die Tochter des Fährmanns in seinem Zimmer, wo sie bis zu seinem Erwachen gesessen hatte. Sofort erkundigt er sich nach den vierhundert in der Burg gefangenen Damen, und die Befragte wird schreckensbleich. Sie gesteht, daß sie darüber Bescheid wisse, aber es ihm nicht zu sagen wage. Sie bittet ihn, die Frage nicht erneut zu stellen. Wir sehen, daß hier die Umstände – im Vergleich zur Gralsburg – gerade umgekehrt liegen. Dort wird erwartet, daß Parzival Fragen stellen soll. In der Tat entspringt seine ganze Tragödie dem Umstand, daß er dies nicht

---

* Es heißt, daß Gawan mit der Jungfrau allein im Zimmer blieb. Hätte er etwas von ihr begehrt, so wäre es ihm kaum verwehrt worden. Doch er hat seinen Schlaf verdient und mag nun ruhen. Gott behüte ihn! Der neue Tag bringt neue Gefahren.

tat. Aber hier im Reiche der Zauberburg sind Gawans Fragen höchst unwillkommen:

> Gâwân sprach aber wider ze ir,
> mit vrâge er gienc dem maere nâch
> umb al die vrouwen die er dâ sach
> sitzende ûf dem palas.
> diu magt wol sô getriuwe was
> daz si von herzen weinde
> und grôze clage erscheinde.*

Ihr Vater stürzt ins Zimmer, als er das bittere Wehklagen vernimmt. Er findet seine Tochter auf Gawans Bett sitzend, doch als er sie unversehrt sieht, ist er nicht im geringsten erzürnt und bemüht sich nicht einmal, die Frage zu stellen, was zwischen den beiden vorgefallen war. Und der Dichter fügt mit feinem Sinn für Humor bei, daß es der Vater nicht übelgenommen hätte, was immer auch zwischen den beiden geschehen wäre. Denn dies ist das Reich der Zauberburg, wo die sexuelle Freiheit regiert. Und welch ein Spiegelbild dieser Situation stellt die Freizügigkeit unserer Zeit in der westlichen Welt dar!

> dô sprach er »tohter, weine et niht.
> swaz in schimpfe alsus geschiht,
> ob daz von êrste bringet zorn,
> der ist schier dâ nâch verkorn«.**

Doch Gawan ist bemüht, dem Fährmann zu versichern, daß nichts geschehen sei, über das er nicht offen sprechen könnte. Er habe das Mädchen nur mit Fragen bedrängt, die sie aus

---

* Gawan aber ließ nicht ab und fragte wieder, was es mit den Damen oben im Palast auf sich hätte. Die Jungfrau, die es gut mit ihm meinte, begann bitterlich zu weinen und zu klagen.
** ... denn er sprach zu ihr: »Weine nicht, meine Tochter. Was so im Scherz geschieht, verschmerzt man doch recht bald, ist man auch erst erzürnt.«

irgendwelchen Gründen erschreckt zu haben schienen. Und nun ist Gawan entschlossen, Antwort auf seine Fragen zu erhalten. Er erkundigt sich beim Fährmann über das Geschick der Damen in der Zauberburg.

»Um Gottes willen, fragt mich nicht nach deren Schicksal«, erwidert der Fährmann angstvoll. »Schlimmste Not herrscht dort. Und solltet Ihr für jene Damen so viel Sympathie empfinden, daß Ihr das Fragen nicht lassen könnt, so werdet Ihr bald wünschen, in deren Namen zu kämpfen. Dies wird Euch in entsetzliches Leid führen.«

Doch Gawan beharrt darauf, eine Antwort zu erhalten. Somit erwidert der Fährmann: »Da Ihr zu fragen nicht aufhören könnt, werde ich Euch einen Schild leihen, mit dem Ihr jederzeit gerüstet sein müßt, denn Ihr befindet Euch hier im Zauberland, und in diesem Reich steht das *Lit marveile*. Niemand ist bis anhin fähig gewesen, dieses Abenteuer zu bestehen, nach dem Ihr Euch nun erkundigt.«

Gawan fürchtet sich nicht vor dem Abenteuer, aber er will genau herausfinden, was es damit auf sich hat. »Wenn Ihr den Kampf besteht, werdet Ihr Herr dieses Landes werden, und Ihr könnt sowohl all die gefangenen Damen als auch zahlreiche edle Ritter befreien.«

Dann sagt er weiter: »Euer Ansehen ist schon groß, denn Ihr habt Lischoys Gwelljus besiegt. Und er ist so mutig, daß er mit niemandem außer mit Ither von Gaheviez verglichen werden kann.« An dieser Stelle äußert der Fährmann etwas Erstaunliches, das von größter Bedeutung ist:

> der Ithêrn von Nantes sluoc,
> mîn schif in gestern über truoc.
> er hât mir vünf ors gegeben
> diu herzogen und künege riten.*

---

* Den Mann, der Ither von Nantes erschlug, habe ich gestern übrigens mit meinem Schiff übergesetzt. Er ließ mir fünf Pferde, die Herzöge und Könige geritten haben.

So erfahren wir, daß Parzival fünf Ritter besiegt und ihre Pferde dem Fährmann überlassen hatte. Parzival befindet sich offenbar auch in der Zauberburg.

Wir erfahren auch, daß Orgeluse Zeugin dieses Sieges gewesen war, und daß sie Parzival nachritt, um ihm ihre Liebe anzubieten. Parzival hat diese jedoch zurückgewiesen. Nun begreifen wir wahrhaftig, daß Parzival und Gawan ein gleichartiges Abenteuer bestehen müssen. Aber Orgeluse weist den von Liebesqualen gemarterten Gawan zurück.

Andererseits bietet sich Orgeluse Parzival an, der sie jedoch nicht haben will. Und der Dichter teilt uns deutlich mit, daß Parzival auf seiner Suche nach dem Gral hierher geführt worden ist. Als Gawan diese Geschichte vernimmt, will er wissen, ob sich Parzival auch nach dem Schicksal der Damen in der Burg erkundigt hat. Der Fährmann besteht darauf, daß Parzival keine derartige Frage gestellt habe.

Es ist klar, daß die Begegnung zwischen Orgeluse und Parzival stattgefunden haben muß, bevor der Fährmann Orgeluse über den Fluß führte. Doch bis dann ist Gawan ständig an ihrer Seite. Es scheint, daß uns der Dichter wissen lassen will, daß er die Geschichte von Parzivals Erfahrungen in der Zauberburg sichtlich auf verschlungenem Weg erzählt. Dies scheint zu der Andeutung zu passen, daß sich hinter der Figur des Lischoys Gwelljus Parzival verbirgt.

Es ist recht bemerkenswert, wie plötzlich der Dichter von Lischoys Gwelljus zu Ither wechselt, um dann von Parzival über den Kampf der fünf Ritter zum Geschenk ihrer Pferde an den Fährmann überzugehen.

Diese fünf Ritter und ihre Pferde sind von größter Bedeutung, da sie jene Eigenschaften und Kräfte repräsentieren, die mit der Entwicklung und dem Öffnen der im Solarplexus gelegenen zehnfachen *Chakras* in Verbindung stehen. Die fünf Sinne müssen so weit beherrscht werden, daß sie sich nicht ins Seelenleben eindrängen, um dort die Fähigkeit, die Welt in jedem Augenblick neu wahrzunehmen, zu zerstören. Die beteiligten Sinne sind: Hören, Sehen, Riechen, Schmekken und Fühlen. Man bedenke, in welchem Maße die Seele gerade beim Betreten neuer Orte oder bei der Begegnung mit neuen Menschen durch die Assoziation von Erinnerungen an andere Orte und Menschen behindert wird.

Und wie oft beginnen wir eine Unterhaltung über etwas, das wir gesehen oder gehört haben, wobei wir uns dieses Gesehen- oder Gehörthabens jedoch nicht bewußt sind? Durch das Denken müssen wir das Bewußtsein unserer Wahrnehmungssinne beherrschen lernen. Das heißt, diese Tätigkeit liegt im Bereich des denkenden Geistes von Parzival und nicht in jenem Gawans und des Gefühls des Herzens.

Warum trachtet der Dichter danach, all diese Ereignisse auf so geheimnisvolle Art zu verbergen? Der Grund ist offensichtlich. Die Abenteuer Parzivals in der Gegend der Zauberburg müssen verborgen bleiben, weil Parzivals Kräfte die Richtung des Denk-Willens betreffen, während sich Gawan mit dem Feuer des Herzens befaßt, das den Willen zum Handeln anregt.

Der Mensch lebt in seinem Intellekt hauptsächlich als Mensch des Wissens. Dennoch ist die Tätigkeit des Denkens auf geheimnisvolle Weise von jener des Willens durchdrungen. Dies ist es, was wir nur als ›den Willen im Denken‹ bezeichnen können. Umgekehrt aber lebt der Mensch in seinen Gliedmaßen und in seinem Stoffwechsel hauptsächlich willensmäßig. Gleichwohl wirkt das ›Wissen‹ auch hier unbewußt. Dies können wir als von Willen durchsetztes ›Denken‹ bezeichnen. In der Sprache der Bibel ›erkannte Adam sein Weib‹; der Genius der Sprache bringt etwas von diesem Geheimnis zum Ausdruck.

In den Augen des Dichters sucht Parzival den Gral auf dem Pfad des Wissens – das heißt, wahrnehmendes Wissen ist sein Weg der Initiation. Im Gegensatz dazu sucht Gawan den Weg zur geistigen Welt mit den Kräften des Herzens, die so eng mit dem menschlichen Willen verbunden sind. Hier kommen die Kräfte des Wissens nur in Sympathie und Mitgefühl zum Schwingen und sind schwieriger zu beobachten.

Aus diesem Grunde muß Parzival im Bereich der Zauberburg stets im Hintergrund bleiben. Denn er nimmt auf sehr
wirkliche – wenn auch rätselhafte – Art an den Abenteuern
Gawans in diesem magischen Reich Clinschors teil.

Während sich Gawan für dieses Abenteuer rüstet, rät ihm
der Fährmann, sein Pferd dem Händler am Schloßtor in Obhut zu geben. Wiederholt wird Gawan verleumderisch als
ein Händler oder Kaufmann beschrieben. Auch hier findet
sich ein Körnchen Wahrheit in dieser Verleumdung, denn
durch die Eroberung der Zauberburg werden die Waren des
Händlers zu Gawans kostbaren Besitztümern. Der aufmerksame Leser muß sich zufolge dieser Erläuterungen über das
Karma der Figur Gawans – die im 9. Jahrhundert auf der
Suche nach dem Gral lebte – Gedanken gemacht haben. In
der Tat hat Gawan ein tragisches Karma, weil er in einer
früheren Inkarnation, während der Zeit des Mysteriums zu
Golgatha, jene unselige Gestalt verkörpert hatte, die vor allem das gefallene Herz der Menschheit widerspiegelt! Folglich war er in den Klauen Ahrimans oder Clinschors, wie
dieser böse Geist von den Gralsrittern genannt wird. Nun ist
es Gawans Schicksal, die Mächte Clinschors an deren Quelle zu überwältigen. Dies ist sein Pfad der Erlösung, auf daß
er eine reine Seele erlange, durch welche der mächtige Geist
Parzivals sprechen und handeln möge. Wer dieses Mysterium versteht, hat das Recht errungen, sich selbst einen manichäischen Christen zu nennen.

Gawan vernimmt nun von dem Fährmann, daß das furchtbare *Lit marveile* ein Bett sei, das mit vier Rädern ausgestattet ist. Er erteilt ihm aber den Rat, niemals seinen Schild oder
sein Schwert aus den Händen zu geben. Daraufhin geschieht
alles so, wie der Fährmann es geschildert hat. Gawan steigt
vom Pferd, findet den Händler vor und prüft seine Ware. Der
Händler spricht zu ihm: »All dies wird Euch gehören, falls Ihr
siegt. Vertrauet auf Gott.«

Ferner fragt der Händler auch: »Hat Euch der Fährmann
Plippalinot hierhergewiesen?« – gerade so, wie sich der

Knappe in der Gralsburg bei Parzival erkundigte, ob der Fischer ihm den Weg gewiesen habe. Gawan betritt nun das Innere der Burg. Das Dach ist leuchtend bunt wie Pfauenfedern und glitzert in allen Farben. Das Innere der Gemächer ist reichverziert, und die Fenstersäulen sind hochüberwölbt. Es finden sich zahlreiche prächtig ausgestattete Ruhelager, die Wände sind mit Tapisserien und Teppichen bedeckt. Aber Gawan gelingt es nicht, die Damen ausfindig zu machen. Schließlich erreicht er ein sehr großes Zimmer mit einem Fußboden glatt wie Glas, auf dem das *Lit marveile*, das Wunderbett, steht.

Das *Lit marveile* besitzt vier Rubinräder und steht auf einem Fußboden, der nach genauen Anweisungen Clinschors mit Sardin, Jaspis und Chrysolith eingelegt worden war. Die Besonderheit des Bettes besteht darin, daß es in Bewegung gerät, sobald sich jemand daraufsetzt. Dann rast es wie ein Sturm dahin und stößt gewaltig gegen alle vier Wände des Raumes. Das ist die Prüfung, die Gawan nun aushalten muß.

Alle, welche die Burg betreten, lernen das Wunderbett *Lit marveile* kennen. Dieses Bett stellt ein imaginatives Bild für ein Geheimnis der menschlichen Natur dar. Wer auch immer diese magische Welt betritt, muß die normale Art der Gedankenbildung hinter sich lassen; er muß sein Erinnerungsvermögen vor der Tür lassen. Das heißt, er muß sein Pferd in die Obhut des Händlers geben, dessen Waren er rechtmäßig sein eigen nennen wird, sobald er die Abenteuer durchgestanden hat.

Die geistigen Vorstellungen des Alltags erweisen sich als statische Bilder – das heißt, sie sind ohne Bewegung. Es handelt sich dabei um in Ruhe betrachtete geistige Vorstellungen. Sollte jedoch ein Mensch im Reich der Zauberburg das Innere betreten, so sieht er sich in die Triebwelt des Lebensprozesses vorgedrungen, die sich ansonsten dem intellektuellen Bewußtsein entzieht. Er hat nun nicht länger Bilder vor sich, sondern er stellt selber ein Bild in einer Bilderwelt dar, so wie der Träumende selbst an einem Traum beteiligt ist.

Aber diese Bilder sind in Bewegung, und es ist nicht der Mensch selber, der sie in Bewegung versetzt hat – eher entspringt dies dem Umstand, daß die Bewegung den Bildern selbst innewohnt.

Im Alltagsbewußtsein strömt diese ewig in Bewegung befindliche Flut von Bildern in uns ein, doch sind wir vor deren Gesamtwirkung geschützt. Ein einfaches Experiment kann uns diese Welt für einen Augenblick enthüllen. Wenn wir in die Sonne schauen und danach die Augen schließen, haben wir hinter den geschlossenen Augen ein komplementäres Bild der Sonne vor uns. Aber wir können das Bild nicht festhalten, weil es sich zu bewegen beginnt und rasch den Standort und die Farbe wechselt. Dieses sich bewegende, wechselnde und sich auflösende Bild erscheint an jenem Punkt, wo der seelische Prozeß den Lebensprozeß des Körpers kreuzt. Indem wir die komplementäre Farbe zur Sonnenscheibe erleben, beobachten wir beinahe wie im Traumzustand den Wachstumsverlauf des Organismus. Dieses Experiment, das durchzuführen jedermann möglich ist, kann beliebig ausgedehnt werden. Alle physiologischen Prozesse des Körpers können durch bewegliche Formen dieser Art in das menschliche Bewußtsein eingehen. Mittels geeigneter okkulter Übung ist es möglich, die peristaltische Bewegung der Eingeweide zu betrachten, der Blutbildung im Knochenmark und der Lymphflüssigkeit gewahr zu werden und sogar eine innere Wahrnehmung der Erinnerungskräfte zu erfahren. Ein Mensch, der auf diese Art wahrzunehmen lernt, befindet sich in der Zauberburg. Alle, die derartige Erkenntnisse erlangt haben, wissen, warum es Mut erfordert, sich auf das rollende Bett zu legen – auf das *Lit marveile*.

In der Regel – außer beim Gebrauch halluzinogener Drogen – ist der Mensch vor der Wahrnehmung seiner eigenen organischen Prozesse geschützt. Wenn ein solch bewegliches Bildbewußtsein plötzlich eines Menschen Wachbewußtsein bedrängt, so fühlt er sich gezwungen, diese Bilder zu prüfen und zu ordnen, statt sie gelassen hinzunehmen.

Sobald er jedoch die Flut der Bilder zu ordnen versucht, stellt er mit Bestürzung fest, daß er weder die Erfahrung noch die Weisheit besitzt, in den Prozeß eingreifen zu können. Die Schwierigkeiten, die sich als Ergebnis solcher Eingriffe einstellen, sind von Wolfram von Eschenbach im Kampf mit dem Löwen beschrieben worden.

Wenn sich ein Mensch auf das *Lit marveile* setzt, lernt er schnell sehr viel über die wahre Natur des menschlichen Wesens. Die bewegliche Bilderwelt findet sich nicht im unteren Teil des Organismus. In der Tat stellt er fest, daß sich der Lebensprozeß des Stoffwechsels im Bereich des Kopfes widerspiegelt. Und wenn diese innere Erfahrung näher untersucht wird, so entdeckt man, daß das, was im Bereich des Kopfes als Reflektion der unteren Stoffwechseltätigkeit erfahren wird, die Gedankenwelt des Menschen darstellt. Man ist in die Welt der Imagination eingetreten, und es bedarf einer langen Schulung, um in dieser Sphäre ein Eingeweihter zu werden.

Goethe war zweifellos ein Eingeweihter dieses Bereiches. In seinem *Märchen von der grünen Schlange und der schönen Lilie* schildert er die Fahrt über den Fluß mit dem Fährmann. Und wir sehen, wie er auch um die Erfahrung des Sicherhebens des unteren Menschen über den Kopf hinaus weiß. Die Frau des alten Mannes mit der Lampe trägt einen Korb auf dem Kopf. Was vom Inhalt des Korbes tot ist, empfindet sie nicht als schwer, aber das, was lebt, ist schier unerträglich. Wenn man mit einer Erfahrung dieser Art vertraut ist, wird Wolframs Beschreibung der Zauberburg sofort erkennbar sein.

Auf dem Weg zu diesem nicht-statischen Denken werden jene, die sich auf der Suche nach dem Gral befinden, sich noch mancher Prüfung zu unterziehen haben. Wir werden diese Prüfungen anhand von Gawans Erfahrung schildern.

Wolfram von Eschenbach beschreibt uns den betäubenden Lärm und den Tumult, die sich erheben, sobald sich Gawan auf das Bett setzt; er gibt uns ein Bild davon, wie das

Bett unter donnerndem Getöse im Zimmer umhersaust und gegen die vier Wände stößt. Aber Gawan empfiehlt sich Gott und bedeckt sich mit dem Schild des Fährmanns. Plötzlich steht das Bett still, und das Dröhnen nimmt ein Ende.

Gawans Einweihungsprüfungen sind keineswegs beendet. Sie erhalten bloß eine andere Form. Ungeheuer schwere Steine werden auf ihn geschleudert. Danach folgen unzählige Pfeile. Er fühlt sich am ganzen Körper zerschunden und bunt und blau geschlagen. Und als ob dies alles noch nicht genug wäre, sieht er sich nun einem von oben bis unten mit Fischschuppen bedeckten Riesen gegenüber. Dieser Riese trägt eine große Keule bei sich, doch versichert er Gawan, daß er von ihm nichts zu befürchten habe. »Der Angriff wird aus einer anderen Richtung kommen«, warnt er Gawan. Als Gawan dieses vernimmt, bereitet er sich auf einen Kampf vor; er nimmt sein Schwert und schlägt damit die Pfeile ab, die durch seinen Schild gedrungen sind. Plötzlich hört er das Brüllen eines Löwen, und schon springt ihn das gewaltige Tier mit entsetzlicher Wildheit an. Gawan schlägt dem Löwen ein Bein ab, aber dieser setzt den grausamen Kampf fort, so als ob er Kräfte für drei hätte. Das Tier kommt so nahe, daß Gawan dessen schnaubenden Atem auf seinem Gesicht verspürt. Schließlich gelingt es ihm, den Löwen zu töten, doch er selbst bleibt in einem Zustand todesähnlicher Bewußtlosigkeit zurück.

Wir werden all diese seltsamen und wunderbaren Ereignisse verstehen, falls wir sie als Folge dessen betrachten, was bereits vorgefallen ist. Beim Betreten der geistigen Welt scheint alles eine Widerspiegelung der irdischen Erfahrung zu sein. Es scheint dem Novizen, als ob er sich am Mittelpunkt einer großen reflektierenden Erdkugel befinde. Was in einem Menschen als Gedanken und Gefühle seinen Anfang nimmt, erfährt er nicht mehr als von ihm ausgehend, sondern als auf ihn niederstürzend. Was hier beschrieben wird, stellt einen Riesenschritt zur Selbsterkenntnis dar. Gawan muß sich vergegenwärtigen, wie schwerfällig seine Gedanken in

Wirklichkeit sind und welch schädliche Form seine Gefühle angenommen haben. Seine Gedanken erscheinen ihm wie schwere Mühlsteine, seine Gefühle wie scharfe Pfeile.

Diese Erfahrung des Widerspiegelungsprozesses kann noch von einem untergeordneten physiologischen Verlauf begleitet sein. Wenn alles problemlos erfolgt, so wird der Prozeß als reine Imagination erlebt. Ist er jedoch von geringstem Angstgefühl begleitet, so vermischt sich der imaginative Prozeß mit der Physiologie des Körpers, und der Blut- und Atemrhythmus werden gestört.

All diese Einzelheiten stimmen mit dem Zusammentreffen mit dem Löwen überein, wie es von den Alchimisten des Mittelalters beschrieben wird. Aber diese Prüfung ist nur dann wirklich bestanden, wenn der Kampf mit dem Löwen geschickt vermieden wird. Statt dessen sollte sich der Novize mit einem gewandten und entschlossenen Sprung auf den Löwen setzen. Der Sprung auf den Rücken des Löwen ist ein Bekenntnis, daß der nach Initiation Suchende weiß, daß er selber zu wenig Weisheit besitzt, um auf den magischen Prozeß von Atmung und Blutkreislauf einwirken zu können. Und mit dem Sprung auf den Rücken des Löwen empfiehlt er sich Gott, daß dieser ihn vor Gefahr schützen möge.

Wenn all dies mit Erfolg ausgeführt wird, ist die Mutprobe bestanden und der Löwe gezähmt. Gawan besteht diese Prüfung nicht vollumfänglich. Er tötet den Löwen, und dadurch kommt sein Herz beinahe zum Stillstand, und seine gesamte Körperfunktion ist gefährlich vermindert. Der Dichter erzählt uns, daß Gawan in Ohnmacht fällt und mehr tot als lebendig liegenbleibt. Möglicherweise wäre er gestorben, wenn ihm die eingeschlossenen Damen nicht zu Hilfe geeilt wären. So kommt er langsam wieder zu sich und stellt fest, daß die Prüfungen vorbei sind und daß er sie recht gut bestanden hat. Was noch fehlt, wird er in den Abenteuern, die wir noch schildern werden, zu ergänzen haben.

Bei Tagesanbruch beginnt Gawan, die Zauberburg weiter zu erforschen, und er entdeckt ein weites und herrliches Gemach. Indem er eine Wendeltreppe hinaufsteigt, erblickt er ein prachtvolles Kuppelgewölbe, in dessen Mitte sich eine wunderschöne Säule befindet. Es ist dies die magische Säule der Zauberburg, die Clinschor aus dem Königreich des Feirefiz mitgebracht hatte. Das Fenster des Kuppelgewölbes ist mit kostbaren Edelsteinen geschmückt – Diamanten, Amethysten, Topasen, Granaten, Chrysolithen, Rubinen, Smaragden und Sardern. Die Säule, welche unmittelbar unter dem Kuppelgewölbe steht, ist ein großes Wunder der Magie.

Sie entspricht einem magischen Spiegel. Beim bloßen Betrachten der Säule wird darauf sofort die gesamte Umgebung sichtbar.

> dâ vand er solh wunder grôz,
> des in ze sehen niht verdrôz.
> in dûhte daz im al diu lant
> in der grôzen siule waeren bekant,
> unt daz diu lant umb giengen,
> unt daz mit hurte enpfiengen
> die grôzen berge ein ander.
> in der siule vand er
> liute rîten unde gên,
> disen loufen, jenen stên.
> in ein venster er gesaz,
> er wolt daz wunder prüeven baz.*

Die Säule der Zauberburg entspricht dem Gral. Der Gral ist verborgen und schwer zu finden. Man nähert sich ihm von einem bestimmten Umkreis aus, und er wird erst nach einer

---

* Er fand ein solches Wunderwerk, daß er nicht müde wurde, es anzusehen. Ihm schien, als sähe er auf der großen Säule alle Länder der Erde kreisen, so daß die großen Berge einander in rascher Folge ablösten. Er sah auf der Säule Menschen reiten und gehen, diesen laufen und jenen stehen. Schließlich setzte er sich in eine Fensternische, um das Wunderwerk genauer zu betrachten.

meilenweiten langen Reise durch den Wald erreicht. Die Wundersäule der Zauberburg wird an einem Ort gefunden, den man nicht mehr so leicht verlassen kann, wenn man dort einmal eingetreten ist. Vierhundert Damen und vier Königinnen sind hier eingesperrt. Aber beim Betrachten der Säule wird mit einem Schlag die ganze Umgebung enthüllt.

Wolfram von Eschenbach berichtet uns nun, daß diese Wundersäule groß genug war, um Raum für den Sarg Kamilles zu bieten. Kamille ist eine Figur in Vergils Äneis. Sie war die Tochter Matabus' und Kasmillas und stammte aus der saturn-inspirierten Stadt Piperno. Sie fiel im Kampf gegen die Trojaner, wurde jedoch unverzüglich durch die Göttin Diana gerächt, der sie als Kind geweiht worden war. Bei einer früheren Erwähnung vergleicht sie der Dichter mit Orgeluse von Lorgoys. So sehen wir, daß die Säule dazu bestimmt war, den Sarg Orgeluses statt jenem der Kamille zu tragen. Wolfram weist an dieser Stelle darauf hin, daß Gawans Leidenschaft für Orgeluse vor dem Betrachten der Säule hätte beerdigt werden sollen.

Weil Gawan Orgeluse immer noch leidenschaftlich begehrt, erblickt er sie nun im magischen Bild der Säule in Begleitung eines Ritters, mit dem er auf der anderen Seite des Flusses kämpfen muß. Königin Arnive, die Gawan mit einer Zauberwurzel nach seinem verzweifelten Kampf mit dem Löwen geheilt hatte, erzählt ihm nun einige Geheimnisse der Säule. Sie erklärt ihm, daß die Säule ihr Licht sechs Meilen in die Runde leuchten läßt, so daß alles, was innerhalb dieses Umkreises geschieht, gesehen werden kann. Ferner vernimmt er, daß diese Säule eigentlich Königin Secundille gehört hatte, daß sie jedoch von Clinschor entwendet worden war.

Es wird uns weiter berichtet, wie Gawan immer noch von seiner Liebe zur Herzogin Orgeluse gepeinigt wird – doch das, was beim Erblicken im magischen Spiegel begehrt wird, muß unvermeidlich zum Konflikt führen. Und dies bedeutet wiederum, daß Gawan über den Fluß zurückkehren muß, den er, um in die Zauberburg einzutreten, überquert hatte.

Auch Kamille war als Kind an einen Speer gebunden und über den Fluß geschossen worden, doch indem sie Diana um Hilfe anrief, hatte sie Rettung gefunden. In Goethes Märchen wird die Säule nicht erwähnt, die wunderschöne Lilie aber wächst jenseits des Flusses, den sich Goethe zweifellos als Strom der Leidenschaft denkt. Wird das noch nicht gereinigte Gold des Wissens in diesen Strom geworfen, so beginnt dieser zu kochen und zu brodeln, und der Herr des Flusses, der Fährmann, wird zornig.

Um seine Leidenschaft zu läutern, muß sich Gawan, wiewohl aufs äußerste erschöpft, neuen Prüfungen unterziehen. Erst wenn er sein starkes sexuelles Begehren für Orgeluse überwunden hat, kann er im höchsten Sinne mit ihr vereinigt werden. Gawan legt seine Rüstung an, besteigt sein Gralspferd Gringuljete, das der Händler für ihn verwahrte, und fährt mit dem Fährmann zurück, der ihm nun eine Lanze überreicht, um damit gegen Turkoyte zu kämpfen, der ihn am andern Ufer des Flusses zum Zweikampf erwartet.

Gawan, dessen Kraft durch die Gegenwart seines Gralspferdes gesteigert ist, macht mit seinem Gegner kurzen Prozeß – der Fährmann erscheint, um das Pferd des besiegten Feindes zu fordern. Aber Orgeluse hat kein einziges Wort der Anerkennung für seine Tapferkeit übrig. Sie zweifelt noch immer an seiner Tugend, und indem sie kühl äußert, daß sie ihm noch immer nicht vertraue, stellt sie ihm eine weitere Aufgabe. Falls er dieses neue Abenteuer in Angriff nimmt und besteht, wird er nicht mehr hinter ihr herreiten müssen; er wird dann an ihrer Seite reiten dürfen.

Und nun stellt sie ihm die Aufgabe, mit seinem Pferd über eine entsetzliche Schlucht zu springen. Die Schlucht wird die ›gefährliche Furt‹ genannt. Ein Abgrund über einem wilden und gefährlichen Fluß. Wenn er diese Schlucht überquert hat, muß er den von König Gramoflanz bewachten Baum suchen. Wenn er ihn gefunden hat, soll er einen Ast abbrechen, daraus einen Kranz flechten und diesen Orgeluse zurückbringen.

Gawan reitet durch den Wald von Clinschor und findet die gefährliche Furt. Mit ungeheurem Mut versucht er darüberzuspringen, doch er verfehlt den gegenüberliegenden Rand der Schlucht und fällt kopfvoran mit seinem Pferd in die reißenden Stromschnellen. Wir erkennen, daß er noch immer nicht genügend vorbereitet ist, um die Prüfung bis zum Ende durchzuhalten. Die Flut der Leidenschaft hat sich einmal mehr seiner bemächtigt.

Zum Glück reitet Gawan ein Gralspferd, denn Gringuljete ist ein guter Schwimmer und trägt Gawan ans andere Ufer. Dort gelingt es Gawan, einen Ast zu ergreifen, die Zügel des Pferdes mit seiner Lanze aus dem Wasser zu fischen und sein Pferd an einen sicheren Landeplatz zu führen. Er findet den erwähnten Baum, bricht einen Ast ab und flicht einen Kranz daraus. Es ist der Kranz der Tugend.

König Gramoflanz, der den kostbaren Baum des Lebens behütet, verwehrt Gawan sein Tun nicht. Er weigert sich, mit nur einem Mann zu kämpfen. Er besteht darauf, sich mit zwei oder mehr Gegnern gleichzeitig zu schlagen:

> … swie vil im ein man tet leit,
> daz er doch mit dem niht streit,
> irn waeren zwêne oder mêr.
> sîn hôez herze was sô hêr,
> swaz im tet ein man,
> den wolte er âne strît doch lân.*

---

* … daß er niemals gegen einen einzelnen zum Kampf antrat, was der ihm auch angetan haben mochte, stets mußten es zwei sein oder mehr. Sein Herz war so hochmütig, daß er einen einzelnen ohne Kampf ziehen ließ, was immer er ihm zufügte.

Gramoflanz versichert Gawan, daß er seinen Anspruch auf
den Kranz keineswegs aufgegeben habe, daß er es jedoch
verschmähe, mit einem einzigen Manne zu kämpfen.
Gramoflanz trägt auf seiner Hand einen Falken – ein Geschenk von Gawans Schwester Itonje, die er insgeheim liebt.
Und nun erzählt er Gawan, daß dieser ein Abenteuer bestanden habe, das für ihn selber bestimmt gewesen war. In plötzlich aufblitzender Inspiration versteht Gawan die gesamte
Verflechtung eigener Verbindungen, die hier miteinbezogen
ist.

Gramoflanz hat den ersten Gatten Orgeluses erschlagen,
und aus diesem Grund hat sie eine Heirat mit ihm abgelehnt.
Gramoflanz gesteht, daß er Orgeluse seit langem entsagt
habe. Er fordert Gawan auf, dessen gewahr zu werden, daß
er der Herr der Zauberburg geworden sei und die Hand der
Dame gewonnen habe, die seine Tugend auf eine so harte
Probe gestellt hatte. Aber Gawan wird nun von Gramoflanz
gebeten, ihm dafür bei der Werbung um Itonje, der Tochter
König Lots von den Orkney-Inseln, behilflich zu sein. Indem
er Gawan einen Ring anvertraut, bittet er ihn, sein Bote zu
sein.

Gawan fragt nun diesen fremden Ritter nach seinem Namen: »Sagt mir, Herr, wer Ihr seid, wenn Ihr schon einen
Kampf mit mir verschmäht?«

»irn sult ez niht vür laster doln«,
sprach der künec, »mîn name ist unverholn.
mîn vater der hiez Irôt:
den ersluoc der künec Lôt.
ich binz der künec Gramoflanz.
mîn hôhez herze ie was sô ganz
daz ich ze keinen zîten
nimmer wil gestrîten,
swaz mir taete ein man,
wan einer, heizet Gâwân,
von dem ich prîs hân vernomen,

daz ich gerne gein im wolte komen
ûf strît durch mîne riuwe.«*

Nun ist Gawan an der Reihe, seinen Namen zu nennen.
Gramoflanz ist bereit, mit ihm zu kämpfen, um seinen Vater
zu rächen, den Gawans Vater erschlagen hatte. Sie vereinba-
ren, daß in sechzehn Tagen zu Bems an der Korca ein Kampf
stattfinden soll. Danach nehmen sie voneinander Abschied.

Auf dem Rückweg gelingt es Gawan mit seinem Pferd, die
gefährliche Furt in einem wagemutigen Satz zu übersprin-
gen, und er landet genau neben der Stelle, wo ihn Orgeluse
erwartet. Voller Stolz überreicht er ihr den Kranz der Tugend, den er errungen hatte. Orgeluse bricht weinend zusammen und beginnt ihm von ihrem verlorenen Gatten Cidegast zu erzählen:

… sînen prîs sô hôch gestecket,
daz in niemen kunde erreichen,
den valscheit möhte erweichen.
sîn prîs hôch wahsen kunde,
daz die andern wâren drunde,
ûz sînes herzen kernen.
wie louft ob al den sternen
der snelle Sâturnus?**

---

* »Das soll Euch nicht zur Unehre gereichen«, erwiderte der König. »Auch mein Name sei Euch nicht verschwiegen. Mein Vater
hieß Irot, ihn erschlug König Lot; ich bin König Gramoflanz.
Mein edles Herz ist stolz genug, den Kampf mit einem einzelnen
Mann abzulehnen, was er mir auch Böses zufügte. Nur einen
nehme ich davon aus. Er heißt Gawan, und von ihm habe ich
schon so viel Rühmenswertes gehört, daß ich mich mit ihm im
Kampf messen würde.«
** … und hat seinen Ruhm so erhöht, daß sich niemand mit ihm
messen konnte, der zu Falschheit neigt. Tief aus seinem Herzen
wuchs sein Ansehen empor, und alle andern standen weit darunter. Zieht nicht auch der Saturn in schnellem Lauf hoch über allen andern Sternen seine Bahn?

Somit vergleicht Orgeluse ihren verstorbenen Ehegatten Cidegast mit dem Saturn. Sie sagt, daß er ebenso treu war wie das Einhorn, das sich für die Reinheit der Jungfrau selbst opferte. Plötzlich findet eine herrliche Wandlung in Orgeluses Haltung gegenüber Gawan statt. Er hat die Prüfung bestanden. Er steht nun auf der Stufe von Cidegast-Saturn. Sein Wert hat ihn nun zum äußersten Planeten erhoben.

Gerade so, wie Parzival mit der Kraft des Saturns in die Gralsburg ritt, so wird nun Gawan mit derselben Kraft Herr der Zauberburg. Die Leidenschaft in ihm ist besiegt. Er hat das überstanden, was Buddha als *Samskara* bezeichnete, die verzehrende Kraft der Begierde. Der todbringende Saturn hat diese Leidenschaft nun ins Grab gelegt. Orgeluse nimmt dies mit folgenden Worten klar zur Kenntnis:

> ... dem golde ich iuch gelîche,
> daz man liutert in der gluot:
> als ist geliutert iuwer muot.*

Orgeluse erweist Gawan nun zärtliche und liebevolle Fürsorge. Er hebt sie auf sein Pferd, und sie findet an seiner Gegenwart Gefallen. Doch gibt es noch einige Dinge, die sie ihm erzählen muß, ehe sie ihm allein angehören kann. Er hat nun von der Liebe Cidegasts vernommen, aber noch ein anderer hatte ihre Liebe gewonnen: Anfortas! Er war es, der ihr das Zelt von Tabronit als Liebespfand geschenkt hatte.

Zuerst mußte sie den Tod des lauteren Cidegast erleben. Danach wurde Anfortas so verwundet, daß er sie nicht rächen konnte. Und jetzt erzählt sie Gawan von der magischen Kraft Clinschors, der all die Abenteuer ersonnen hatte, die Gawan erleiden mußte. Sie gesteht, daß sie gezwungen war, mit Clinschor einen Pakt zu schließen:

> swenn diu âventiur wurde erliten,
> swer den prîs hete erstriten,

---

* ... dem Golde gleich, das man im Feuer läutert, ist Euer Mut.

an den solte ich minne suochen:
wolte er minne geruochen,
der crâm waer anderstunde mîn.
der sol sus unser zweier sîn.
des swuoren die dâ wâren.*

Orgeluse berichtet nun weiter, wie Clinschors Ritter Tag und Nacht über diese Gegend wachten. Nur einmal ist ein Ritter erschienen, der alle Ritter Clinschors überstrahlte, und dies war Parzival. Ihm hatte sie ihre Liebe angeboten, doch war sie zurückgewiesen worden. Er hatte ebenfalls den Kranz von Gramoflanz errungen.

Gawan und die Herzogin Orgeluse reiten zur Zauberburg zurück, wo nun das Heer Clinschors erscheint, um Gawan als ihren neuen Herrn willkommenzuheißen. Plippalinot, der Fährmann, und seine Tochter begrüßen die beiden, und Orgeluse erkundigt sich nach Lischoys Gwelljus, den Gawan besiegt hat. Der Fährmann bestätigt, daß Lischoys noch am Leben sei, und er ist bereit, ihn freizugeben, falls er dafür einen bestimmten Gegenstand aus dem Besitz der Königin Secundille erhalte. Diese von ihm geforderte Gabe besteht aus einer Schwalbe, die in Wirklichkeit eine kostbare Harfe ist. Gawan ordnet nun die Freilassung des besiegten Turkoyte sowie den Austausch Lischoys Gwelljus' gegen die Harfe an. All dies wird ausgeführt, und an König Artus und seine Tafelrunde werden Botschafter gesandt, die sie einladen, dem Zweikampf zwischen Gawan und Gramoflanz beizuwohnen. Doch mittlerweile beginnen wir uns zu wundern, warum Gramoflanz, der nur mit zwei Gegnern kämpfen will, bei Gawan eine Ausnahme macht. Warum? Weil sich hinter Gawan ein anderer verbirgt – nämlich Parzival. Was nun folgt, bekräftigt diese Erklärung.

---

* Wer das Abenteuer in der Burg siegreich bestünde, dem sollte ich meine Liebe antragen. Verschmähte er sie, dann wäre der Schatz wieder mein. Dieser Vertrag wurde von allen Anwesenden beschworen. Nun wird der Schatz uns beiden gehören.

# 12
# Die Helden von Anschau

Wer Gralskönig werden will, muß seinen Menschenbruder mitbringen, der den Gral nicht schauen kann, obgleich er dessen Träger wahrnimmt. Aber zunächst steht der nach diesem Königtum Trachtende seinem Menschenbruder, den er zum Gral mitbringen muß, feindselig gegenüber.

Parzival, der Feirefiz bis jetzt nicht als seinen Bruder erkannt hat, muß mit ihm kämpfen. Es handelt sich dabei um den härtesten, aber auch um den letzten Kampf seines Lebens. Feirefiz trägt eine wunderbare, von kostbaren Edelsteinen – darunter gleißende Rubine und Chalzedone – übersäte Rüstung. Es wird uns berichtet, daß Feuergeister – die Salamander – diesen Waffenrock in den Bergen von Agremontin verfertigt hatten.

Den Helm von Feirefiz ziert ein Ecidemon. In Wolfram von Eschenbachs Werk *Der Sängerkrieg auf der Wartburg* wird die Bedeutung dieses Symbols ausführlich erklärt. Dort wird uns gesagt, daß es sich dabei um den Engel des Menschen handelt. Diese Wesenheit wird mit dem Menschen als so verbunden erachtet, daß sie über dem Kopf des Menschen dessen individuellen Geist wie einen strahlend leuchtenden Stern trägt. Daher sprechen wir vom Menschen, der ›seinem guten Stern oder seinem Schutzengel dankt‹.

Als Parzival seinen Blutsbruder trifft, erkennt er ihn nicht sofort als seinen Bruder, sondern steht ihm feindselig gegenüber. Er sieht die schimmernden Lichtstrahlen über dem Kopf des andern noch nicht. Er erscheint ihm wie ein widerliches Tier, schlimmer als jede Giftschlange. Folglich sagt der Dichter über Feirefiz:

er truog ouch durch prîses lôn
ûf dem helme ein ecidemôn:
swelhe würme sint eiterhaft,
von des selben tierlînes craft
hânt si lebens deheine vrist,
swenn ez von in ersmecket ist.*

So steht es um die Menschen. Ihre gegenseitige Haltung ist
feindselig, und selbst dann, wenn sie etwas vom wahren Wesen eines andern erkennen sollten, erscheint er ihnen zunächst nicht wie ein golden leuchtender Stern. Aber solange
dies der Fall ist, können sich die Menschen dem Gral nicht
nähern. Denn in der Gegenwart des Grals macht die Liebe
Gottes alle Menschen zu Brüdern und Schwestern. Daher ist
dies ein weihevoller Kampf, zu dem Parzival nun geführt
wird, denn das Geheimnis, das sich dahinter verbirgt – so
berichtet uns Wolfram –, wird erst später enthüllt werden.
Die Heerscharen des Feirefiz werden als riesig beschrieben.
In der Tat, wie kann sich das Menschengeschlecht anders als
zahlreich darstellen:

er hete vünf und zweinzec her,
der deheinez des andern rede vernam,
als sîner rîcheit wol gezam:
Alsus manec sunder lant
diende sîner werden hant, …**

Es wird an dieser Stelle von Nutzen sein, die Heerscharen
des Feirefiz mit der Gralsprozession in Munsalwäsche zu
vergleichen. Im großen Saal bilden fünfundzwanzig Edel-

---

* Als Zeichen seiner ruhmvollen Taten trug er auf dem Helm ein
  Ecidemon, ein Tierlein, das allen Giftschlangen den Tod bringt.
** Fünfundzwanzig Heerscharen, von denen nicht zwei dieselbe
  Sprache hatten, gaben Zeugnis von seiner Macht, denn ihm wa-
  ren wirklich fünfundzwanzig Länder untertan, …

frauen das Gefolge des Grals, und vor den Altären, auf denen Weihrauch brennt, steht die Gralsträgerin mit je zwölf Edeldamen an ihrer Seite, die brennende Kerzen tragen. Vor dem Gral sind vierundzwanzig Lichter aufgestellt, aber das Licht des Grals überstrahlt alles; in seiner leuchtenden Helle erscheinen alle andern Lichter wie ein bloßer Schatten.

Es wird uns berichtet, daß Feirefiz fünfundzwanzig Heere folgen. Keiner versteht den andern, jeder ist durch das Licht seines eigenen Wesens erleuchtet. In der Gegenwart des Grals müssen sich diese Heere vereinigen. Die Gralsträgerin muß vierundzwanzig Älteste versammeln – die Throne, welche das Schicksal der Menschheit führen. Folglich wird Feirefiz hier als Repräsentant des gesamten Menschengeschlechtes in seiner Vielfalt mit seinen zahlreichen Sprachen und Rassen geschildert. Der Dichter erzählt uns, daß die Haut der in dieser großen Schar versammelten Menschen in verschiedenen Farben schimmert, und Feirefiz steht vor dem Heer als Ausdruck des sittlichen Wesens der Menschheit – als Ausdruck der Willensnatur des Menschengeschlechtes, Schwarz und Weiß, an Himmel und Hölle teilhabend.

Parzival stürzt sich in den Kampf. Der Dichter fürchtet, daß er nicht fähig sein wird, dem Angriff Widerstand zu leisten. Aber er tröstet sich mit dem Gedanken, daß Parzival vom Gralspferd und von der Kraft der Liebe begleitet wird, die ihn beide beschützen werden:

> ich sorge des den ich hân brâht,
> wan daz ich trôstes hân gedâht,
> in süle des grâles craft ernern.
> in sol ouch diu minne wern.
> den was er beiden diensthaft
> âne wanc mit dienslîcher craft.*

---

* Ich müßte eigentlich um Parzival in Sorge sein, doch vertraue ich darauf, daß ihn die Macht des Grals und die Liebe bewahren werden; denn beiden hat er unermüdlich mit aller Kraft gedient.

Somit treten sich die zwei Kämpfer gegenüber – Parzival, ein Christ; Feirefiz, ein Heide. Der individuelle Mensch ist Christ, die Menschheit als Ganzes immer noch heidnisch; der einzelne begeht keine Morde mehr, die Völker jedoch begehen gegenseitig Massenmord. Wann wird der individuelle Mensch (Parzival) die Menschheit (den Menschenbruder Feirefiz) in die Gralsburg führen, wo die zweiundsiebzig Altarräume die Altäre der zweiundsiebzig Völker fassen? Wann werden sich die zweiundsiebzig Nationen um den Altar des Heiligen Geistes versammeln, der sich in der Mitte der Gralsburg befindet?

Wann wird die Menschheit zum Wissen erwachen, daß mit der Grals-Dichtung das Zeitalter des Heiligen Geistes begann? Wann wird die Menschheit realisieren, daß bis zur Zeit Christi jedes Mysterium ein Mysterium des Blutes oder des Vaters war? Daß dann, nachdem die Mysterien des Leibes vollendet waren, die Mysterien der Seele oder des Sohnes ihren Anfang nahmen? Aber im 9. Jahrhundert in der Geschichte des Grals begann sich schwach ein Verständnis für die Mysterien des Geistes zu regen. Wann wird die Menschheit erkennen, daß die Erde selbst der Leib Christi ist? Wann wird die Menschheit dies durch ihre Taten anerkennen, und wann werden sich die zweiundsiebzig Völker der Erde durch den Geist vereinigen? Was in den letzten Kapiteln des Grals-Epos erwähnt wird, bezieht sich auf diese Fragen; damals waren dies Fragen der Zukunft, heute sind sie zu dringenden Überlebensproblemen geworden.

Der Dichter weckt in uns absichtlich eine feierliche Stimmung, ehe er über den mächtigen Kampf, der nun anhebt, zu berichten fortfährt:

> nune mac ich diesen heiden
> vom getouften niht gescheiden,
> sine wellen haz erzeigen.*

---

\* Nur dadurch, daß sie einander feindlich gegenübertreten, kann ich den Heiden vom Christen unterscheiden.

Der Dichter schildert nun den Kampf unter Verwendung außergewöhnlicher Symbolik. Das entsetzliche Getöse der auf den Schilden zersplitternden Schwerter und Lanzen erinnert ihn an eine Fabel:

> den lewen sîn muoter tôt gebirt:
> von sînes vater galme er lebendec wirt.*

Wolfram von Eschenbach, der auch das Epos vom *Sängerkrieg auf der Wartburg* verfaßt hat, weist darauf hin, wie die Seele auf den Ruf des göttlichen Vaters hin erwacht. Und nun kämpfen sie zusammen; das Wunderbare ist, daß die Schlacht der Beschreibung nach so verläuft, daß nicht Feirefiz, sondern *Ecidemon* verwundet wird. Es ist der höhere Mensch, der in diesem Konflikt verletzt wird:

> der heiden tet dem getouften wê,
> des crîe was Thasmê:
> und swenne er schrîte Thabronit,
> sô trat er vürbaz einen trit.**

›*Thasme!*‹ lautet der Schlachtruf des Feirefiz. Es ist dies der Name eines seiner Länder. ›*Tabronit*‹ gehört Königin Secundille, der Geliebten von Feirefiz. Im Rhythmus dieser Verse kann möglicherweise die Willensnatur Feirefiz' erfahren werden. Feirefiz kämpfte mit dem Feuer der Liebe. Wie muß sein christlicher Gegner ihm begegnen? Auch er muß seine Gedanken in Liebe verwandeln. Liebe muß ihn vor dem Tode schützen – aber nicht Liebe allein:

---

\* Der junge Löwe wird von seiner Mutter tot geboren und erst durch das Gebrüll des Vaters lebendig.

\*\* Der Heide setzte dem Christen tüchtig zu. »Thasme!« war sein Schlachtruf, und schrie er »Tabronit!«, dann trat er jedesmal einen Schritt vor.

ern welle an minne denken,
sone mag er niht entwenken,
dirre strît müez im erwerben
vor des heidens hant ein sterben.
daz wende, tugenthafter grâl:
Condwîr âmûrs diu lieht gemâl ...*

Und nun gelangen wir zu jener Stelle des Epos, wo das gesamte Mysterium des Menschen in seiner Dreigliedrigkeit offenbar wird. Wir wissen schon, daß Parzival und Gawan lediglich zwei Seiten der menschlichen Natur charakterisieren; nun erfahren wir, daß etwas Ähnliches für Feirefiz zutrifft. Auch Feirefiz ist eins mit Parzival, weil die Natur des Menschen dreigliedrig ist. Im Kopf ist er Parzival, in der Brust der Löwenritter Gawan, im unteren Organismus (im Stoffwechsel und Lymphsystem) stellt er die Willensnatur Feirefz dar:

der heiden warf daz swert ûf hôch.
manec sîn slac sich sus gezôch,
daz Parzivâl kom ûf diu knie.
man mac wol jehen, sus striten sie,
der si bêde nennen wil ze zwein.
si wâren doch bêde niht wan ein.
mîn bruoder und ich daz ist ein lîp,
als ist guot man unt des guot wîp.**

---

* Wenn er sich nicht auf die Macht der Liebe besinnt, bringt ihm in diesem Kampfe die Hand des Heiden unfehlbar den Tod. Verhüte das, allgewaltiger Gral, und du, bezaubernde Condwiramurs!

** Die Schwerthiebe des Heiden fielen mit ungeheurer Wucht, und mancher Schlag war so kraftvoll, daß er Parzival in die Knie zwang. Man kann schon sagen, daß sich beide einen harten Kampf lieferten, wenn man in diesem Fall überhaupt von zwei Kämpfern sprechen will. Im Grunde waren sie nämlich eins und untrennbar, mein Bruder und ich sind ebenso untrennbar eins wie Mann und Frau.

Damit ist die Kain-Natur im Menschen gemeint, die sich weigert, ihres Bruders Hüter zu sein. Derjenige, der den Gral zu erreichen wünscht, muß gewillt sein, seinen Bruder mit zum Gral zu führen. Dieser Kampf, der sich zwischen Menschenwesen abspielt und sich im Wesen des Individuums widerspiegelt, ist endlos. Denn die Willensnatur bekämpft den Menschen des Wissens. Und der Mensch des Wissens bekämpft die Willensnatur. Ein langer Weg der Entwicklung ist erforderlich, ehe der Mensch den Gipfel der Freiheit erreicht, wo er aus Wissen und Willen heraus in Harmonie zu wirken weiß. Dies ist erreicht, wenn Parzival und Feirefiz vor dem Gral stehen – wenn sie gemeinsam zur reinen Geisttätigkeit, zur Liebe in Freiheit fähig sind.

Es wird uns nun gesagt, was Feirefiz schützt. Er besitzt einen Schild, der weder brennt noch zerfällt – das heißt, die Glut des Wissens kann ihm nichts anhaben. Der Schild ist offenbar aus Asbest gearbeitet! Er war Feirefiz von seiner geliebten Secundille überreicht worden – ein Geschenk des ›guten Willens‹. Mit dem Schild gab sie ihm Chrysopase und Türkise, Smaragde und Rubine mit auf den Weg, sowie den Karfunkelstein Anthrax und – nicht zu vergessen – Ecidemon, das treue Tier, das Wappenzeichen Secundilles.

So sehen wir, daß Feirefiz mit den unterirdischen Kräften des menschlichen Willens ausgestattet ist. Kostbare Edelsteine zieren seine Rüstung. Die Feirefiz innewohnende magische Kraft hängt von jener Kraft des Willens ab, die den gesamten Körper bis in die Sinnesorgane und darüber hinaus durchdringt. Etwas ganz anderes hingegen schützt Parzival:

> dâ streit der triuwen lûterheit:
> grôz triuwe aldâ mit triuwen streit.
> durch minne heten si gegeben
> mit kampfe ûf urteil bêde ir leben:
> ieweders hant was sicherbote.

der getoufte wol getrûwet gote
sît er von Trevrizende schiet ...*

Parzival kämpft aus den Kräften des Überirdischen heraus,
aus dem Vertrauen zu Gott, denn seit seinem Aufenthalt
beim Einsiedler Trevrizent hat er den Zweifel überwunden.
Wissen befeuert ihn nun. Auf diese Weise ringen im Menschen Wissen und Wille miteinander. Aber aus ihrer Verbindung erhebt sich Freiheit. Noch einmal empfiehlt uns der
Dichter, den Getauften und den Heiden als einen einzigen
Menschen zu betrachten:

... di nante ich ê vür einen.
sus begunden siz ouch meinen,
waeren si ein ander baz bekant ...**

Der Dichter hat recht, wenn er hier den Wissens-Menschen
als einen Christen, den Willens-Menschen aber als einen
Heiden bezeichnet. Wieviel Christentum finden wir in unserem Wissen und wie wenig in unseren Taten! Parzivals
Schlachtruf lautet ›Pelrapeire!‹ Und wie er seiner Gattin und
des Grals gedenkt, erwächst ihm eine neue Kraft.

Aber im Kampf zwischen Wissen und Willen wird das gesamte unerfüllte Karma offenbar – das heißt, all jene Taten,
die ein Mensch noch gutzumachen hat. Wir erinnern uns,
daß Parzival einst das Schwert des Roten Ritters mitnahm.
Alle seine andern Sünden hat er gesühnt, aber noch nicht
diese. Er hatte den Roten Ritter getötet, und jetzt muß ihm
das Schwert des Roten Ritters den Tod bringen, es sei denn,
die göttliche Gnade selbst walte über seinem verscherzten

---

* Es kämpfte dort der Treue Lauterkeit: Treue stritt gegen Treue.
  Aus Liebe setzten beide ihr Leben ein, auf daß der Kampf sein
  Urteil spreche, und jeder bürgte mit seiner Hand dafür. Der
  Christ vertraute auf Gott, hatte ihm doch Trevrizent ...

** ... sind sie doch, wie schon gesagt, im Grunde eins. Und beide
  schlössen sich wohl diesem Wunsche an, kennten sie einander
  nur schon besser.

Leben. Nur in einem als Gnade erfahrenen Leben kann der Mensch zum Gral gelangen, um dessen König zu werden. Der Gral läßt im voraus über jenem Leben Gnade walten, das er in den Dienst der Menschheit stellen will.

> von Gaheviez daz starke swert
> mit slage ûf des heidens helme brast,
> sô daz der küene rîche gast
> mit strûche venje suochte.
> got des niht langer ruochte,
> daz Parzivâl daz rê nemen
> in sîner hende solde zemen:
> daz swert er Ithêre nam,
> als sîner tumpheit dô wol zam.*

Der nächste Schwertstreich Feirefiz' wird den schutzlosen Parzival sicher töten. Aber nichts geschieht. Sein Gegner schlägt nicht mehr zu, sondern beginnt statt dessen zu sprechen. Feirefiz sagt in der wohlvertrauten französischen Sprache: »Haltet ein, und sagt mir, wer Ihr seid! Wahrhaftig, Ihr hättet mich am Ende noch besiegt, wenn Euer Schwert nicht zersprungen wäre. Laßt uns Frieden schließen!«

Und so ist es mit dem Menschen. Er kämpft bis zum äußersten mit seinem Bruder, schrickt aber vor der letzten Konsequenz des Kampfes zurück. Danach sprechen die beiden zusammen, jeder nennt dem andern seinen Namen und seine Herkunft, und es wird offenbar, daß beide ›Helden von Anschau‹ sind!

Ein wunderbares Wort ist dieses ›Anschau‹. Selbst Cyrus (der Gesalbte des Herrn, wie ihn Jeremias nennt), der Sanftmütige (wie er in den Schriften heißt), mit dem Jehova wäh-

---

* ... doch bei einem gewältigen Schlag auf dessen Helm zersprang das starke Schwert von Gaheviez. Der wuchtige Hieb ließ den tapferen, mächtigen Fremdling taumeln und in die Knie brechen, doch wollte Gott nicht, daß die Waffe, die Parzival in seiner Einfalt dem toten Ither geraubt hatte, ihrem Träger weiter diente.

rend einundzwanzig Tagen gerungen hatte (wie der Prophet Daniel uns berichtet), ohne ihn bezwingen zu können, weil ihm der Sonnen-Erzengel Marduk Hilfe leistete – sogar dieser Cyrus, der die Juden aus der babylonischen Gefangenschaft befreite und sie nach Jerusalem zurückschickte, um den zerstörten Tempel wieder aufzubauen, wird in den alten Schriften als der ›Held von Anschau‹ bezeichnet. Und Anschau ist das Königreich des Grals, das himmlische Reich des Sonnen-Erzengels Michael.

> Dô disiu rede von im geschach,
> Parzivâl zem heiden sprach
> »wâ von sît ir ein Anschevîn?
> Anschouwe ist von erbe mîn,
> bürge, lant unde stete.«*

Sodann erkennen sie sich gegenseitig, obgleich sie von verschiedenen Müttern geboren wurden. Und wie unterschiedlich sich die irdische Mutter in bezug auf die verschiedenen Völker der Erde auch erweisen mag, so sind sie dennoch Kinder ein und desselben Geistes. Wie können die Menschen es verfehlen, sich gegenseitig an ihrem wahren Erbe zu erkennen?

Es kommt Parzival zum Bewußtsein, daß Feirefiz tatsächlich sein wahrer Bruder ist. Er erinnert sich nun, wie Ekuba von Janfluse ihm von seinem Bruder, der schwarz und weiß war, erzählt hatte. Nun kann er es nicht mehr erwarten, bis er sein Antlitz schauen kann, und er sagt: »Entblößt Euer Haupt!« Hierauf erkennt er ihn. Feirefiz wirft sein Schwert fort:

> »diz swert sol unser dewedersîn«:
> ez warf der küene degen balt

---

* Als Parzival dies vernommen, sagte er zum Heiden: »Mit welchem Recht nennt Ihr Euch Herr von Anjou? Anjou (Anschau) ist mein Erbe, mit allen Landstrichen, Burgen und Städten gehört es mir.«

verre von in in den walt.
er sprach »sol nu hie strît ergên,
dâ muoz glîchiu schanze stên.«*

Siehe da, schwarz-weiß, wie eine Elster, ist das Antlitz seines
Bruders. Ihre Küsse setzten Zorn und Haß ein Ende.

Wir werden nun zu den Anfangszeilen des Epos zurückgeführt – dort treffen wir nochmals auf die Elster, auf den
Zweifel, auf Schwarz und Weiß, auf Standhaftigkeit und Un-
beständigkeit. Aber nun besteht ein Unterschied, denn der
Zweifel ist endlich besiegt worden. *Die gesamte menschliche Natur ist nun in Parzival, Gawan und Feirefiz vereint.*

Der Dichter berichtet uns, daß sich die beiden Helden
erheben und ihre Schwerter in die Scheide stecken; einer
hält die Scheide, während der andere das Schwert hinein-
stößt. Beide fühlen dabei, daß sie eins sind. Danach reiten
sie an König Artus' Hof.

Aber wie steht es um Gawan? Erfährt er nicht von diesem
Kampf? Gawan hat den Kampf von Anfang bis Ende auf der
magisch-reflektierenden Säule verfolgt. Wenn Wissen und
Wille miteinander kämpfen, spiegeln sich Gedanken und Taten im inneren Bild der Erinnerung wider. Dort werden Gedanken zu Bildern, aber der Wille zieht sie in die Vergessen-
heit hinein. Im Erinnern und Vergessen, im Wahrnehmen
von Bildern und in deren Auslöschung kämpfen die beiden
unterschiedlichen Kräfte des Wissens und des Wollens miteinander. Doch das Gefühl vermittelt zwischen den beiden,
denn das menschliche Herz ist deren Kampfplatz:

von Schastel marveile geriten
kom ein man zer selben zît:
der seite alsus, ez waere ein strît

---

* Mit den Worten »Dies Schwert soll keinem von uns gehören!«
warf der kühne, verwegene Held sein Schwert weit ins Dickicht
des Waldes und sprach darauf: »Soll der Kampf neu beginnen,
darf keiner einen Vorteil haben!«

üf dem warthûs in der sûle gesehen,
swaz ie mit swerten waere geschehen,
»daz ist gein disem strîte ein niht«.
vor Gâwân er des maeres giht ...*

Gawan begrüßt die beiden Helden freudig und mit großer
Herzlichkeit am Hof König Artus'. Er hilft ihnen beim Able-
gen der Rüstung. Es ist Gawan, der von der Rüstung des
Feirefiz, die allgemein Bewunderung erregt, am meisten entzückt ist. Sie ist von Kopf bis Fuß mit kostbaren Edelsteinen
besetzt. Dies bedeutet, daß die Rüstung die kristallklar gemachten unterirdischen Kräfte umfaßt.

Wir erfahren nun von dem Einfluß, den die Planeten auf
die drei Helden ausüben. Parzival besitzt die Standhaftigkeit
des Saturns. Feirefiz nennt seinen Gott Jupiter. Gawans Planet ist der Mars, aber Mars wandelte sich durch die christliche Kraft der Liebe in die heilende Kraft des Merkurs. Wie
der Mensch das Blut in seinem Herzen im Zaum hält, wie er
den Löwen bezähmt – dies stellt Gawans Problem dar. Somit
haben wir in diesen drei Seelenhaltungen die Aspekte der
drei oberen Planeten. Als Flegetanis die Sternenschrift
schaute, waren diese drei Ritter tatsächlich nur Planeten. Für
ihn war das ganze Epos noch eine Angelegenheit der Planeten, die sich vor dem Hintergrund des Fixsternen-Himmels
bewegten. Wir wissen nur andeutungsweise um dessen ursprüngliche Form, wie sie den ›weisen Männern‹ des alten
Persiens bekannt war, die das Herunterkommen des Grals
aus dem Sternenraum erschauten. Erst später ist dann dieselbe Sternenschrift in eine im Bereich des Menschen spielende
Erzählung umgewandelt worden. Dann wurde sie erstmals
zu jener Weisheit des Westens, welche die menschliche Suche nach dem Gral verbarg.

---

* Da kam aus Schastel marveile (der Zauberburg) ein Bote angerit-
  ten und berichtete, man habe auf dem Auslug an der Wundersäule einen Kampf verfolgt, der alles, was Schwerter je vollbrachten,
  in den Schatten stelle. Diesen Bericht gab er Gawan ...

der heiden dô mit vrüuden sprach
»ôwol mich daz ich ie gesach
des werden Gahmuretes kint!
al mîne gote des gêret sint.
mîn gotinne Jûnô
dis prîses mac wol wesen vrô.
mîn creftec got Jupiter
dirre saelten was mîn wer.
gote unt gotinne,
iuwer craft ich immer minne.
gêert sî des plânêten schîn,
dar inne diu reise mîn
nâch âventiure wart getân
gein dir, vorhtlîch süezer man …*

Wolfram von Eschenbach gibt uns nun eine ebenso erstaun-
liche Beschreibung jener Schlachten, in denen Feirefiz und
Parzival gekämpft haben. Feirefiz zählt seine Gefangenen
auf. Einige Namen haben wir bereits vernommen, die meisten sind uns jedoch unbekannt. Viele von ihnen sind in
Wirklichkeit äußerst merkwürdige Wortbilder, die für das
normale Bewußtsein völlig unerklärlich sind, denen man jedoch auf einer höheren Stufe des Bewußtseins begegnen
kann. Sodann berichtet auch Parzival von seiner Kampfes-
ehre, und nachdem auch er eine lange Liste von seltsamen
und wunderbaren Namen aufgezählt hat, spricht er: »Wollte

---

* … und der Heide rief voller Freude: »Wie bin ich glücklich, endlich meinen Bruder zu sehen! All meine Götter seien gepriesen!
  Vor allem preise ich meine Göttin Juno und meinen mächtigen
  Gott Jupiter, der mir dieses Glück geschenkt hat! Götter und
  Göttinnen, eure Allmacht will ich stets und immer liebend vereh-
  ren! Gepriesen sei auch das Licht des Planeten, in dessen Zeichen ich meine Abenteuerreise unternehme, denn sie hat mich
  schließlich zu dir geführt, du schrecklicher und doch so liebens-
  werter Held …«

ich alle jene nennen, mit denen ich gekämpft habe, könnte ich kein Ende finden.«

Inmitten dieser Ereignisse und freudvollen Festlichkeiten an der Tafelrunde König Artus' tritt erneut die Gralsbotin Cundry in Erscheinung. Bei dieser Gelegenheit ist ihr Antlitz von einem Schleier verhüllt. Sie ist in besonders reiche Gewänder gekleidet, welche mit den Gralsinsignien Sonne und Halbmond geschmückt sind, zwischen denen ein Paar aus arabischem Gold gewirkte Turteltauben glänzt. Zuerst grüßt sie ihren Gastgeber König Artus und dessen Königin, danach fällt sie vor Parzival auf die Knie, um ihn um Verzeihung zu bitten. Sie spricht zu ihm:

> »nu wis kiusche unt dâ bî vrô.
> wol dich des hôhen teiles,
> du crône menschen heiles!
> daz epitafjum ist gelesen:
> du solt des grâles hêrre wesen.
> Condwîr âmûrs daz wîp dîn
> und dîn sun Loherangrîn
> sint beidiu mit dir dar benant.«*

Und jetzt beschreibt Cundry das Königreich des Grals und wie dieses die Sphärenbahn der Planeten – vom Saturn zum Mond, vom Mond zum Saturn – umfaßt:

> Siben sterne si dô nante
> heidensch. die namen bekante
> der rîche werde Feirefîz,
> der vor ir saz swarz und wîz.
> si sprach »nu prüeve, Parzivâl.

---

\* »Nimm jetzt dein Herz in beide Hände und freue dich! Heil deiner hohen Bestimmung, du Krone menschlichen Glücks! Auf dem Stein war zu lesen, daß du zum Gralsherrscher berufen bist. Auch deine Gattin Condwiramurs und dein Sohn Loherangrin werden zum Gral berufen.«

der hôhste plânête Zvâl,
und der snelle Almustrî,
Almaret, (und) der liehte Samsî,
erzeigent saelekeit an dir.
der vünfte heizet Alligafir,
unde der sehste Alkitêr,
und uns der naehste Alkamêr.
ich enspriche ez niht ûz eime troum:
die sint des Firmamentes zoum,
die enthalden sîne snelheit:
ir criec gein sîme loufte ie streit.
sorge ist dînhalp nu weise.
swaz der plânêten reise
umblouft, (und) ir schîn bedecket,
des sint dir zil gestecket
ze reichen und ze erwerben.
dîn riuwe muoz verderben.
wan ungenuht al eine,
dern gît dir niht gemeine
der grâl und des grâles craft
verbieten valschlîch gesellschaft.«*

---

* Nun nannte sie sieben Sterne mit ihren arabischen Namen, die
der mächtige, edle, buntscheckige Feirefiz recht gut kannte. Sie
sprach: »Gib acht, Parzival: Zval (Saturn), der Planet mit der
höchsten Umlaufbahn, der schnell kreisende Almustri (Jupiter),
der Almaret (Mars) und der glänzende Samsi (Sonne) bringen dir
Glück. Der fünfte heißt Alligafir (Venus), der sechste Akliter
(Merkur) und der folgende Alkamer (Mond). Es ist kein Trug,
was ich dir sage: Sie sind die Zügel des Firmaments, denn sie
hemmen durch ihre Gegenläufigkeit seine rasche Umdrehung.
Verflogen ist nun deine Trübsal. Alles, was der Planeten Bahn
umschließt und ihr Glanz überstrahlt, wirst du erringen und gewinnen. All dein Leid wird vergehen. Doch hüte dich vor Maßlo-
sigkeit! Sie würde dich aus der Gralsgemeinschaft ausschließen,
denn der Gral und seine Macht verbieten jedes falsche Verhalten
in der Gemeinschaft.«

Somit besitzt Parzival als König des Grals jene Kräfte, die sich im Menschen von Geburt bis zum Tod stufenweise entfalten. Das embryonale Leben und die beständigen Wachstumskräfte finden sich in der Sphäre der Mondenkräfte. Die Saturnkräfte wirken dem entgegen: sie zerstören und verhärten später die Lebensstoffe im Körper, um Bewußtsein zu schaffen. Der Gralskönig versteht genau, wie die Kräfte des großen Makrokosmos den Mikrokosmos im menschlichen Körper beherrschen. Anfortas, der verwundete König, lernt nur durch Leiden. Das Wirken der Sterne in ihm kann nur Schmerz bringen. In Parzival ist es zur stillen Erkenntnis geworden, daß das, was dort oben herrscht, hier unten seine Wirkung zeitigt.

Cundry sagt ihm, daß er – falls er Gralskönig werden wolle – makrokosmische Kräfte nie ausschließlich zu persönlichen Zwecken anwenden dürfe. Er müsse stets zuerst an seinen Menschenbruder denken:

> ... »lieber hêrre mîn,
> ein man sol dîn geselle sîn.
> den wel: geleites warte an mich«.*

Wir wissen schon, wer Parzivals Begleiter sein wird:

> Parzivâl bî sîm bruoder saz:
> den bat er gesellekeit.
> Feirefiz was im al bereit
> gein Munsalvaesche ze rîten.**

---

* ... »Mein lieber Herr, ein einziger Mann darf dich begleiten. Wähle einen aus. Ich selbst werde dich führen« ...

** Parzival, der zusammen mit seinem Bruder speiste, bat ihn um seine Begleitung zum Gral, und Feirefiz erklärte sich gern einverstanden, mit nach Munsalwäsche zu reiten.

Wolfram von Eschenbach berichtet, daß er uns nun jenen Teil der Geschichte eröffne, bei dem er sich mit einer allgemeinen Verbreitung stets zurückgehalten habe; er war zu geheim, als daß man darüber hätte sprechen können – das heißt, er war esoterisch geblieben und ist später als die anderen Teile veröffentlicht worden:

> Jene Menschen, denen man diese Geschichte vorenthielt,
> Viele, die nie davon erfahren durften, waren zornig.
> Nun will ich nicht länger schweigen.
> Ich werde Euch die wahre Saga übermitteln.
> Den Schlüssel zu diesem Abenteuer.
> So, wie es mir auf der Zunge liegt, berichten,
> Wie der liebenswürdige Held Anfortas genas.

Wolfram bezieht sich hier auf den Einzug Parzivals in die Gralsburg sowie auf die Heilung Anfortas'. Anfortas war in der Gralsburg weiterhin von Schmerzen gepeinigt worden. Er wäre gerne gestorben, aber diese Gnade war ihm nicht vergönnt, weil der Gral selbst seine Lebensprozesse stets erneuerte. Um sich vor dieser Pein zu schützen, verschloß er die Augen vor dem Gral, doch war ihm dies nicht länger als vier Tage lang möglich, dann übermannte ihn seine Schwäche – er schaute wiederum den Gral und ward neu belebt. Somit fand sein Leiden kein Ende bis zum Einzug von Parzival und Feirefiz. Zu diesem Zeitpunkt fand sich eine besondere Konstellation am Himmel, welche die Qual Anfortas' noch steigerte:

> nu hete diu wîle des erbiten,
> daz Mars oder Jupiter
> wâren komen wider her
> al zornec mit ir loufte
> (sô was er der verkoufte)
> dar si sich von sprunge hoben ê.
> daz tete an sîner wunden wê

> Anfortase, der sô qual,
> magede und ritter hôrten schal
> von sîme geschreie dicke ...*

Wolfram von Eschenbach gibt eine lange Beschreibung jeder erdenklichen Art von Wohlgerüchen und kostbaren Edelsteinen, mit denen man die andauernde Qual Anfortas' ergebnislos zu lindern suchte. Aber seine Erlösung naht. Sobald Parzival vor Anfortas geführt wird, spricht dieser:

> wurde ie prîs von iu gesagt,
> hie sî ritter oder magt,
> werbet mir dâ ze in den tôt
> und lât sich enden mîne nôt.
> sît ir genant Parzivâl,
> sô wert mîn sehen an den grâl
> siben naht und aht tage:
> dâ mite ist wendec al mîn clage.**

Auf diese Weise bittet Anfortas Parzival, ihm behilflich zu sein, sieben Tage und Nächte wach zu bleiben. Denn im Schlaf schaut der Mensch den Gral, und wenn man letzteren nicht zu sehen wünscht, bedeutet dies, daß man wach zu bleiben hat. Aber hier ist noch etwas weiteres miteinbezo-

---

\* Es war gerade die Zeit gekommen, in der Mars und Jupiter ihre drohende Konstellation am Anfang ihrer Bahn erreicht hatten, so daß es schlimm um Anfortas stand. In seiner Wunde wühlten furchtbare Schmerzen; Jungfrauen und Ritter hörten immer wieder seine Schmerzensschreie gellen ...

\*\* Sollten Ruhm und Ansehen Euern Worten genügend Gewicht verleihen, so setzt es bitte bei der Gemeinschaft dieser Burg durch, daß man mir den Tod gönnt und damit meiner Qual ein Ende bereitet. Seid Ihr Parzival, dann verhindert nur sieben Nächte und acht Tage lang, daß man mir den Gral vor Augen hält, dann ist all mein Elend vorbei.

gen, als das, was uns die Worte Anfortas' vermuten lassen. Wolfram gibt uns sogar einen Hinweis, indem er beifügt: »Auf anderes wage ich gar nicht zu hoffen. Welches Glück für Euch, wenn man Euch für diese Tat als hilfsbereiten Ritter preisen wird.«

Parzival ist tief bewegt – vor Mitgefühl weinend wirft er sich vor dem Gral auf die Knie und erfleht die Hilfe Gottes. Dreimal ruft er die Dreieinigkeit an und bittet innig um die Erlösung Anfortas'.

Was bedeutete das Leiden Anfortas'? Er litt, weil er den Kräften des Vaters gänzlich hingegeben war, jenen Kräften, die im Leibe wirken. Und daher konnte der den *Sohn* nicht finden. Er fand den Weg vom Vater zum Sohn nicht, jenen Pfad, der von den natürlichen Bedürfnissen – vom Zwang der Natur – hin zur Freiheit der Seele führt.

Parzival versteht nun die Ursache seines Leidens. Er weiß, daß er sich selber an die Dreieinigkeit wenden muß. Und er heilt Anfortas mit folgenden Worten: »Was fehlt Euch, Anfortas? Was fehlt Euch, Menschenbruder?« Parzival hatte anläßlich seines ersten Besuches in der Gralsburg versäumt, den einzigen Aspekt des in Freiheit geborenen Menschen – die Tätigkeit der Seele – anzuerkennen. Aus der Tätigkeit der Seele wird die Kraft zur Fragestellung geboren. Diese verkörpert das Sohn-Element, mit dem sich Parzival verbinden muß, um die Kräfte der Natur im Körper zu überwinden.

Aus diesem Grund erinnert uns hier der Dichter an die Erweckung des Lazarus durch den Sohn. Christus richtete folgende Worte an seine Jünger, als er über seinen nahen Tod sprach: »Ich gehe zum Vater!« ›Zum Vater gehen‹, heißt ›zum Tod eingehen‹! Den Tod durch die Auferstehung überwinden, bedeutet Erlösung von den Kräften des Vaters durch die Kräfte des Sohnes:

... unt der Lazarum bat ûf stên,
der selbe half daz Anfortas

wart gesunt unt wol genas.
swaz der Franzoys heizet flôrî,
der glast kom sînem velle bî.*

Die innere Seelentätigkeit Parzivals wird mit dem Vaterele-
ment des leidenden Anfortas verbunden. Diese Seelentätigkeit erwuchs durch den *Sohn.* Und aus der Verbindung dieser beiden folgt die Kraft zur Auferstehung, zur Wiederbele-
bung der ersterbenden Lebenskräfte. Darin wird die Kraft
des Heiligen Geistes offenbar. Die Grals-Saga enthüllt das
Mysterium der Dreieinigkeit und deren ganzen Zusammenhang mit der dreigliedrigen menschlichen Entelechie von
Geist, Seele und Leib.

Mensch und Natur werden aus Gott dem Vater geboren.
Die Natur selbst ist zum Zerfall bestimmt. Im Sonnengott
durchläuft sie den Tod, auf daß sie durch die Kraft des Geistes erneut leben möge. Dies stellt das gesamte Mysterium
der Erlösung Anfortas' dar. Der Dichter erzählt uns, wie Anfortas, der nun geheilt ist, wunderbare Schönheit erlangt. Er
zeigt jenes strahlende Aussehen, das man als ›*blühend*‹ bezeichnet. Dies ereignet sich bei den Menschen, die vom Erlebnis der Vaternatur zur Seelenerfahrung des Sohnes übergehen. Der Sonnengeist des Sohnes strahlt aus diesem hinaus und bringt jenen Erleuchtung.

Eine Inschrift erscheint auf dem Gral, die Parzival zum
neuen Gralskönig ernennt. Der Geist wandert von der Sonne durch das Tal – ›Perce-val‹ – des Halbmondes. Was getrennt war, ist nun vereint.

Auf der physischen Stufe, wo Parzivals Schicksal sich
nunmehr erfüllt hat, findet eine andere Verbindung statt –

---

\* ... der dem Lazarus gebot, sich wieder aufzurichten, bewirkte
   nun auch, daß Anfortas genas und seine volle Gesundheit zu-
   rückerlangte. Sein Antlitz erstrahlte wieder in dem Glanz, den
   der Franzose »flori« – das heißt blühend – nennt.

die Vereinigung Parzivals mit seiner Gattin Condwiramurs. Sie nähert sich Munsalwäsche, und die beiden treffen sich dort, wo Parzival einst die drei Blutstropfen im Schnee erblickt hatte. An dieser Stelle, wo er – von Sehnsucht nach seiner Gattin überwältigt – in einen Traumzustand verfallen war. Dies alles ist jetzt überwunden. Seine Liebe ist nun von Egoismus befreit. Es ist daraus eine versöhnende Liebe geworden, die, bar allen egoistischen Begehrens, freie und strahlende Gnade ist – die sich wie das Licht der Sonne über die Welt ergießt.

Parzival reitet zu seinem geliebten Lehrer Trevrizent, um ihm zu berichten, daß sein Bruder Anfortas durch die Kraft Gottes gerettet worden ist. Trevrizent gesteht, daß er Parzival – statt ihn vom Gral abzuhalten – getäuscht habe. Der Einsiedler ließ ihn im Glauben, daß der Gral durch Kampf und Streben errungen werden könne. Jene, die darum ringen, können nie zum Gral gelangen – auch diejenigen nicht, die um des Grals willen kämpfen. Ein Mensch – Frau oder Mann – muß auserwählt sein, um den Gral zu finden. Trevrizent berichtigt nun alles und spricht:

> ich louc durch ableitens list
> vome grâl, wie ez umbe in stüende.
> gebt mir wandel vür die sünde:
> ich sol gehôrsam iu nu sîn,
> swester sun unt der hêrre mîn.
> daz die vertriben geiste
> mit der gotes volleiste
> bî dem grâle waeren,
> kom iu von mir ze maeren,
> unz daz si hulde dâ gebiten.
> got ist staete mit sölhen siten,
> er strîtet iemmer wider sie,
> die ich iu ze hulden nante hie.
> swer sînes lônes iht wil tragen,
> der muoz den selben widersagen.

êweclîch sint si verlorn:
die vlust si selbe hânt erkorn.*

Eine schwierig zu enträtselnde Stelle. Zahlreiche Erläuterungen zum Gral weisen lediglich darauf hin, daß Trevrizent
offenbar zum orthodoxen, von der Kirche vertretenen Standpunkt zurückkehrte. Das Entscheidende daran ist, daß die
gefallenen luziferischen Geistwesen unwiderruflich verloren
sind, weil sie den Kampf fortsetzten. Aber sobald sie den
Streit aufgeben, werden sie erlöst sein.

Auch Parzival stritt um den Gral, und er war unfähig einzusehen, daß der Gral nicht erkämpft werden kann:

»mich müet et iuwer arbeit:
ez was ie ungewonheit,
daz den grâl ze keinen zîten
iemen möhte erstrîten:
ich hete iuch gern dâ von genomen.
nu ist ez anders umbe iuch komen:
sich hât gehoehet iuwer gewin.
nu kêrt an diemuot iuwern sin.«**

---

* … habe ich Euch nicht die ganze Wahrheit über den Gral gesagt.
Erlegt mir für diese Sünde eine Buße auf! In Zukunft werde ich
Euch gehorsam sein als meinem Neffen und Herrscher. Ich habe
Euch erzählt, die verstoßenen Engel seien mit Gottes Zustimmung so lange beim Gral geblieben, bis sie seine Gnade wiedererlangen konnten. Doch Gott ist bei solchem Vergehen unbeugsam und schließt keinen Frieden mit denen, die nach meinen
Worten angeblich wieder in Gottes Huld sein sollen. Wer auf
Gottes Lohn rechnet, muß ihnen widersagen! Sie sind verloren
in aller Ewigkeit und haben sich die Verdammnis selbst gewählt.

** »Mich dauerte Eure, wie ich meinte, vergebliche Mühe. Es ist
noch nie geschehen, daß jemand den Gral mit Gewalt errungen
hätte, und ich wollte Euch gern von diesem Vorsatz abbringen.
Nun aber ist alles ganz anders gekommen. Ihr habt ein unermeßlich großes Gut errungen, doch vergeßt dabei nicht, demütig zu
sein!«

Der Gral kann nur durch Liebe, nicht durch Kampf erlangt werden. Es ist nicht die echte Gralslehre, die sagt, daß die gefallenen Mächte auf ewig verdammt seien. Die Lehre der ewigen Verdammnis ist nicht christlich, und sie kann auf keine wahre christliche Quelle zurückgeführt werden. Das Wort ›Ewigkeit‹ sollte in der Tat durch ›Äon‹ ersetzt werden. Wie wir in einem früheren Kapitel über das manichäische Christentum erörterten, hat das Böse Anfang und Ende. Kein Wesen wird länger als für einen begrenzten Zeitraum von der Weltentwicklung ausgeschlossen, und überdies stellt die Rückkehr zur Gemeinschaft einen freien Entschluß des betreffenden Menschen dar.

Die manichäische Tradition weiß, daß der Heilige Geist als der umgewandelte Luzifer und die Taube als die umgewandelte Schlange zu verstehen ist; der Gral wurde einst aus dem kostbaren Juwel in der Krone Luzifers gebildet und ward mit dem Blute Christi gefüllt, der Luzifer selbst erlöst hatte. Dies ist das wahre Gralsmysterium. Durch das Essen der Frucht vom Baum der Erkenntnis im Paradies ist der Mensch gefallen. Durch sein Teilhaben am Gral erhebt er sich von neuem. Dies ist die Bedeutung des heiligen Abendmahls.

Parzival nimmt Feirefiz mit in den Saal der Gralsburg. Sie sitzen gemeinsam mit dem geheilten Anfortas am mittleren Tisch vor dem Altar. Die Gralsprozession findet statt, und als Repanse de Schoye den Gral hereinträgt, kann Feirefiz lediglich ihre Gestalt wahrnehmen – den Gral selbst kann er nicht schauen. Er begehrt ihre Liebe, und sie ist ihm versprochen, wenn er sich taufen läßt. Nachdem er getauft worden ist, sieht auch er den Gral. Feirefiz gelangt durch die Gralsträgerin zum Gral – und auch deshalb, weil er, der für den Gral bestimmt ist, seinen Bruder mitbringt.

S P H I N X

# Spirituelle Inspiration

Jeremy Hayward
**Heilige Welt**
Die Shambhala-Krieger im Alltag
*Ca. 336 Seiten, Festeinband*

Michael Jordan
**Kulte, Sekten und Mysterien**
Stifter – Lehren – Traditionen
*128 Seiten mit zahlreichen farbigen und
s/w-Abbildungen, Festeinband*

Tae Yun Kim
**Die Kraft des stillen Meisters**
Die Erweckung des inneren Selbst
*Ca. 196 Seiten, Festeinband*

Olaf Kraemer
**Luzifers Lichtgarten**
Expeditionen ins Reich der Halluzinogene
*Ca. 144 Seiten, Festeinband mit CD*

Ambika Wauters
**Das Engel-Orakel**
Inspiration und Lebenshilfe
*Set mit Buch und 36 Engelskarten
112 Seiten mit s/w-Kartenabbildungen,
Festeinband, mit 36 farbigen Engelskarten,
komplett als Set in der Box*